Das große
Essener Sagenbuch

Das große Essener Sagenbuch

– Sagen, Legenden und sagenhafte Erzählungen –

nacherzählt und herausgegeben
von
Wolfgang Schulze

mit Fotografien
von
Florin Laubenthal

Verlag Peter Pomp · Essen

Fotos: Dr. Florin Laubenthal

Titelbild: Die Märtyrer Cosmas und Damian
Bronze am Südportal der Essener Domkirche
von Prof. Toni Schneider-Manzell

Druck: Druckerei Peter Pomp GmbH, Essen

ISBN: 3-89355-050-X

Vorwort

Die positive Resonanz, die meine 1979 und 1980 erschienenen beiden Bändchen mit dem Titel „Die schönsten Sagen aus Essen" hervorriefen, und deren große Akzeptanz haben mich immer wieder überrascht. Wenn es überhaupt Kritik gab, dann die, daß es sich um Auswahlbände handelte, die nur einen Teil des Essener Sagenschatzes enthielten. Nicht unvorbereitet war ich also, als ich von meinem Verleger „grünes Licht" erhielt, ein neues, umfassendes Essener Sagenbuch herauszugeben, in dem ich alle mir bekannten Sagen, Legenden und sagenhaften Geschichten verarbeiten sollte.
Dies habe ich um so lieber getan, als sich bei mir in den vergangenen Jahren reiches Material angesammelt hatte, das nur darauf wartete, publiziert zu werden. Allerdings habe ich mich nun nicht darauf beschränkt, den bereits vorhandenen Sagen weitere hinzuzufügen. Sämtliche Geschichten sind überarbeitet oder neu erzählt worden.
Bei der Überarbeitung habe ich mich bemüht, dem Anspruch, den ich mir schon früher gestellt hatte, noch besser gerecht zu werden, nämlich eine Einbindung der Erzählungen in den historischen Zusammenhang herzustellen; das heißt: so weit es ging, habe ich an die noch vorhandenen historischen Relikte im Essener Raum (Bauwerke, Denkmäler, Kunstgegenstände, Straßennamen und so weiter) oder an feststehende geschichtliche Ereignisse angeknüpft, um die Verbindung von Vergangenheit und Gegenwart transparent zu machen. Dies geschah nicht nur in der Absicht, mit den alten Überlieferungen ein Stück Geschichte zu bewahren, sondern auch und vor allem, um das Bewußtsein und das Wissen um die historisch gewachsenen Strukturen unserer Gegenwart zu erhalten und zu stärken. Die alten Geschichten haben also nicht nur Unterhaltungswert, sondern können ein tiefergehendes Bewußtsein für unsere Umwelt wecken, ein Ziel, das einem gegenwärtigen gesellschaftlichen Konsens entsprechen dürfte.

Aus diesem Grunde sind als Illustrationen nicht nur – wie es bisher bei entsprechenden Publikationen üblich war – historische Abbildungen gewählt worden. Meinem Freund Dr. Florin Laubenthal gilt mein besonderer Dank dafür, daß er meiner Zielsetzung entsprechend die noch vorhandenen historischen Relikte, die „sagenumwoben" sind oder mit den Überlieferungen zumindest in Zusammenhang stehen, neu fotografiert, „ins rechte Licht gesetzt", und damit eine zeitgemäße Illustration der Geschichten ermöglicht hat.
Dieses Buch hätte nicht entstehen können, wenn ich nicht von Ingrid, meiner lieben Frau, so tatkräftig unterstützt worden wäre. Sie hat mir nicht nur stets „den Rücken frei gehalten", sondern hat darüber hinaus das Manuskript gelesen, in Reinschrift gefertigt, verbessert und hat durch Lob und Kritik auf den Inhalt wesentlichen Einfluß genommen. So ist es auch „ihr" Buch geworden. Für ihre Hilfe, ihr Engagement und für ihre Geduld danke ich ihr von Herzen.

Essen, im Frühjahr 1990 — Wolfgang Schulze

Die Sage von der Berne

In der zweiten Hälfte des 19. Jahrhunderts, als Essen noch ein kleines, aber schon aufstrebendes Städtchen von rund 50.000 Einwohnern war, floß die Ruhr noch weit außerhalb der Stadtgrenzen. Folglich findet sich auch in „Ritter's Geographisch-statistischem Lexikon" von 1874 kein Hinweis auf die Ruhr; vielmehr heißt es dort: „Essen, Stadt an der Berne". Die Berne war ein Bach, der die Stadt von Süden nach Norden durchzog. Oberhalb des Steeler Tores war die Berne aufgestaut und trieb mehrere Mühlen an, unter anderem die Fischersmühle, die um 1400 nach dem Hofe der Kaufmannsgilde Gildehofmühle und im 19. Jahrhundert Huyssenmühle genannt wurde. In der Amtszeit des Essener Oberbürgermeisters Gustav Hache (1868—1886) wurde die Berne als Unterstraßenkanal vermauert, in dem bis heute Abwässer fließen. Nur noch Straßennamen wie „Bernestraße", „Am Bernewäldchen", „Bachstraße" oder „Teichstraße" erinnern an den einst Trinkwasser spendenden und fischreichen Bach.
Kurioserweise ist die Berne in einem verbreiteten französischen Wörterbuch zur Geographie aus dem Jahre 1977 immer noch erwähnt: „Essen . . . Stadt an der Berne . . . im Herzen des Kohlebeckens".
Obwohl von der Berne seit mehr als 100 Jahren nichts mehr zu sehen ist, gibt es noch eine alte Sage, die zurückführt in eine Zeit, als es die Stadt Essen noch gar nicht gab.

* * *

Damals, als hier noch nicht einmal Menschen wohnten, da floß die Berne schon durch eine friedliche Landschaft mit blumenreichen Tälern und stillen Wäldern. Nachts kamen Elfen und Feen hervor und kämmten ihr langes Haar im Spiegel des Bernewassers.
In den Bergen, durch deren Täler die Berne floß, lebten die Zwerge, die dort unter der Erde nach Gold, Silber und den schwarzen Diamanten, der Kohle, gruben. Tag und Nacht hämmerten, bohrten und schaufelten sie auf der Suche nach

den verborgenen Schätzen.
In der Berne lebten zur selben Zeit die Bernenixen, wunderschöne Wesen, die sich anmutig im Wasser bewegen konnten und manchmal zur Mitternachtsstunde, wenn der Mond ganz klar am Himmel stand, zierliche Wasserreigen tanzten. Auf einem kleinen Felsen im Wasser saß dann die Nixenkönigin und ließ ihr nasses Geschmeide von Gold und Edelstein im Mondlicht funkeln.
Eines Tages war die Zeit gekommen, daß der König der Zwerge seinen tausendsten Geburtstag feiern wollte. Zu diesem Anlaß sollten auch die Bernenixen eingeladen werden, ein großes Fest zusammen mit den Zwergen zu feiern. Also schickte der Zwergenkönig die klügsten seiner Untertanen los, um dem Volk der Bernenixen die Einladung zu überbringen. Als die Gesandten der Zwerge vor der Königin der Bernenixen angelangt waren, wurden sie vom Funkeln und Glitzern der Edelsteine auf ihrem Körper so geblendet, daß sie kein Wort hervorbrachten und ganz vergaßen, warum sie gekommen waren. Als die Bernenixen dies bemerkten, begannen sie zu lachen und die Beauftragten des Zwergenkönigs zu verspotten. Betrübt kehrten die Boten der Zwerge in die unterirdischen Gänge der Berge zurück, ohne ihre Einladung überbracht zu haben.
Als die Zwerge hörten, daß die Bernenixen ihre Gesandten verspottet hatten, schworen sie, sich zu rächen. In der folgenden Zeit schwoll das Hämmern und Klopfen in den Bergen zu einem mächtigen Dröhnen, schrecklichen Rasseln und fürchterlichen Krachen an, so daß die Bernenixen immer wieder bei ihrem friedlichen Tanzen gestört wurden und sich fragten, was die Zwerge tief unten im Berge wohl trieben. Empört warf die Nixenkönigin ihren Schmuck fort und tauchte ins schimmernde Wasser auf den Grund der Berne. Dort erschrak sie jedoch sehr, denn sie erkannte, daß die Zwerge unter dem Bett der Berne lange und tiefe Gräben vorangetrieben hatten, in die nun das Wasser abfloß. Weil so die Berne aber immer weniger Wasser führte, konnten die Nixen nicht länger bleiben. Sie mußten fort und suchten sich ein neues stilles Gewässer, in dem sie wieder tanzen und fröhlich sein konnten. Bis heute weiß niemand, wo die Bernenixen hingezogen sind.

Die Zwerge aber, die die Nixen aus Zorn über deren ungerechten Spott vertrieben hatten, blieben noch lange in ihren Bergen und gruben fleißig nach Schätzen, doch ihre Arbeit wurde immer schwieriger. Durch die Gänge, die sie zum Grund der Berne gebaut hatten, floß weiterhin jahraus jahrein ein Teil des Bernewassers und störte sie bei der Arbeit. Wie noch heute die Bergleute, so mußten auch die Zwerge viel Mühe darauf verwenden, gegen das Wasser anzukämpfen.
Später, als auch die Menschen begannen, nach Kohle zu suchen, sind die Zwerge fortgezogen. Nie mehr hat ein Zaubervolk an den Ufern der Berne gewohnt.

Cosmas und Damian, die Patrone der Essener Kathedralkirche

Vor mehr als 1100 Jahren, am Sonntag, dem 15. August 874, starb Altfrid, vierter Bischof von Hildesheim, Mitbegründer der Stifte Lamspringe und Gandersheim, Gründer der Benediktinerabtei Seeligenstadt und Gründer von Stadt und Stift Essen. Seine Gebeine fanden ihre letzte Ruhestätte in der Essener Münsterkirche, wo sie noch heute in einem Schrein der Krypta unter dem Hochaltar ruhen. Einmal im Jahr, zum Todestag Altfrids, werden die Reliquien erhoben und auf dem Altar zur Verehrung ausgestellt.
Altfrid, geboren um 800, entstammte einem sächsischen Adelsgeschlecht. Wie Liudger oder Suitbert (Swidbert) gehörte er zu den großen Kirchengestalten des 8./9. Jahrhunderts, die sich im sächsisch-fränkischen Grenzraum um die Christianisierung verdient gemacht haben.
Altfrid war Eigentümer einer Grundherrschaft, die auf dem Gebiet der heutigen Großstadt Essen gelegen haben muß. Dieses Gut hieß Astnidhi, und hier gründete er um das Jahr 850 ein Kanonissenstift (Frauenstift), das bis zur Säkularisation 1803 bestanden hat. Aus Astnidhi entwickelte sich über Astnide, Asnide, Assinda, Assindia und Essende der heutige Stadtname Essen. In den ersten beiden Jahrzehnten des Bestehens des Stifts dürfte die von Altfrid errichtete Quintinskapelle als Gotteshaus gedient haben. Diese älteste Essener Kirche ist um 1817 abgerissen worden. 852 wurde der Grundstein zur Münsterkirche gelegt, die 870 fertiggestellt werden konnte.
Seit jener Zeit ist das „Münster am Hellweg" Keimzelle und Mittelpunkt von Stadt und Stift Essen geblieben. Zwar ist das Bauwerk Altfrids im Laufe der Jahrhunderte mehrfach beschädigt, zerstört und wieder neu errichtet worden, doch atmet es noch heute ein wenig vom Geist der ottonischen Gründungszeit. Mit der Errichtung des Bistums Essen am 1. 1. 1958 wurde die Grabeskirche Altfrids zur Kathedralkirche erhoben.
Die Stiftungsurkunde für das Kanonissenstift hatte Altfrid den am 27. 9. 870 zu einer Synode in Köln versammelten Bischö-

fen vorgelesen und von diesen bestätigen lassen. Zwar kennen wir den genauen Text dieser Stiftungsurkunde nicht, doch gibt es noch eine (in ihrer Echtheit nicht unumstrittene) Abschrift aus dem 10. Jahrhundert. Danach hat Altfrid unter anderem verkündet:

„... Daher habe ich mit Hilfe der göttlichen Gnade auf meinem Gütchen mit Namen Astnide zu Ehren der heiligen und unteilbaren Dreieinigkeit, der heiligen und allzeit jungfräulichen (Gottesmutter) Maria und der heiligen Märtyrer Cosmas und Damian eine Kirche erbaut, und zwar aus dem, was ich durch Gottes Güte besaß."

Warum hat Altfrid die Heiligen Cosmas und Damian zu Patronen seiner Stiftung erwählt? Zwei Gründe dürften ihn dazu bewogen haben: zum einen hatte die vorerwähnte Synode am Jahrestag der beiden Heiligen stattgefunden. Zum anderen hatte Altfrid während einer Romreise im Jahre 845 von Papst Sergius II. kostbare Reliquien von Cosmas und Damian erhalten, die er nun dem neu gegründeten Frauenstift Essen übergab.

Bevor wir nun näher auf die Verehrung von Cosmas und Damian in Essen eingehen, sei zunächst aus ihrem Leben und von ihren wunderbaren Taten berichtet:

Cosmas und Damian waren Brüder, die während des 3. Jahrhunderts in Aigai (Kilikien) an der kleinasiatischen Südküste mit viel Erfolg als Ärzte praktizierten. Nach der Legenda aurea heilten sie nicht nur Menschen, sondern auch Tiere. Sie lebten völlig anspruchslos und lehnten es ab, für ihre Behandlungen Geld zu fordern, ja selbst Geschenke dankbarer Patienten wiesen sie zurück. Wegen dieser Haltung tragen sie noch heute den Beinamen „Anagyrier", das heißt „die Geldlosen". Durch ihre ärztliche Kunst, ihr vorbildliches Ethos und ihren gelebten christlichen Glauben bekehrten sie viele Menschen zum Christentum. Während der Christenverfolgungen des römischen Kaisers Diocletian wurden Cosmas und Damian um das Jahr 303 auf Befehl des kilikischen Landpflegers Lysias ergriffen und ins Gefängnis geworfen. Offensichtlich wollte Lysias an ihnen ein Exempel statuieren, und so ließ er sie foltern in der Hoffnung, daß sie Gott abschwören würden. Doch die beiden Heiligen blieben standhaft und ertrugen alle Qualen — der Sage

Cosmas und Damian vor der Fassade des Essener Rathauses

nach ohne daß äußere Verletzungen zu erkennen gewesen wären. Schließlich ließ Lysias ihnen mit dem Schwert die Köpfe abschlagen.
Neben Palme, Uringlas, Mörser, Eimer und Apothekerkästchen ist das Schwert, durch das sie den Märtyrertod erlitten, eines ihrer Attribute geblieben.
Zahlreiche Wundergeschichten der heiligen Ärzte sind durch die Jahrhunderte überliefert worden. Von ihnen soll hier eine herausgegriffen werden, die einerseits komisch anmuten könnte, andererseits jedoch im Hinblick auf die erstaunlichen Möglichkeiten unserer modernen Medizin auch nachdenklich stimmen könnte:
In einer Kirche, die in Rom zu Ehren von Cosmas und Damian erbaut worden war, diente ein Mann den Märtyrern, dem der Krebs ein ganzes Bein zerfressen hatte. Eines Tages war er in der Kirche eingeschlafen. Da erschienen ihm im Traum Cosmas und Damian. Sie führten in einem Kästchen vielerlei Salben und ihre ärztlichen Instrumente mit. Plötzlich sprach einer zum andern: „Wir müssen das faule Fleisch des armen Kranken herausschneiden. Doch woher sollen wir frisches Fleisch nehmen, um das Loch zu füllen?" Da fiel dem anderen ein: „Auf dem Friedhof von St. Peter ist gerade heute ein Mohr begraben worden. Der wird noch frisch sein. Von dem hole, was wir zur Operation brauchen." So eilte der eine zum Friedhof, öffnete das Grab und brachte ein Bein des Verstorbenen zur Kirche. Die beiden Ärzte schnitten nun dem Kranken sein krebszerfressenes Bein ab, ersetzten es durch das gesunde des Mohren und reinigten und pflegten anschließend sorgfältig die Wunde. Das Bein des Kranken brachten sie ins Grab des Mohren.
Als der Patient erwachte, fühlte er zu seiner Überraschung keine Schmerzen mehr; er griff an sein krankes Bein und fand keines der häßlichen Geschwüre wieder; ganz glatt und kräftig fühlte es sich an. Schnell zündete er eine Kerze an und sah, daß das eine Bein ebenso gesund war wie das andere. Da begann er vor Freude zu weinen und dankte Cosmas und Damian für die Heilung, die sie ihm im Schlafe gebracht hatten. Voller Freude und Glück eilte er aus der Kirche und berichtete allen Vorüberkommenden von seinem Traum und wie dieser wahr geworden

war. Zuerst wollte man ihm nicht glauben und hielt ihn für einen törichten Schwätzer. Doch als der Erzähler sie zu dem Grabe des Mohren führte, wo man tatsächlich das krebskranke Bein fand, da glaubte man ihm und stimmte ein in seinen Lobgesang zu Ehren der Ärzte.
Von Kleinasien aus verbreitete sich die Cosmas- und Damian-Verehrung schnell nach Syrien, Palästina und Ägypten. Über Konstantinopel und Rom gelangte ihr Kult auch nach Deutschland. Eine der wichtigsten Stätten ihrer Verehrung war und ist in Essen zu finden. Bis zum heutigen Tage werden hier die einst von Bischof Altfrid gestifteten Reliquien aufbewahrt und einmal im Jahr, während des Gottesdienstes am Festtag der Heiligen (27. September), auf den Altar gestellt. Im Essener Münsterschatz finden sich außerdem noch zahlreiche historische Erinnerungsstücke an die beiden Märtyrer. Berühmt geworden ist ein Schwert aus ottonischer Zeit, mit dem nach der Überlieferung Cosmas und Damian enthauptet worden sein sollen. Tatsächlich dürfte es sich aber um ein Zeremonialschwert der Essener Äbtissinnen handeln, das etwa um das Jahr 1000 entstanden sein könnte.
Bis zum heutigen Tage sind Cosmas und Damian auch die Patrone der Stadt Essen geblieben. Schon früh finden wir ihre Darstellung im Siegel der Stadt. In Erinnerung daran, daß Bischof Altfrid seine Essener Stiftung unter den Schutz der Muttergottes und der Märtyrer Cosmas und Damian gestellt hatte, zeigte das älteste Essener Stadtsiegel, das erstmals 1244 erwähnt wurde, die Muttergottes mit dem Jesuskind (nach dem Vorbild der sogenannten „Goldenen Madonna" der Münsterkirche); links und rechts neben ihr stehen Cosmas und Damian; beide halten in der einen Hand eine Palme zum Zeichen ihres Märtyrertodes, in der anderen einen Salbentopf als Zeichen ihres ärztlichen Berufes. Dieses Siegel blieb bis zum Jahre 1802 in Gebrauch. Auch das Essener Stadtwappen zeigt seit dem 15. Jahrhundert einen Hinweis auf die Stadtpatrone: es ist das Schwert, das zum Gedächtnis ihrer Enthauptung in das Wappenbild aufgenommen wurde. Die alte Tradition ist bei der Gründung des Bistums Essen 1958 fortgeführt worden, indem das Schwert auch in das Bistumswappen übernommen worden ist.

Das Krause Bäumchen

Noch heute ist mit dem Straßennamen „Am Krausen Bäumchen" eine Legende verbunden, die sich auf den Gründer des Essener Stifts, Bischof Altfrid, bezieht.

* * *

Als Bischof Altfrid den nahen Tod spürte, reiste er noch einmal von Hildesheim aus zu seinem geliebten Gut Astnidhi. Inzwischen hatten sich um das von ihm gegründete Kanonissenstift viele Menschen angesiedelt, und nach seiner Ankunft versammelten sich alle auf dem Hügel, von dem aus Altfrid zum ersten Mal über die Hügel geblickt hatte und wo er beschlossen hatte, den hier lebenden Menschen zu helfen. Bischof Altfrid war in der Zwischenzeit sehr alt geworden, doch sah er immer noch stattlich aus. Angetan mit einem prächtigen Bischofsmantel und mit einem funkelnden Kreuz auf der Brust erschien er auf dem Hügel und hielt eine lange Rede, in der er den Menschen von der Gnade Gottes erzählte und ihnen verhieß, daß ihre neue Stadt noch viele hundert Jahre lang wachsen und gedeihen werde. Kurz nachdem er diese Ansprache gehalten hatte, starb Altfrid in dem glücklichen Bewußtsein, in seinem Leben viel Gutes getan zu haben. Die Menschen trauerten um ihn und errichteten ihm ein Grab in der Münsterkirche. Auf dem Hügel, auf dem Bischof Altfrid zum letzten Mal zu ihnen gesprochen hatte, pflanzten sie eine Linde, die bald größer wurde und im Volksmund „Das Krause Bäumchen" genannt wurde. Dieser Linde sollen über tausend Jahre lang immer wieder neue Blätter gewachsen sein.

* * *

Nach Erwin Dickhoff handelt es sich bei dem „Krausen Bäumchen" um einen Flurnamen, der auf den alten Grenzbaum zwischen Essen und Rellinghausen zurückgeht. Der Name ist entstanden aus cruce-boom, also Baum mit dem Kreuz als Grenzzeichen. Später hieß er auch krusen boom oder krausen baum. Der Krause Baum war eine uralte Linde, die durch Blitzschlag

Bischof Altfrid, in der Hand das Modell der von ihm gestifteten Kirche in Essen. Detail des Denkmals vor der Essener Domschatzkammer von Ludwig F. Deller

zerstört und im Jahre 1885 durch eine junge Linde ersetzt wurde. Die Legende, daß hier Bischof Altfrid einst das Evangelium verkündet habe, geht auf eine Parabel von Friedrich Adolph Krummacher (1767–1845) zurück, der zwischen 1807 und 1812 in Kettwig als Landpfarrer tätig war und als Parabeldichter und religiöser Schriftsteller einige Bedeutung erlangt hat.

Das Spiel um die Braut

Die folgende Geschichte gehört zu den verbreitetsten Essener Überlieferungen. Sie ist vielfach poetisch bearbeitet worden. Offenbar verlieren skandalträchtige Liebesgeschichten auch über die Jahrhunderte hinweg nichts von ihrer Faszination. Unsere Geschichte spielt um das Jahr 1000. Hauptperson ist die Essener Äbtissin Mathilde (971—1011), der die gleichnamige Novize Mathilde zur Obhut und Erziehung im Essener freiweltlichen Damenstift anvertraut war. Im Gegensatz zum Nonnenkloster brauchten die Essener Stiftsdamen kein Gelübde abzulegen, lebten nicht nach einer bestimmten Ordensregel, durften ihr Eigentum behalten und konnten, wenn sie wollten, das Stift wieder verlassen. Die Novize Mathilde war die Schwester Kaiser Ottos III. (983—1002). Weiter tritt auf: Pfalzgraf Ezzo von Lothringen, der am Kaiserhof in Aachen als Freund und Berater in hohem Ansehen stand.

* * *

Wie es gekommen ist, weiß heute niemand mehr, doch Pfalzgraf Ezzo liebte die Novize Mathilde, die im Essener Stift, also weitab vom Kaiserhof in Aachen, lebte. Es war eine hoffnungslose Liebe, denn die Äbtissin hatte dem Pfalzgrafen schon mehr als einmal zu verstehen gegeben, daß Mathilde noch viel zu jung sei, um das Stift als Ehefrau zu verlassen. Und im übrigen gab es da ja noch einen erheblichen Standesunterschied, der unüberbrückbar schien. Als Pfalzgraf konnte Ezzo nun wahrlich nicht als „standesgemäße" Partie für Mathilde, die ja immerhin Schwester des Kaisers war, gelten. Doch wo die Liebe hinfällt, da interessieren sich die Betroffenen nur selten für Standesunterschiede. So war es auch bei Mathilde und Ezzo. Während sich Mathilde in Essen nach ihrem Geliebten verzehrte, verrichtete dieser in Aachen seinen Dienst und wagte nicht, von seiner Liebe öffentlich zu sprechen; zu sehr fürchtete er den Zorn des Kaisers.
Vielleicht hätte sich an dieser Situation niemals etwas geändert, hätte nicht der Zufall eine gewichtige Rolle gespielt.

Eines Tages suchte der Kaiser einen Partner zum Schachspiel. Das fiel ihm häufig nicht leicht, denn er beherrschte das Spiel außerordentlich gut, war also ein gefürchteter Gegner, so daß sich die Angehörigen seines Hofes gern davor drückten, gegen ihn anzutreten. Mit Pfalzgraf Ezzo fand sich jedoch ein Widerpart, der ebenfalls den Ruf eines ausgezeichneten Schachspielers genoß. Und wie es häufig bei solchen Gelegenheiten geschieht: die Gegner wollten das Spiel spannend machen. Vielleicht hatte der Kaiser auch einen Becher Wein zuviel getrunken; jedenfalls ließ er sich dazu hinreißen, großspurig zu erklären: „Ezzo, wenn Du dreimal gegen mich gewinnst, erfülle ich Dir jeden Wunsch!"
„Jeden?", vergewisserte sich Ezzo, ganz überrascht von dem großzügigen Angebot.
„Jeden", bestätigte der Kaiser, „wenn Du nicht gerade meine Krone verlangst."
So begann das Spiel. Ezzo eröffnete nervös, doch je länger die Partie anhielt, desto sicherer wurde er — und gewann schließlich. Nachdem ihm dieses Kunststück dreimal hintereinander gelungen war, mußte Kaiser Otto einsehen, daß er seinen Meister im Schachspiel gefunden hatte.
„Nun denn", mit diesen Worten erhob er sich aus seinem Sitz, denn es war spät geworden und die Glieder schmerzten ihn, „dann sage mir Deinen Wunsch."
Ezzo war ebenso aufgeregt wie zu Beginn der Schachpartie und stammelte mit niedergeschlagenen Augen: „Was ich erbitte, ist die Hand der kaiserlichen Schwester Mathilde."
Abrupt hielt Otto in der Bewegung inne. „Du willst meine Schwester heiraten? Du wagst es . . .!"
Doch dann besann sich Otto und lächelte: „Du hast dich als mein Freund erwiesen. Darum, und nicht nur wegen meines Versprechens, vertraue ich Dir Mathilde gern an. Doch geben kann ich sie Dir nicht. Die Essener Äbtissin ist eine gestrenge Frau. Sie wird Mathilde nicht fortlassen wollen. Geh und hole sie Dir. Mein Wort hast Du."
Dies ließ sich Ezzo nicht zweimal sagen. Noch zur selben Stunde brach er mit seinen Soldaten nach Essen auf.
So kam es, daß der Pfalzgraf am nächsten Tage vor der Pforte

des Essener Stifts stand, das er als Mann nicht betreten durfte. Mit der Ankündigung, eine Botschaft des Kaisers zu bringen, ließ er die Äbtissin und die Novize Mathilde rufen. Als die beiden erschienen, waren sie erstaunt über die verschmutzte Kleidung Ezzos und seiner Leute, und sie bemerkten auch, daß die Pferde schweißnaß und erschöpft aussahen.
„Was für eine dringende Botschaft habt Ihr zu bringen", fragte die Äbtissin.
„Nun, ich lade Euch und die Novize Mathilde zur Hochzeit ein", entgegnete Ezzo.
„Was für eine Hochzeit?"
„Mathilde ist die Braut, und ich bin der Bräutigam! Der Kaiser ist einverstanden!"
Als Mathilde dies hörte, flog sie jubelnd in die Arme Ezzos. Doch die Äbtissin stampfte mit ihrem Krummstab auf und rief wütend: „Hier hat der Kaiser nichts zu befehlen. Mathilde bleibt hier, bis ich sie zur Heirat freigebe. Dies ist mein Wille. Und nur, wenn dieser Stab, den ich in Händen halte, Blätter und Blüten trägt, werde ich mich geschlagen geben!"
Da sah Ezzo, daß ihm das Wort des Kaisers nicht weiterhelfen würde. Mit einer schnellen Bewegung ergriff er Mathilde, hob sie auf sein Pferd, sprang hinterher, und schon jagte er mit seiner Beute fort. Sein Gefolge tat es ihm nach, und wenige Augenblicke später sah die sprachlose Äbtissin nur noch eine Staubwolke. Wutentbrannt stieß sie ihren Krummstab in die Erde.
Die Hochzeit zwischen Ezzo und Mathilde wurde bald darauf gefeiert. Eingeladen war auch die Essener Äbtissin. Allen Voraussagen zum Trotz erschien sie tatsächlich zur Vermählung. Hatte sie Wut und Enttäuschung überwinden können? Offenbar. Und im übrigen wollte sie auch nicht wortbrüchig werden, denn vor der Essener Stiftspforte hatte sich ein Wunder ereignet, das sich niemand erklären konnte: dem Krummstab, den die Äbtissin in die Erde gestoßen hatte, waren Wurzeln und Blätter gewachsen. Aus dem dürren Stock war bald ein blühendes Maulbeerbäumchen geworden.

Die Marmorsäule in der Münsterkirche

Äbtissin Mathilde (971—1011) war eine Enkelin Ottos des Großen. Sie war erst 22 Jahre alt, als ihr die Leitung des Essener Stifts übertragen wurde. Während ihrer Regierungszeit gründete sie das Stift Rellinghausen. In der Rellinghauser Stiftskirche ist sie auch begraben.
In der Essener Münsterkirche steht eine geborstene Marmorsäule. Der Sage nach stammt sie aus der Zeit der Äbtissin Mathilde, und zu ihrer Beschädigung soll es so gekommen sein:

* * *

Äbtissin Mathilde war eine sehr kunstsinnige Frau, die auf vielen Reisen Kunstschätze sammelte, um damit die Essener Münsterkirche schmücken zu können. Auf einer ihrer Reisen gelangte sie auch nach Rom, wo sie dem Papst einen Besuch abstattete. Bei dieser Gelegenheit sah sie eine wunderbare Marmorsäule, die sie gern für das Essener Münster erwerben wollte. Als der Papst von ihrem Wunsch hörte, schenkte er ihr die weiße Säule. Mathilde war hocherfreut über dieses großzügige Geschenk. Doch die Sache hatte einen Haken: sie wußte nicht, wie sie das große und schwere Stück nach Essen transportieren sollte. Man hätte erst einen riesigen Wagen bauen müssen, um die schwere Last bewegen zu können. Außerdem hätten viele viele Menschen damit beauftragt werden müssen, die Säule über das hohe Gebirgsmassiv der Alpen zu schaffen, deren Gipfel sich wie ungeheure Barrieren zwischen Rom und Essen auftürmten. Doch um dies alles ins Werk zu setzen, fehlte es der Äbtissin Mathilde an Geld. Tag und Nacht überlegte sie, wie es ihr wohl gelingen könnte, die Säule nach Essen zu schaffen. Als sie schon fast verzweifelt war, näherte sich ihr eines Tages ein fremder Mann, der sie freundlich ansprach: „Liebe Mathilde, ich will Euch die Säule wohl nach Essen tragen."
Über dieses unverhoffte Angebot war Mathilde zunächst überrascht, doch viel zu glücklich, um sich über die Hintergründe

dieses Zufalls Gedanken zu machen. Immerhin fragte sie vorsichtig: „Was kann ich Euch als Lohn für ein solch mühseliges Werk anbieten?"
Da sprach der Fremde: „Zum Lohn will ich weder Geld noch sonst ein Hab und Gut. Ihr müßt mir nur Eure Seele versprechen."
Als Mathilde dies hörte, erkannte sie, daß es nur der Teufel sein konnte, mit dem sie sprach, und sie erschrak fürchterlich. Wie sollte sie sich verhalten? Zwar wollte sie gern die Säule in Essen haben, doch ihre Seele dafür zu verkaufen, das war ihr dann doch zu unheimlich. Der Teufel aber ließ nicht locker und betörte und bezauberte die arme Mathilde so lange, bis sie endlich in den Handel einwilligte. Doch stellte sie dem Teufel eine Bedingung: die Marmorsäule mußte bis zum Ave-Läuten des Dreikönigstages in der Münsterkirche abgeliefert sein. Wenn dem Teufel dies nicht rechtzeitig gelänge, dann sollte er auch die Seele von Mathilde nicht erhalten.
Mathilde reiste nun nach Essen zurück und wartete, ob der Teufel sein Versprechen erfüllen konnte. Doch schwere Zweifel nagten in ihrer Brust: war es wohl richtig gewesen, für eine weltliche Kostbarkeit ihr Seelenheil aufs Spiel zu setzen? Hin- und hergerissen von diesen Gedanken wartete sie auf den Dreikönigstag.
Inzwischen mühte und plagte sich der Teufel, die schwere Säule über die Alpen zu schaffen. Nur langsam quälte er sich mit seiner furchtbaren Last auf dem Rücken die Berge hinauf. Gar zu gerne hätte er öfter die Säule abgesetzt, um ein wenig zu verschnaufen, doch der Dreikönigstag rückte immer näher und trieb den Satan zu unaufhörlicher Eile an. Schließlich war der Tag gekommen, an dem die Säule abzuliefern war. Mathilde verbrachte Vor- und Nachmittag betend im Kreuzgang der Münsterkirche. Allmählich dämmerte es, und Mathilde glaubte schon an Rettung für ihre Seele, als es donnernd ans Tor klopfte. Eine furchtbare Stimme rief: „He, aufgemacht! Die Marmorsäule soll abgeliefert werden!" — Da erschrak Mathilde ganz fürchterlich, denn bis zum Ave-Läuten waren es noch zehn Minuten. Der Teufel hatte also sein Versprechen halten können!

Ergrimmt darüber, daß ihm niemand das Tor öffnete, nahm der Teufel die schwere Säule nochmals auf den Rücken und wollte sich über die Klostermauer schwingen. Da — gerade als er sich in der Luft befand — begannen von unsichtbarer Hand gezogen die Glocken der Münsterkirche mit dem Ave-Läuten. Der Teufel geriet in fürchterlichen Zorn — er hatte ja die Säule noch nicht abgeliefert und so die Seele der Äbtissin verloren. Alle seine Anstrengungen waren vergeblich gewesen, und die läutenden Glocken hatten ihn betrogen. Und während er noch im Fluge war, warf er — außer sich vor Wut — die schwere Säule mit solcher Wucht zu Boden, daß sie einen großen Riß erhielt. Dann verschwand er zischend und funkensprühend.
Die Seele der Äbtissin war gerettet, und voller Dankbarkeit ließ sie die weiße Marmorsäule trotz des Sprunges in der Münsterkirche aufstellen. Zur Erinnerung an ihr gefährliches Erlebnis bewirtete sie alljährlich am Vorabend des Dreikönigstages alle Armen der Stadt mit Reisbrei.
Die geborstene Marmorsäule überstand alle Wirrnisse der folgenden Jahrhunderte und ist noch heute in der Münsterkirche zu sehen.

Die gesprungene Mamorsäule im Chor der Essener Münsterkirche

Das Licht des siebenarmigen Leuchters

Zu den zahlreichen kunsthistorischen Schätzen der Essener Münsterkirche gehört der große siebenarmige Leuchter, der heute im Untergeschoß des Westwerkes aufgestellt ist. Er besteht aus 46 Einzelteilen und hat eine Höhe von 2,26 Metern und eine Spannweite von 1,88 Metern. Es handelt sich um eine Bronze-Hohlgußarbeit, die von Äbtissin Mathilde um das Jahr 1000 in Auftrag gegeben worden ist. Der Sockel zeigt die Inschrift „MATHILD ME FIERI IUSSIT ET CHRISTO CONSECRAVIT" (Mathilde ließ mich anfertigen und weihte mich Christus). Der heutige Leuchteraufbau dürfte allerdings erst um 1050 entstanden sein. Früher war der Leuchter vergoldet und mit Kristallen und Edelsteinen besetzt. Es handelt sich um eine Nachbildung des goldenen Leuchters im Tempel von Jerusalem. Er versinnbildlicht Christus, der sein Licht erstrahlen läßt in den sieben Flammen des Heiligen Geistes. Die dämonischen Gestalten mit Tierfratzen am Fuße des Essener Leuchters symbolisieren das Böse, das durch das Licht Christi verscheucht wird. Eine alte Überlieferung greift das Thema der Lichtwerdung auf:

* * *

Nachdem der große siebenarmige Leuchter in der Münsterkirche aufgestellt worden war, versammelten sich alle Mitglieder des Essener Frauenstifts vor dem Kreuzaltar, um das Kunstwerk zu bewundern. Voller Stolz erklärte Äbtissin Mathilde die Bedeutung der einzelnen Teile und schloß ihre Rede mit dem Bemerken, daß die sieben Kerzen an ihrem Todestage neben dem Sarg brennen sollten. Ferner bestimmte sie, daß die Kerzen an allen hohen Festtagen beim feierlichen Einzug in die Kirche leuchten sollten.

An einem dieser Festtage hatte die Sakristanin, die auch für das Anzünden der Kerzen in der Münsterkirche verantwortlich war, so viel zu tun gehabt, daß sie vergessen hatte, sich um den siebenarmigen Leuchter zu kümmern. Schon drängten sich die Stiftsdamen vor dem Kirchenportal, um Einzug zu halten;

Der siebenarmige Leuchter

schon stimmte man den Gesang an. Da plötzlich bemerkte die Sakristanin ihr Versäumnis.
Erschreckt dachte sie an das Gebot der Äbtissin, daß auch der siebenarmige Leuchter brennen solle. Doch nun war es zu spät, die Kirchenpforte öffnete sich bereits, und die Kerzen des Leuchters starrten immer noch dunkel ins Leere.
Da wandte sich die Sakristanin mit einem stummen Stoßseufzer zum Altar: „Herr, laß Dein Licht erstrahlen über uns!"
Und kaum war dieser Wunsch gedacht, da brannten die sieben Kerzen, obwohl niemand Feuer an sie gehalten hatte. Im selben Augenblick hielt die Prozession Einzug in den Kirchenraum, und die Augen der Äbtissin glitten voller Zufriedenheit über den siebenarmigen Leuchter, der an diesem Tage in besonders hellem Glanze zu erstrahlen schien.
Die Sakristanin aber wandte sich noch einmal zum Altar und verneigte sich: „Du Licht der Welt, Ehre sei Dir!"

Die Goldene Madonna

Das unbestritten kostbarste Kunstwerk des Essener Münsters ist die sogenannte Goldene Madonna. Ebenso wie der siebenarmige Leuchter ist sie um das Jahr 1000 während der Regierungszeit der Äbtissin Mathilde entstanden. Es handelt sich um eine Holzskulptur, die gänzlich mit Goldblech überzogen ist. Sie gilt als die älteste erhaltene vollplastische Darstellung der Mutter Gottes mit dem Jesuskind im linken Arm. Der Apfel in der rechten Hand weist Maria als „neue Eva", Stammutter aller Getauften, aus. Die Goldene Madonna ist auch als „Mutter vom Guten Rat" Patronin des Bistums Essen. Aber schon seit Jahrhunderten galt sie als Symbol des Stifts Essen und wurde auf der alljährlichen Bittprozession nach Bredeney mitgeführt. Heute hat die schöne Plastik einen Ehrenplatz in einer kleinen Kapelle am Ende des nördlichen Seitenschiffes der Münsterkirche gefunden.
Auf welchen Wegen das wunderschöne Kunstwerk ausgerechnet nach Essen gelangt ist, weiß man heute nicht mehr. Doch folgende Geschichte (die sich an eine Novelle von Inga Krannhals-Russell anlehnt) ist dazu überliefert:

* * *

Es war um das Jahr 1000, als sich viele berühmte Baumeister und Künstler aus Deutschland in Straßburg versammelt hatten. Bischof Werinher hatte sie gerufen, damit sie ihm helfen sollten, zu Ehren der Mutter Gottes in Straßburg eine prächtige Kathedrale zu bauen. Die alte Straßburger Hallenkirche war durch einige Brände stark beschädigt worden, und Bischof Werinher hatte es abgelehnt, die alten Mauern neu aufzubauen, entsprachen doch ihre schlichten Formen nicht seinem kunstsinnigen Geist. Dagegen hatte er überaus große Freude daran, mit Männern, die aus dem Norden, vom Rhein oder aus Frankreich kamen, großzügige Pläne zu besprechen, Entwürfe zu begutachten und wieder zu verwerfen, selbst an den Messungen teilzunehmen und was der vielen Dinge mehr waren. Zwischendurch besuchte er in den Gemächern seines Hauses,

die in Werkstätten umgewandelt waren, die Elfenbeinschnitzer, Goldtreiber und Edelsteinfasser, die er vor einiger Zeit gerufen hatte, um den heiligen Reliquien, die dem Bau die nötige Weihe verleihen und den eigentlichen Grundstein bilden sollten, kostbare Fassungen zu geben oder sonst kirchliche Gerätschaften herzustellen.
Dies alles kostete den Bischof viel Geld, doch was fehlte, sparte er woanders wieder ein und sei's, daß er seinem Küchenmeister auftrug, weniger für Speisen und Getränke auszugeben. Die Genüsse des Leibes galten ihm weniger als prächtige Kunstwerke für seine neue Kathedrale.
Seit einigen Wochen weilte auch der Essener Baumeister am Straßburger Bischofshof. Werinher hatte auf einer Reise durch den Rheingau und die Westfälischen Lande den fortschreitenden Bau der Essener Stiftskirche gesehen, hatte voll Staunen die kunstvolle Schönheit dieses Gotteshauses betrachtet, die ihn so beeindruckt hatte, daß er schließlich die Essener Äbtissin Mathilde gebeten hatte, ihm den Baumeister für einige Zeit zu überlassen. Mathilde hatte ihm die Bitte nicht abgeschlagen, obwohl es der alternden Frau schwer wurde, ihren Freund ziehen zu lassen. Jenem aber hatten unter dem weißen Haar die noch jungen Augen geblitzt, als er von dem Wunsch des Bischofs hörte. Und wenn er auch mit Wehmut an den Abschied von Essen dachte, so klopfte sein Herz doch erwartungsvoll angesichts der neuen, großartigen Aufgaben, die ihn in Straßburg erwarteten. Zwar war das Essener Münster noch nicht fertiggestellt; immerhin aber hatte sein baumeisterlicher Wille schon so viel äußere Gestalt gewonnen, daß er die Beendigung des Werkes beruhigt seinen Gehilfen überlassen konnte. In Straßburg angekommen, regten sich die Kräfte des fast Siebzigjährigen noch einmal mit jugendlicher Frische. Wohl konnte er nicht schalten und walten, wie er gern gewollt hätte, denn er war nicht der einzige dort. Aber die Weisheit des Alters ließ ihn bald die Anerkennung der anderen erringen, so daß er als erster unter Gleichgestellten galt. Er sammelte mit kundigem Auge das Beste und ordnete es ein in seine Pläne. Die Aufgabe war riesengroß. Und ihm war es zugefallen, die Gedanken und Ideen vieler in einen einzigen großen Bauplan

einfließen zu lassen. Er schaffte unermüdlich wie der Jüngste. Zur Erholung besuchte er oft die Kunstschmiede und die Goldarbeiter am Bischofshof. In einem Meister, der von Trier nach Straßburg gekommen war, fand er einen besonders guten Freund. Dieser verstand es vorzüglich, das Gold in äußerst feine Formen zu gießen und mit Edelsteinen zu verzieren. Über Truhen aus Holz, die zur Aufnahme heiliger Gebeine oder sonstiger Reliquien dienten, schlug er dünne Platten aus Gold- oder Silberblech, in die er mit Stift und Hammer ergreifende Szenen aus dem Leben Christi oder der Heiligen eingedrückt hatte. Manchmal zitterten seine Hände schon und seine Augen tränten, denn auch ihm schimmerten schon Haupt- und Barthaar weiß.

Ihm konnte der Essener Meister lange zuschauen, stumm oder in freundlicher Unterhaltung. Die beiden verstanden sich stets auf's beste. Als der aus Trier gehört hatte, daß der Meister aus Essen käme, hatte er aufgeblickt und gefragt:

„Mathilde?"

„Kennt Ihr sie?" hatte der Essener entgegnet.

Der Alte hatte genickt. „Einmal sah ich sie, als sie in Trier weilte. Sie trat in meine Werkstatt und war von so liebenswürdigem und freundlichem Wesen, daß um sie herum alles heller zu werden schien. Lebt sie noch?"

„Ja", bestätigte der Essener Meister, und er dachte lächelnd und dankbar an die vielen Jahre, die er im Schein dieses Lichtes gelebt hatte, das dem aus Trier die Werkstatt für wenige Minuten erhellt hatte.

„Dann habt Ihr auch eine Arbeit von mir gesehen, der ich mich nicht zu schämen brauche", sagte der Goldschmied mit stolzem Schmunzeln.

Der Baumeister nahm ihm das Wort weg: „Ist es vielleicht von Euch, das herrliche Vortragekreuz der Essener Stiftskirche?"

Der Goldschmied nickte.

„Daß mir nicht schon eher der Gedanke kam", sagte der Essener. „Oft schon kam mir an Euren Arbeiten mancherlei bekannt vor. Nun weiß ich warum. Nehmt's mir bitte nicht als Schmeichelei. Aber das Kreuz ist die schönste Zierde der Essener Kirche. Es freut mich, daß ich Euch nun dafür danken kann."

Die Goldene Madonna

Eines Tages, als der Baumeister wieder bei ihm war, schloß der Goldschmied eine hohe Truhe auf, nahm vorsichtig etwas heraus und stellte es auf den Tisch, den die Abendsonne in breitem Streifen überflutete. Als nun der Gegenstand, den der Alte aus der Truhe genommen hatte, mitten im Lichte stand, blitzte es im Gemach auf, als hätten sich Sonnenstrahlen darin gesammelt. Golden funkelte, leuchtete, strahlte etwas, das man vor lauter Glanz nicht genau erkennen konnte. Erst als die Sonnenflut sich mehr zur Wand zurückzog, sah man, daß auf dem Tisch die Statue einer thronenden Madonna stand, die ihr Kind auf den Knien hält. Sacht neigt sie sich zu ihm und hält ihm den goldenen Apfel der Welt entgegen. Madonna, Kind und Thron sind ganz aus Gold. Als zarte Schale ist es über den Holzkern gezogen.

Nun war die letzte Sonne im Raum erloschen. Der Baumeister schaute den Goldschmied an: „Ist das Euer Werk?"

„Ja."

Dann sah der Baumeister wieder zur Madonna. Er erschrak. Denn jetzt sah er etwas, das er vorher nicht bemerkt hatte: „Mathilde."

Er hatte es wohl laut gesagt, denn der Goldschmied sprach: „Ihr mögt wohl recht haben. Ich machte das Bildwerk, als es noch hell war in meinem Gemach von ihr."

Dann aber verblaßte plötzlich die Ähnlichkeit der Statue mit Mathilde. Die Madonna war wieder nur Gottesmutter, fern aller irdischer Ähnlichkeit.

Der Goldschmied stellte sein Werk wieder in die Truhe und schloß sie ab.

„Bischof Werinher wollte sie einmal für seine neue Kathedrale haben. Ich aber kann mich nicht von ihr trennen."

* * *

Es war im Sommer, als Bischof Werinher an einem Morgen, der voll Himmelsbläue und Vogelsang war, in die Kammer des Baumeisters trat. „Ich habe Nachricht aus Essen", sagte er, „Eure Äbtissin Mathilde ist erkrankt. Sie läßt Euch grüßen und bitten, zu ihr zu kommen, damit sie Euch den Essener Bau übergibt, denn sie fühlt ihr Ende nahen.

Ich sage es Euch mit schwerem Herzen, Meister, weil ich weiß, daß ohne Eure große Baukunst das Werk hier in Straßburg scheitern könnte. Aber ich will Euch nicht halten, wenn Ihr meint, daß Ihr gehen müßt."
Der Baumeister schaute vom Bischof fort aus dem Fenster. Er blickte lange hinaus, und er sah das begonnene Werk und die vielen Menschen, deren Arbeit bei seinem Fortziehen nicht weitergehen konnte. Dann aber flogen seine Gedanken wieder nach Essen zu der wunderbaren Frau, die er unter den Menschen am meisten verehrte, und sein Herz zuckte schmerzlich. Schließlich glitt sein Blick auf seine Hände, die blaugeädert und weiß waren, die Hände eines alten Mannes, und da wußte er, daß er nur noch kurze Zeit zu leben haben würde. So sagte er langsam: „Der Essener Bau kann auch ohne mich fertiggestellt werden; dort bin ich entbehrlich. Ich bleibe also, Bischof Werinher, wenn Ihr mich halten mögt."
Der Bischof nahm voll Dank die Rechte des Meisters in seine Hände.

* * *

Am Abend desselben Tages pochte der Baumeister an die Tür seines Freundes, des Goldschmieds. Der hatte die fleißigen Hände müde im Schoß liegen.
Der Baumeister rückte den Schemel neben ihn.
„So spät noch?" fragte der Goldschmied.
„Es ist etwas Großes, um das ich Euch bitten will, etwas Unerhörtes vielleicht. Aber ich muß Euch darum anflehen."
Erstaunt sah der andere ihm ins erregte Gesicht.
„Mathilde, die Äbtissin, ist krank, sie fühlt den Tod nahen. Sie hat nach mir gesandt. Aber ich bleibe um der neuen Kathedrale willen."
„Und um was wollt Ihr mich bitten?" fragte der Goldschmied.
„Daß Ihr mir Eure Goldene Madonna gebt, damit ich sie ihr sende."
Der Goldschmied war aufgestanden. Da sagte der Baumeister in heißer Angst:
„Seid nicht zornig. Seht, ich biete Euch nichts, weil nicht Gold und Geld genug da ist, um damit Euer Werk zu tauschen. Ich

würde Euch alles geben, was ich habe, wenn Ihr es verlangt. Aber anbieten mag ich es Euch in dieser Stunde nicht. Ich bitte Euch um das Geschenk, weil doch auch Ihr den Glanz ihres Wesens verspürt habt. Und — Ihr habt sie sehr geliebt."
Er legte sein Gesicht in die Hände.
Der Goldschmied war aufgestanden, nicht um unwillig den Raum zu durchschreiten, auch nicht, um besser überlegen zu können. Ohne zu zögern war er an die Truhe gegangen, der er das Bildwerk entnahm. Er rührte leise an die Schulter des Baumeisters und sagte: „Hier ist sie. Ich gebe sie Euch."
Da schaute der Alte den Alten an, ungläubig und staunend. Beiden rann eine Träne über das Gesicht.

* * *

Der Baumeister hatte das Bildwerk in einer hölzernen Truhe wohl verpackt und zwei Boten gemietet, die ihm das Kleinod über die vielen Berge, Täler und Flüsse nach Essen bringen sollten. Nun waren sie seit Wochen unterwegs. Er sah im Geiste, wie die Madonna durch dichte Wälder getragen, durch sumpfigen Morast gezogen und über wildwuchernde Wurzeln gehoben wurde.
Während seine Gedanken ihr nacheilten, saß er vor seinen Pergamenten, hatte wieder den Stift in der Hand, sammelte sich, und bald gab es nichts anderes mehr für ihn in der Welt als die herrliche Arbeit, durch die er das neue Gotteshaus langsam aber stetig wachsen sah.

* * *

An einem Herbsttage saß die Äbtissin Mathilde auf einem Sessel in der letzten warmen Sonne des Jahres. Sie hatte die Hände gefaltet wie jemand, der sein Tagewerk getan hatte. Am Morgen hatte sie die Aufgaben und Pflichten einer Äbtissin in andere Hände übertragen. Noch einmal war sie die Mauer des Stifts abgeschritten, hatte in Schlachthof, Küche, Brauhaus und Backhaus hineingeschaut und hatte auf dem Friedhof der Stiftsdamen stille Rast gemacht. Sie hatte regiert und geschafft und konnte nun ihrer Nachfolgerin ein blühendes Werk überlassen.

Gestern war der Abt von Werden bei ihr gewesen und hatte ihr Trost gespendet.
Nun blieb ihr nur noch eins: Abschied zu nehmen.
Sie schaute umher, und als weit und breit keine ihrer Stiftsdamen zu sehen war und nur die Mägde und Knechte geschäftig in Häusern und Höfen ihrer Arbeit nachgingen, schleppte sie sich durch einen Gang in das Münster. Es war Feierabend. Die Arbeiter hatten ihre Werkzeuge beiseite gelegt und waren heimgegangen. Mühsam erklomm Mathilde eine Treppe und blickte mit leichtem Schwindel über das Kirchenschiff, das schon fast vollendet war. Nur die Dächer fehlten noch, so daß der Himmel hineinsah und seine letzte Tageshelligkeit auf den steinernen Boden warf bis hinab zur Krypta. Mathilde schloß die Augen und dachte an den ewigen Schlaf. Ja, hier wollte sie begraben sein, in dem wunderbaren Haus, das ihr Baumeister mit seinem klaren Geist geschaffen hatte.
Mathilde stieg die Stufen hinunter und schritt zurück durch die Kirche.
„Deo gratias", sagte sie, als sie die Tür des Münsters hinter sich schloß, als sei es die Tür ihres Lebens gewesen.

* * *

Als die Novemberstürme die Bäume des Essener Stiftsgartens ganz entblättert hatten, verließ Mathilde auch die letzte Kraft. Ihre Blicke, die sehnsüchtig durchs Fenster wanderten, als suchten sie etwas in der Ferne, blieben an dem kahlen Astwerk hängen.
Sie wartete auf den Baumeister.
Sie fühlte, daß ihr nur noch Stunden beschieden waren, denn ihr Herz war wie ein matter Vogel, der den Flügelschlag einstellen will.
Die Stiftsdamen knieten weinend um ihr Lager, denn sie verloren eine gute Mutter. Als die Sonne sank, hatte man die Sterbekerzen angezündet, und der Kaplan der Äbtissin betete mit den Frauen die Gebete der Kirche.
Da pochte es an die Tür des Gemachs. Die Äbtissin wandte mit letzter Kraft ihre Blicke dorthin.
Da sah sie im Schein der Kerzen das funkelnde Bild der

Madonna mit dem Kinde. Es schaute sie an, liebreich und glänzend, als Zeichen, daß der Himmel für sie offen sei. Dann sah sie mit einem Mal sich selbst in dem Antlitz der Madonna, und sie wunderte sich, was für ein Kind das sei, das sie auf den Knien trüge. Sie wähnte sich schon in einem anderen Lande. Da flüsterte ihr eine der Stiftsdamen den Namen des Baumeisters ins Ohr, das kaum noch den Klang aufnahm. Nachdem sie diesen noch vernommen hatte, tat sie ihren letzten Herzschlag mit einem seligen Lächeln auf dem Antlitz.
Zur selben Stunde aber hob ihr Freund in Straßburg merkwürdig berührt sein Haupt vom Pergament und sandte ihr in Gedanken einen letzten Gruß nach Essen.

* * *

Als Bischof Werinher nach Jahren, als der Bau der Kathedrale in Straßburg schon kräftig fortgeschritten war und die Lebenstage des Goldschmiedes sich ihrem Ende zuneigten, diesen um die Goldene Madonna für die neu erstandene Kirche bat, da erfuhr er erst, daß das goldene Bildwerk schon lange Zeit als bewunderter Mittelpunkt im Essener Münster zu finden sei. Dort steht sie nun seit rund 1000 Jahren, und stets aufs neue entzückt sie diejenigen, die zu ihr kommen, durch ihre nie versiegende Schönheit.

Das Silbermedaillon

Bei näherer Betrachtung fällt auf, daß die Goldene Madonna in der Essener Münsterkirche am linken Fuß eine etwas grünliche Verfärbung hat. Dies weist darauf hin, daß an dieser Stelle ein wenig Silber im Goldblech verarbeitet worden ist. Aus welchem Grunde mag dies geschehen sein?

* * *

Einst war ein junger Knecht des Essener Stifts zu einer Hochzeit in einer benachbarten Grafschaft eingeladen. Dort hatte man fleißig gezecht. Und so hatte es, wie es nicht selten bei solchen Anlässen geschieht, wenn viele Zecher beieinandersitzen, eine Rauferei gegeben. Wie es das Unglück wollte, war der Knecht mit dem Grafen aneinandergeraten. Dieser hatte seine Wachen herbeigerufen, die seinen Gegner schnell überwältigten und in ein Verlies sperrten. Ohne daß es eine ordentliche Gerichtsverhandlung gegeben hätte, schmiedete man ihm wie einem Schwerverbrecher eine große Eisenkugel an den Knöchel des linken Fußes, um ihm eine Flucht unmöglich zu machen. Die Eisenkugel hinter sich herschleppend mußte der Knecht nun schwere Arbeit am Grafenhof und auf den Feldern verrichten. So dauerte es nicht lange, daß seine Kräfte nachließen. Er verfiel äußerlich, und auch sein Wille, die Tortur zu überstehen, nahm allmählich ab. Sein einziger Trost war ein kleines silbernes Medaillon, in das der Name der Muttergottes eingraviert war. Wenn er nachts in dunkler Einsamkeit auf seinem feuchten Strohlager lag, dann ergriff er das kleine Medaillon und betete inständig zu Maria um Hilfe aus seiner verzweifelten Lage.

Die erhoffte Hilfe kam anders, als er es sich vorgestellt hatte: allmählich, von Tag zu Tag kaum merklich mehr, nahmen seine Kräfte wieder zu. Es schien, als ob die schwere Arbeit seinem Körper nicht mehr so zusetzte; die schwere Eisenkugel hinter sich herzuziehen fiel ihm leichter und leichter.

Und eines Tages fühlte er sich stark genug, um in einem unbewachten Augenblick zu fliehen. Tatsächlich gelang es ihm, von

den Feldern in ein Waldgebiet zu entkommen. So schnell er konnte, schleppte er sich voran; manchmal zog er die Eisenkugel hinter sich her, manchmal hob er sie auf und humpelte, indem er sie trug, ein Stück voran.
Viele Tage lang bewegte er sich auf diese Weise fort, ohne Nahrung und stets auf der Hut vor Verfolgern. Nur dann und wann nahm er an einem Bach etwas Wasser zu sich. Trotz aller Vorsicht hatte der Eisenring, mit dem die Kugel an seinen Knöchel geschmiedet war, bald eine eiternde Scheuerstelle hervorgerufen. Jeder Schritt bereitete ihm entsetzliche Schmerzen.
Schließlich gelangte er eines Tages an einen Fahrweg, an dessen Rand er sich erschöpft niederfallen ließ. Komme, was da wolle, er konnte nicht mehr weiter. Seine Hand hielt das Silbermedaillon fest umklammert, und nach einem erneuten Hilferuf an die Muttergottes fiel er in einen totenähnlichen Schlaf.
Am nächsten Morgen weckte ihn fröhliches Vogelgezwitscher, und als er die Augen aufschlug, stand vor ihm ein Bauer, der mit seinem Heuwagen unterwegs zur Feldarbeit war. Nachdenklich blickte der Bauer auf die Eisenkugel, die den Erwachenden als Verbrecher auswies. Doch schnell erzählte der Knecht von dem Unglück, das ihm widerfahren war. Schließlich hatte der Bauer ein Einsehen, daß er den verletzten und entkräfteten Mann nicht seinem Schicksal überlassen konnte. Er hob ihn auf den Wagen und brachte ihn zurück nach Essen.
Dort angekommen wurde der Knecht von seiner Familie, die sich so lange um ihn hatte sorgen müssen, erleichert begrüßt. Gleich wollte man einen Schmied herbeirufen, der die eiserne Fessel aufbrechen sollte. Doch der Knecht bat seine Angehörigen, damit zu warten. Zuerst wollte er zur Goldenen Madonna in die Münsterkirche gebracht werden, um ihr für die Errettung aus der Not zu danken.
Als er schließlich vor dem Altar der Münsterkirche angekommen war, stellte er erstaunt fest, daß die Goldene Madonna nicht an ihrem gewohnten Ort stand. Nachfragen ergaben schnell, daß sie sich bei einem Goldschmied zur Reparatur ihres Goldkleides befand. Also ließ sich der Knecht zum Goldschmied bringen. Als er in die Werkstatt eintrat, fiel gerade sanftes Sonnenlicht durch das Fenster und ließ die Madonnen-

figur erstrahlen. Nur ihr linker Fuß blieb ohne Widerschein; dort fehlte der Goldüberzug, der sich gelöst hatte und nun erneuert werden sollte. Das fahle Holz des Untergrundes ließ den Betrachter glauben, daß der Fuß erkrankt sei. Und als der Knecht auf seinen eigenen wundgescheuerten linken Fuß blickte, da begriff er, daß die Muttergottes ihn nicht nur aus tiefer Not gerettet, sondern auch mit ihm gelitten hatte. Überwältigt sank er in die Knie und sprach ein Dankgebet.
Dann erinnerte er sich an das silberne Marienmedaillon, das ihm so viel Kraft und Trost gespendet hatte. Er hielt es dem Goldschmied hin und bat ihn, das Silber zum Schmuck des linken Fußes der Madonna zu verwenden. Das tat der Goldschmied dann auch, nachdem er den Grund für diesen ungewöhnlichen Wunsch erfahren hatte.
Und so kam es, daß der Knecht, nachdem man ihn von der Eisenkugel befreit hatte und eine Feier aus Anlaß seiner Rückkehr stattgefunden hatte, einige Tage später zur Münsterkirche ging und die Goldene Madonna wieder an ihrem alten Platz vorfand, so schön wie eh und je — nur daß an ihrem linken Fuß für denjenigen, der darauf achtete, ein zarter Grünschimmer im Golde zu bemerken war.

Der Schenk von Essen

In Breisig, dort wo die Hügel der Eifel an den Rhein stoßen, lag einst ein Weingut, das die Äbtissin Mathilde ins Stift Essen eingebracht hatte. In Essen wußte man den Wein aus Breisig wohl zu schätzen, gehörte er doch zu den auserlesensten Tropfen aus den deutschen Landen. Jahr für Jahr freute man sich auf die hölzernen Fäßchen, die mit ihrem goldschimmernden Inhalt auf Schiffen den Rhein hinab- und die Ruhr hinauftransportiert wurden, um dann noch einmal auf ungelenken Pferdewagen und holprigen Wegen kräftig durchgeschüttelt zu werden, bis sie endlich in den Essener Weinkellern abgelagert wurden und dort die letzte Reife des edlen Saftes eintreten konnte.
Es war das Jahr 1041, als in Breisig wieder einmal die Traubenlese in vollem Gange war. Auf den steilen Weinhängen hörte man den Gesang der Rebleute, die die reifen Trauben pflückten und stetig ihre Kiepen füllten. Im Tale klopften und hämmerten die Faßbinder; sie fügten die hölzernen Dauben zu kunstvollen Fässern, von denen bald eine ganze Reihe das Ufer des Rheins zierte. Die Sonne brannte vom Himmel, als wollte sie ein letztes Mal die Weintrauben kräftigen, ehe sie dem Kelter übergeben wurden.
Im Weinhaus saß Damianus, Schenk von Essen, mit breitgespreitzten Beinen auf einem schmalen Schemel, der seine Leibesfülle kaum zu tragen vermochte. Aufmerksam kam er einer seiner vielen Verpflichtungen als Weinkellermeister der Essener Äbtissin nach, indem er die hereingetragenen Traubenkörbe zählte und ihre Leerung in den riesengroßen Kelter überwachte, der rund und wuchtig in der Raumesmitte stand. Mit kundiger Nase sog er den Duft ein, der von den aufgesprungenen und zerdrückten Beeren aufstieg und ihn umgab wie Weihrauch seinen Kirchenfürsten.
Er nahm es sehr genau, der wohlbeleibte Schenk, und mancher Schweißtropfen rann über seine geröteten Backen. Aber den Wein unter Dach und Fach zu bringen, war eine von seinen Vorfahren ererbte Leidenschaft, die nur noch von seinem Verlangen überboten wurde, den abgefüllten Wein noch tiefer hin-

ein in das dunkle und stark gebuchtete Gehäuse seines Bäuchleins zu bergen.
Als die Abendschatten über die Berge zogen und die Arbeit beendet war, begab sich Damianus zu seinem Haus, das am Fuße eines Rebhanges lag. Dort war auch sein liebstes Gelaß: sein eigener Weinkeller. Den schloß der Schenk allabendlich auf, um sich selbst seinen Nachttrunk zu holen. Heute hatte ihn allerhand Ärger geplagt; auch die besten Lagen hatten seinen Unmut nicht verscheuchen können. Nun wollte er ihn ganz ausrotten, den bösen Störenfried, der ihm seine behaglich schnaufende Zufriedenheit kürzen wollte: er erinnerte sich an ein Fäßchen vom vorvorjährigen Wein, das er für keinen noch so prallen Geldbeutel hergegeben hätte. Damals hatte die Sonne ihre Kraft besonders liebreich über den Weinberg gegossen. Und dort, wo sich die meiste Wärme angesammelt hatte, dort hatte er die besten Beeren genommen und für sich einige Fäßchen gekeltert. Von jenem Wein nun, der an natürlicher Süße und auserlesenem Duft eine solche Köstlichkeit bedeutete, wie sie in Jahrzehnten nur selten heranreifte, hatte sich Herr Damianus ein Fäßchen erspart — für Kummerstunden, wie er sich gesagt hatte. Nun, heute wollte er wohl den Zapfen einschlagen und einige Gläser des golden schimmernden Weines schlürfen.
Der Kellerschlüssel kreischte, das Tor sprang auf. Der Schenk entzündete die Kerze, die am Eingang bereitstand. Er schnupperte vergnüglich die feinen feuchten Düfte ein und tappte, tief gebückt, daß ihn sein Bäuchlein drückte, an Faß um Faß vorbei in die Tiefe. Da links hatte es gelegen. Hier mußte es sein. Er hielt das Licht tief, tastete mit der Hand — Nichts! — Leere!
Herrn Damianus Adern an Hals und Stirne schwollen vor Aufregung, als sollte ihn auf der Stelle der Schlag treffen. Heftig atmete er auf. Das Faß konnte verlegt worden sein, als er vor einiger Zeit aus seinem Keller einigen Wein an Essener Wirte verkauft hatte. Oder aber . . . Heiß stieg es wieder in ihm auf. Sollte da eine Verwechslung vorgekommen sein? Sollte er versehentlich sein Lieblingsfäßchen den Käufern mit auf den Weg gegeben haben?
Er hastete im Raum umher, leuchtete in alle Ecken, befühlte

Faß um Faß, beschaute jedes Zeichen. Das Fäßlein aber blieb verschwunden. Mit allem Zorn, der ihn bisweilen befallen konnte, schlug er die Tür des Weinkellers zu und rannte mit stolpernden Füßen und wippendem Bäuchlein in seine Wohnung. Nachdem er sich mit einer kräftigen Abendmahlzeit gestärkt hatte, geschah es, daß ihm sein Knecht einen Pokal mit Wein reichte, den er nach dem ersten Schluck grimmig gegen die Wand warf, daß das Glas in tausend Stücke zersprang.
Hatte er doch beim Trinken an sein verschwundenes Fäßchen gedacht und erinnerungsvoll den Geschmack des geliebten Tropfens auf der Zunge zu spüren gemeint — da schmeckte ihm der, den er nun wirklich trinken mußte, nur schal und schlecht.
Damianus verbrachte eine unruhige Nacht. Immer wieder bedrängten ihn unangenehme Träume. Mehrmals wachte er erschreckt auf, so als er im Traume das Schiff den Rhein hinabschwimmen sah, das seine Weinfässer trug, die er den Essener Wirten verkauft hatte. Und zwischen der Ladung lag sein goldenes Fäßchen, dessen besonderen Duft er herauszuspüren geglaubt hatte . . .

* * *

Nun hielt es den Schenk nicht mehr lang in Breisig. Die Angst, daß sein Fäßchen inzwischen in Essen angekommen und schon geleert sein könnte, zehrte an ihm. Unruhig überwachte er noch einige Tage lang die letzten Arbeiten der Weinlese. Doch dann ritt er, so schnell es ihm angesichts seiner Leibesfülle möglich war, nach Essen. Aber schon unterwegs taten sich die ersten Schwierigkeiten auf: ein Bote der Essener Äbtissin kam ihm entgegen, um zu melden, daß der junge König Heinrich auf seinem Weg von Goslar nach Aachen auch dem Stift Essen einen Besuch abstatten wollte. Die ganze Stadt sei in Aufregung. Umfangreiche Vorbereitungen für dieses wichtige Ereignis würden getroffen, und auch er, der Schenk, werde dringend benötigt. Auf Herrn Damianus machte der bevorstehende Königsbesuch wenig Eindruck. Wohl aber fühlte er sich insofern beunruhigt, als er eine Störung seiner geplanten Suche nach dem Fäßchen befürchtete. Denn mochte der

Himmel wissen, wie angestrengt er nun seines Schenkenamtes würde walten müssen.
Und seine Ahnungen trogen ihn nicht: in Essen angelangt, hatte er kaum Zeit, seinem schweren Körper nach dem anstrengenden Ritt etwas Ruhe zu gönnen. Pröpstin und Kämmerin verlangten abwechselnd nach ihm, ebenso wie die junge Äbtissin Theophanu, die von ihm wissen wollte, wie es um die Weinvorräte im Stiftskeller bestellt sei und ob man noch Vorräte von Wirten oder Händlern zu kaufen habe, denn das Gefolge des Königs sei sicherlich zahlreich, und für jedermann sollte ausreichend Wein zur Verfügung stehen.
Damianus zog also von einem Essener Weinkeller zum anderen, und wenn er mit Ausdauer durch jeden Winkel kroch, dann geschah das nicht zur Erfüllung seiner Pflichten, sondern hauptsächlich in dem Verlangen, sein geliebtes Fäßchen wiederzufinden. Doch so sehr er auch forschte und prüfte, das Gesuchte blieb verschollen. Schwerer und schwerer umwölkte sich die Stirn des Schenken.

* * *

Dann war der große Tag gekommen. Mit prächtigem Gefolge hielt König Heinrich Einzug in Essen. Es war schon Abend, als die Äbtissin den König am Stadttor empfing. König und Äbtissin zogen sich alsbald zu wichtigen Gesprächen zurück. Die Nacht aber gehörte den Rittern aus des Königs Gefolge. Lärmendes Treiben, Tanz und Gesang erfüllten die ganze Stadt, und jedermann tat sich gütlich an dem, was Küche und Keller des Stifts boten.
Am nächsten Morgen begann der große Festtag. Schon früh hatte man das Essener Münster geschmückt, hatte besonders dicke Kerzen aufgestellt und die Teppiche geordnet, die den Thronsessel umgaben, worauf der König der Messe beiwohnen sollte. Überall herrschte große Aufregung, und selbst die Äbtissin wurde von Unruhe geplagt, als sie die festlichen Kirchengewänder anlegte.
Es war nur einer im Umkreis der Stadtmauern, der nicht an die bevorstehende kirchliche Feier und an das darauffolgende Festmahl dachte. Das war der Schenk. In dieser Nacht war ihm

eingefallen, daß sein Netz noch ein Loch hatte, weil er beim Schulten des Viehofes nicht in den Keller gesehen hatte. War das Vergeßlichkeit gewesen? Sicherlich nicht! Der Grund für dieses Unterlassen hatte zwei blitzende Augen und einen schmiegsamen Leib: das war die Tochter des Schulten, Irmgard, die dem Schenk schon seit längerer Zeit zur Frau versprochen war. Und so hatte dieser — eigentlich entgegen seiner Verpflichtung — stets den Keller des Schultenhofes verschont, wenn es darum ging, die Abgaben für die Äbtissin einzutreiben.

Als nun die Hofgesellschaft und die Äbtissin mit ihrem Gefolge zum Gottesdienst im ehrwürdigen Münster zusammengekommen waren, begab sich Herr Damianus mit behutsamen Schritten, die dennoch laut in den verlassenen Straßen hallten, zum Haus des Viehof-Schulten, der sein Anwesen allein hütete, da neben seiner Frau und seiner Tochter auch das ganze Gesinde zur Meßfeier gegangen war. Erstaunt, den Schenken zu dieser Stunde zu sehen, öffnete er die Tür. Als Damianus stotternd darum bat, er möge ihm den Keller öffnen, denn er, der Schenk, sei in Sorge, ob der Wein für das Festmahl ausreiche, weil das Gefolge des Königs unerwartet zahlreich sei, da umwölkte sich die Stirn des Schulten. Aber wortlos schloß er den Keller auf und blieb stumm am Eingang stehen, während der Schenk mit einer Kerze von Faß zu Faß wanderte, leuchtete, tastete, probierte und schnupperte.

Endlich — ganz hinten in der Dunkelheit — hatte er etwas entdeckt, das ihm fast den Atem raubte, so sehr hüpfte sein Herz vor Seligkeit: es war sein Fäßchen, das da unscheinbar in wenig vornehmer Gesellschaft lag. Vorsichtig nahm er eine Probe, und als er andächtig das Glas zum Munde führte, zitterte seine Hand vor Wonne. Wie flüssiges Gold rann der edle Tropfen durch seine Kehle.

„Das nehmt Ihr mir nicht", tönte da die Stimme des Schulten von der Tür her.

Verdutzt wandte der Schenk sich um:

„Ich werde es Euch gut bezahlen", rief er zum Eingang.

„Es ist unverkäuflich", bekam er zur Antwort.

„Ich gebe Euch zwei Fässer vom diesjährigen Wein dafür."

„Nein", sagte der Schulte.
„Dann drei."
„Nicht für zehn."
Da griff Damianus eilig in seinen Kittel, holte Wachs und ein Siegel hervor, hielt das Ende des Wachses an die Kerze, daß es in dicken Tropfen auf das Fäßlein rann und drückte dann das Siegel darauf.
„Im Namen der Äbtissin, es ist beschlagnahmt", flüsterte er heiser, und gleichzeitig wußte er, daß er Irmgard, die Tochter des Schulten, für sein Fäßchen verspielt hatte.
Dann ruckte und zerrte er an dem Fäßchen und schleppte es mühsam am grußlosen Schulten vorbei aus dem Keller. Lang und beschwerlich war der Weg bis zum Stiftskeller, doch so groß war die Freude des Schenks, daß er kaum spürte, wie sehr sein Körper unter der schweren Last ächzte. Als die Glocken des Münsters hell und wohltönend das Ende der Meßfeier ankündigten, da saß unser Damianus bereits auf einem Schemel im Stiftskeller, drehte den Kran seines Fäßchens auf und ließ den köstlichen, so lange vermißten Saft in sich hineinfluten.
Nach dem zehnten Glas sagte er sich: „Ich will dem König zum Mahl den Pokal damit füllen. Nur er darf ihn schmecken."
Dann trank er weiter.

* * *

Im Refektorium, im Speisesaal des Klosters, saßen der König und die Äbtissin mit ihren Gefolgen an der festlich gedeckten Tafel. Der Drost, der die Speisen vorzulegen hatte, stand heute nicht wie sonst hinter dem Stuhl der Äbtissin, sondern hinter dem des Königs. Die Diener warteten mit köstlichen Schüsseln an der Wand unter der Fensterreihe. Niemand regte sich. Nun mußte der Schenk hinter dem Platz des Königs hervortreten und ihm den Pokal zum Trunke reichen. Alles schwieg. Man hörte die Stille im Saale. Die Blicke der Damen und Ritter irrten von der Tafel zur Tür. Die Äbtissin wandte sich unruhig um und bemerkte, daß der Schenk nicht an seinem Platz neben dem Drosten stand. Sie schaute im Raume umher: der Schenk war nicht da. Da gab der Drost dem Diener, der mit einem

Pokal bereitstand, ein Zeichen, nahm den Becher und überreichte ihn dem König.
Das Gesicht der Äbtissin Theophanu war mit Schamröte überzogen.
Der König aber schien nicht zu bemerken, daß Drost und Schenk heute in einer Person Speisen und Trank vorlegten. Fröhlich eröffnete er die Tafel, lobte die Speisen und den Wein und verstrickte die ganze Gesellschaft in ein angeregtes Gespräch. Bald war der peinliche Vorfall vergessen.
Bevor sie sich von der Tafel erhoben, überreichte der König der Äbtissin ein schweres Pergament. Darin war ihr das Recht übertragen worden, drei Tage vor und drei Tage nach dem Fest der Stiftspatrone Cosmas und Damian in Essen einen Jahrmarkt abzuhalten. Dieses Recht war nicht nur eine besondere Ehre, sondern versprach auch zusätzliche Einkünfte für das Stift.
Als er schon im Aufbruch begriffen war, äußerte der König noch den Wunsch, die Krypta der Münsterkirche zu besichtigen, deren Pläne er zuvor gesehen und die es ihm im besonderem Maße angetan hatten.
„Ich muß noch einmal diesen Raum sehen, worin so viel Geist und Schönheit wohnen sollen", sagte er.
Und während draußen schon die Pferde wieherten und alles zur Abfahrt bereitstand, betraten der König und die Äbtissin noch einmal die Münsterkirche. Sie schritten von Westen nach Osten, und der kunstsinnige König äußerte sich begeistert über den schönen Bau.
Aber etwas war rätselhaft: sie hörten ein merkwürdiges Geräusch durch den Raum ziehen, bald stärker, bald schwächer. „Singen die Steine?" fragte der König lächelnd und schaute verwundert umher.
Als sie sich dem Chore näherten, wurde das Geräusch vernehmlicher, und als sie in die Krypta hinabstiegen, wurde mit jeder Stufe, die sie in die Tiefe gingen, ein lauteres Dröhnen daraus. Als sie schließlich unten angelangt waren, stieß Theophanu einen Schrei aus.
Der König aber beugte sich zu dem dicken Mann, der da vor dem Grabe des heiligen Altfrid und dem Reliquienschrein der

Stiftspatrone lag und kräftig schnarchte.
„Laßt, Majestät", flüsterte Theophanu und zupfte den König am Ärmel. „Es ist mein Schenk."
Da lachte der König, daß das Gewölbe dröhnte, doch der Schenk regte sich nicht.
„Er ist zu seinem Schutzpatron geflüchtet, da er des süßen Weines voll war."
„Aber seht da", fuhr der König fort, „er hat einen goldenen Pokal neben sich stehen, der mir schöner erscheint als der, den man mir beim Mahle reichte. Und seht, er ist gefüllt."
Der König bückte sich erneut und hob den Becher vom Boden. Da stieg ihm ein Duft in die Nase, so lieblich, wie er ihn niemals verspürt zu haben glaubte. Er hob den Pokal an die Lippen und schlürfte den Trank, langsam und andächtig. Als er den Becher wieder zu Boden stellte, sagte er zur Äbtissin: „Zürnt Eurem Schenken nicht, wenn er wieder aufwacht. Denn wahrhaftig, einen edleren Tropfen trank ich nie zuvor. Und er hat mit seinem Pokal noch den König erreicht – wenn dieser auch selbst zu ihm kommen mußte."

Der große Brand

Im Jahre 1275 wütete ein Brand in Essen mit verheerenden Folgen für Stadt und Stift. Wie es dazu kommen konnte und welchen Schwierigkeiten sich die Menschen damals bei den Löscharbeiten gegenübersahen, das erläutert eine Erzählung, die einer Beschreibung von Otto Kleinmann und Heinz Rahms folgt:

* * *

Heulend fuhr der Herbststurm um den achteckigen Glockenturm des Münsters zu Essen. Der Wächter auf dem Turme zog fröstelnd den Mantel fester um sich. In der Kirche waren auf dem Westchor die Stiftsdamen zum abendlichen Chorgebet versammelt. Ruhig brannten die kleinen Kerzen, die sie in den Händen hielten. Ab und zu leuchtete der Mond zwischen den dahinjagenden Wolken durch die rundbogigen Fenster in das Schiff der Kirche hinein. Dann sah man unter der Vierung das Grab des heiligen Altfrid und den siebenarmigen Leuchter.
Jetzt verstummte das leise Murmeln der Gebete. Die Stiftsdamen erhoben sich und gingen zum Kirchenschiff hinab. Voran schritten die Äbtissin und die Pröpstin. Gerade wollten sie in den Kreuzgang treten, als vom Turm das Horn des Wächters erklang. Da antwortete auch schon der Wächter auf der Marktkirche mit einem lauten Hornruf. Und wie ein Echo erschallte das Tuten der Nachtwächter der vier Bauernschaften in der Stadt, erst in der Steeler und in der Viehofer, dann in der Limbecker und in der Kettwiger Bauernschaft.
„Es brennt!" riefen die Stiftsdamen und eilten auf den Kreuzgang. Der Wind blies ihnen die Kerzen aus und erfaßte ihre schwarzen Mäntel und ihre weiß leinernen Chorröcke. Der Kopfreifen konnte kaum den Schleier halten. Hinter dem Dach des Stiftsgebäudes schlug eine Flamme zum Himmel empor. Da eilte auch schon der Dechant des Stiftes herbei und rief der Äbtissin zu: „Das Backhaus brennt! Der Bäcker war am Backofen eingeschlafen! Laßt alle Häuser der Damen ausräumen!" Und schon eilte er zur Brandstätte. Die Feuerglocke des

Münsters begann zu läuten und die der Marktkirche kurze Zeit später. Der Ruf „Feuer!" flog über die schlafende Stadt.
Das Backhaus brannte lichterloh. In ihm war viel Holz zum Heizen des Backofens aufgespeichert. Das nährte nun die riesige Flamme. Der Wind fuhr in die brennenden Sparren und führte sie hoch in die Luft. Glühende Balken fielen auf die Holz- und Strohdächer der umliegenden Häuser. Und schon züngelten hier und da neue Flammen empor. Das ganze Stiftsgesinde war herbeigeeilt.
„Die Eimer her!" schrie der Dechant schon von weitem. Die Knechte holten sie. Die Mägde brachten das Vieh des Stifts in Sicherheit. Die Besatzung kam mit langen, eisernen Feuerhaken herbei.
„Reißt das Haus zusammen!" hieß es. Krachend stürzten die Wände nieder. Aber der Wind fauchte in die Trümmer hinein, und ein neuer Glutregen flog über das Stift.
Nun kamen die Bürger der Stadt mit vielen ledernen Feuereimern angerückt. Die wurden auf dem Rathaus aufbewahrt. Auch der Bürgermeister erschien. Dicht hinter der Mauer am Steeler Tore lagen die Mühlenteiche. Es wurden zwei lange Ketten vom Brandplatz bis zu den Teichen gebildet. Die Eimer flogen von Hand zu Hand. Bald füllten sich die großen Kübel. Daraus nahmen die Knechte das Wasser für die Handspritze. An dem Backhaus war nichts mehr zu retten. So bespritzten sie die Dächer der umliegenden Häuser. Es schien, als ob die Gefahr überwunden wäre.
Doch plötzliche Sturmböen fachten die Flammen von neuem an. Immer dichter wurde der Funkenregen, und immer schneller arbeiteten die Menschen bei ihren Löschversuchen. Ganze Balken flogen empor und wurden vom Sturm davongetragen. Wo sie niederfielen, entstand ein neuer Brand. Bald standen fast alle Häuser des Stifts in Flammen. Jedermann hatte versucht, die Häuser auszuräumen, um seine Habe zu retten. Doch nun mußte man der Gewalt des Feuers weichen. Am ärgsten war das Damenstift betroffen. Der Schlafsaal, die Kämmerei, die Propstei, die Schule, alle Häuser brannten. Machtlos waren die Menschen. Ohnmächtig standen sie dabei und mußten zusehen, wie die Gewalt des Feuers alles in Schutt und Asche legte.

Doch zur Trauer über den Verlust blieb keine Zeit, denn plötzlich der Ruf: „Die Münsterkirche brennt!". Der Dechant hatte es bemerkt. „Rettet die Kirche!" Alle eilten auf die Südseite des Gotteshauses. Leitern wurden herbeigeschafft. Eine neue Kette bildete sich bis zum Brunnen auf dem Markte. Auch an der Ecke der Kettwiger Straße und der Dellbrügge stand ein Brunnen. Hierhin wurde ebenfalls eine Kette gebildet. Aus den Bauernschaften und von den Oberhöfen der Umgegend waren viele Bauern herbeigeeilt. Alle halfen bei der Rettung. Aber es war zu spät. Die schweren Holzbalken des Kirchendaches brannten lichterloh. Immer wieder versuchte man, Schneisen in das Flammenmeer zu schlagen, um ein Übergreifen des Feuers zu verhindern.
Noch immer läuteten die Feuerglocken. Ängstlich schauten die Stiftsdamen von weitem hilflos zu. Da eilte die Äbtissin zum Dechanten und rief: „Wenn auch alles untergeht, doch rettet mir in jedem Fall den Westbau und den Turm. Die dürfen unter keinen Umständen verbrennen!"
Krachend stürzte bei diesen Worten der nördliche Arm des Querschiffs ein.
„Rettet den Westbau!" schrie nun der Dechant in die Menge. Ohne Pause wurde von nun an der Turm mit Wasser bespritzt. Die Knechte rissen mit den Feuerhaken die glühenden Balken von dem Dach des Langschiffes herab.
So gelang es, eine Lücke zu schaffen. Das Feuer konnte nicht mehr weiter. Der Wind hatte etwas nachgelassen. Bald darauf wehte er nur noch ganz schwach. Neue Feuerstätten entstanden nicht mehr. Die Häuser brannten aus. Glühende Reste lagen nun an der Stelle, wo noch vor einigen Stunden ein ganzes Stift gestanden hatte. Doch der Westbau, der schönste Teil der Münsterkirche, war gerettet. Schnell gelang es, die Reste des Feuers zu zerstören. Tiefste Nacht herrschte nun. Schwaches Mondlicht beleuchtete die Trümmerstätte. Die Glocken verstummten, und die Menschen atmeten auf.
Da trat der Bürgermeister zu der Äbtissin und sagte: „Das Stift hat besonders schweren Schaden gelitten. Deshalb bieten die Bürger Euch, den Stiftsdamen und allen Stiftsangehörigen ihre Häuser zur Wohnung an."

Bewegt antwortete die Äbtissin: „Ich danke Euch, Bürgermeister. Für diese Nacht wollen wir Eure Gastfreundschaft gerne annehmen. Aber vom morgigen Tage an werden wir auf unseren umliegenden Oberhöfen Ehrenzell, Eickenscheidt und dem Viehof vorübergehend Wohnung nehmen können. Bald werden Stadt und Stift wieder aufgebaut sein, schöner als zuvor."
Und so geschah es.

Die geheime Gewehrlieferung

Während des 16. und 17. Jahrhunderts blühte in Essen die Gewehrfabrikation. Büchsen, damals Bussen genannt, also Schußwaffen mit gezogenem Lauf, waren eine Spezialität Essener Schmiede. Büchsen waren zu jener Zeit ein gefragtes Handelsgut, denn fast ununterbrochen tobten kriegerische Auseinandersetzungen in Europa, wobei die schlimmsten im Namen der Religion geführt wurden. Denken wir nur an den Dreißigjährigen Krieg (1618—1648), der entsetzliches Elend über die Menschen brachte.
Waffen wurden damals überall hergestellt. Aber warum waren gerade die aus Essen so begehrt in allen Ländern Europas? Nun, schon damals hatten die Essener Schmiede erkannt, daß eine besondere Qualitätskontrolle Marktvorteile verschafft. So hatte die Essener Schmiedegilde bereits 1519 beschlossen, daß zur Büchsenproduktion keine vorgefertigten Teile von außerhalb verwandt werden durften. Sämtliche Teile mußten in Essen gefertigt werden. Und 1544 wurde verordnet, daß amtlich bestellte Gewehrprüfer jede einzelne Büchse, bevor sie Essen verließ, „ohne Ansehung der Person und Sache" zu untersuchen und mit ihr zu schießen hatten. Erst wenn die geforderte Qualität festgestellt war, durfte in den Lauf das Zeichen des Schmiedemeisters und als Gütemarke das Schwert des Essener Stadtwappens eingeschlagen werden. Wer eine Büchse ohne diese amtliche Prüfung auslieferte, mußte damit rechnen, aus der Schmiedegilde und aus der Bürgerschaft ausgestoßen zu werden.
Eine Szene aus der Welt der Essener Gewehrindustrie jener Zeit beschreibt die folgende Geschichte, die wiederum auf einer Erzählung von Otto Kleinmann und Heinz Rahms beruht.

* * *

An einem Sommertage des Jahres 1566 ritten zwei Männer auf das Kettwiger Tor der Stadt Essen zu. Sie waren sichtlich ermüdet. Ihrer Kleidung sah man an, daß sie eine lange beschwer-

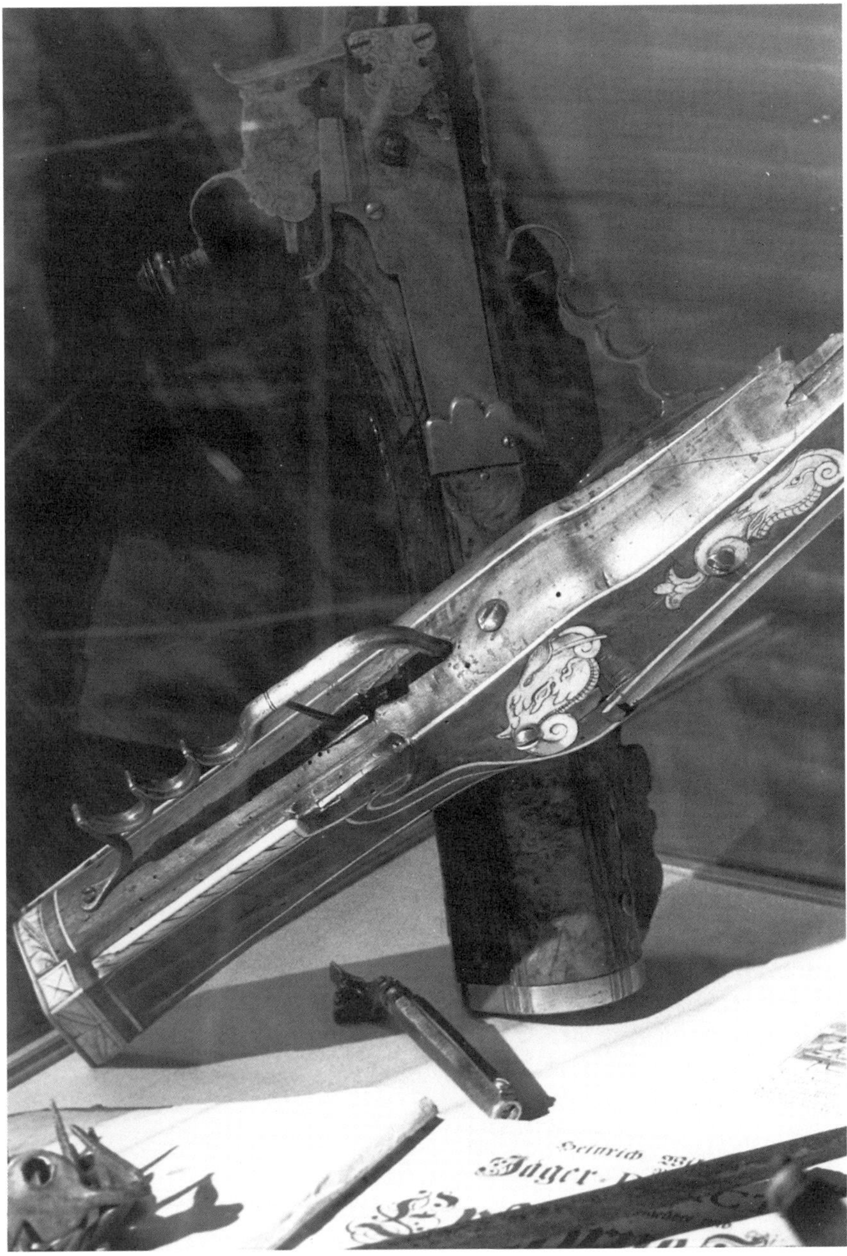

Alte Gewehrläufe im Essener Ruhrlandmuseum

liche Reise hinter sich hatten. Nachdem sie den Wald, der die Straße von Kettwig aus säumte, hinter sich gelassen hatten, sahen sie die Stadt Essen mit ihren Mauern und Türmen vor sich liegen.
„Wir sind am Ziele, Herr", sagte der jüngere der beiden Reiter.
„Ein schönes Städtchen!" antwortete der Angeredete, „hoffentlich können wir unseren Auftrag bald erledigen."
Sie waren am Tore angekommen. Aber ein Schlagbaum hielt sie auf. Nachdem sie beim Zolleinnehmer die Gebühr für zwei Pferde entrichtet hatten, gab dieser den Weg frei. Doch ehe die Fremden in die Stadt einritten, fragten sie: „Wo wohnt der Schmiedemeister Henrich Bossemeker?"
Der Zöllner antwortete: „Der hat sein Haus auf dem Rott stehen. Ein Knecht kann Euch hinführen. Doch werdet Ihr den Meister nicht zu Hause antreffen. Heute ist Montag. Da haben alle Schmiede Wachdienst auf der Stadtmauer."
„Dann müssen wir bis morgen warten. Wir werden in der Herberge gegenüber dem Rathaus übernachten."
Sie ritten durch das Tor und gelangten in die Kettwiger Straße. Dann wandten sie sich zum vordersten Hagen und erreichten bald den Marktplatz. Vor dem Stadthaus stiegen sie ab. Hier befand sich die Herberge. Der Wirt trat ihnen an der Tür entgegen. Er führte die Fremden in das Gastzimmer. Sie ließen sich an dem Fenster einer Nische nieder. Bei einem Glas kühlen Weins beobachteten sie still das Leben und Treiben auf dem Markt und in der Stadtschenke. Gerade vor ihnen stand in einem Schuppen am Turm der Marktkirche St. Gertrud die Stadtwaage. Da kamen Bauern mit Butter und Käse, Flachs und Wolle, Kaufleute mit Fischen und Räucherwaren, Feigen und Rosinen. Alle ließen ihre Waren wiegen. Auch an der Kirche waren Verkaufshallen. Metzger hielten Fleisch und Bäcker Brot feil. In der Mitte des Marktes stand der Brunnen. Hier holten die Bürger das Trinkwasser.
Allmählich wurde es dunkel. Die Abendglocken läuteten. Nun füllte sich die Schenke. Die Ratsherren kamen. Auch der Bürgermeister erschien zum Abendtrunk. Der Stadtschreiber gesellte sich dazu. Die beiden fremden Gäste wurden heimlich bestaunt. Niemand kannte sie. Nach dem Mahl zogen sich

beide in ihre Zimmer zurück und legten sich ermüdet von dem langen Ritt zur Ruhe.
Am nächsten Morgen brachen sie früh auf. Sie gingen über den Flachsmarkt und erreichten bald die Straße „Auf dem Rott". Die führte zum Pferdemarkt. Dahinter sahen sie das Viehofer Tor. Aus allen Häusern auf dem Rott erschollen laute Hammerschläge. Durch die großen Tore sahen sie in die Werkstätten hinein. Hin und wieder gab es einen Funkenregen, wenn die Gesellen das glühende Eisen hämmerten. Auch in der Werkstatt Henrich Bossemekers herrschte reger Betrieb. Der Meister selbst stand am Amboß. Zwei Gesellen halfen ihm. Ein Lehrjunge zog den Blasebalg. Alle trugen braune Lederschürzen. Gerade tauchte ein Geselle ein Schmiedestück in kaltes Wasser. Weißer Dampf zischte auf und erfüllte die Schmiede. Als er sich verzogen hatte, sah der Meister die Fremden, die eben eingetreten waren.
„Wir möchten Euch sprechen", sagten sie.
„Gern", antwortete der Schmied und führte die beiden in die Stube des ersten Stockwerkes.
„Henrich Bossemeker, ich habe geheime Befehle. Es darf uns niemand belauschen", sagte der eine Gast.
Der Meister verriegelte die Tür und schloß die Fenster. Das grelle Sonnenlicht fiel jetzt nur noch gedämpft durch die Butzenscheiben in das Zimmer. Die drei Männer setzten sich.
„Ich bin der Abgesandte des Prinzen Wilhelm von Oranien. Meister, Ihr seid als Hersteller guter Büchsenläufe bekannt. Unter der Bedingung, daß Ihr alles geheim haltet, bestellt mein Kriegsherr, der Prinz von Oranien, tausend Büchsen bei Euch. Auch die Spanier, gegen die wir in Holland kämpfen, beziehen aus Essen ihre Hakengewehre. Sie dürfen von unserer Bestellung nichts erfahren. Wann könnt Ihr die ersten fünfhundert Büchsen liefern?"
„Ich habe noch einige auf dem Lager. Fünfhundert Stück können in vier Wochen fertig sein."
„Gut, und der Rest?"
„Den kann ich nach weiteren zwei Monaten liefern."
„Das dauert zu lange! Wir müssen mindestens in acht Wochen alle tausend Gewehre haben!"

„Dann muß ich noch mehr Gesellen einstellen."
„Das tut! Sorgt nur dafür, daß zu dem genannten Zeitpunkt die Büchsen in Wesel sind. Dort holen wir sie mit Rheinschiffen ab. Wieviel kostet eine fertige Büchse?"
„Ein Goldgulden für jedes Gewehr."
„Gut. Als Anzahlung leisten wir fünfhundert Gulden. Der Rest ist bei dem Magistrat der Stadt Wesel hinterlegt. Seid Ihr einverstanden?"
„Ja. Meine Hand darauf, daß alles geheim bleibt!"
„Dann können wir den Vertrag aufsetzen und unterschreiben."
Der Abgesandte zog eine Papierrolle hervor. Der Meister holte Tintenfaß und Gänsefeder. Mit kräftigen Strichen setzten sie ihre Namen unter den vorbereiteten Vertrag. Der Abgesandte zahlte das Geld aus. Dann verließen die Gäste die Stube und eilten zur Herberge. Schon nach kurzer Zeit ritten sie über den Salzmarkt zum Limbecker Tor. Sie verließen die Stadt und schlugen den Weg nach Wesel ein. Dort nahmen sie ein Schiff, das sie zum Heerlager des Prinzen von Oranien brachte.
In der Schmiedewerkstatt Henrich Bossemekers herrschte in den folgenden Wochen geschäftiges Treiben. Zehn Gesellen arbeiteten vom frühen Morgen bis zum späten Abend. Nur das Mittagsmahl am Tische des Hausherrn brachte eine kleine Ruhepause. Der Meister kaufte gegossene Eisenstäbe bei den Gießermeistern in der Stadt. Auch besorgte er die Holzschäfte für die Gewehre. Die Schlösser fertigten seine Gesellen selbst an. Aus den Eisenstäben wurden die Läufe geschmiedet. An jedem Tag fuhr ein Wagen zum Limbecker Tor hinaus zur Schleifmühle am Sälzer Bach. Hier wurden die Läufe durchbohrt. Besondere Aufmerksamkeit widmete der Meister dem Zusammensetzen der einzelnen Gewehrteile. Waren fünfzig Büchsen fertig, dann ließ er sie zum städtischen Büchsenhause bringen. Das lag auf dem unteren Rott. Dort lud ein städtischer Beamter die fertigen Büchsen mit Pulver und Blei. In die Mündungen schlug er Klötze hinein. Dann wurden die Gewehre abgeschossen. So prüfte er die Güte der Büchsen. Anschließend schlug er auf die Läufe das Essener Schwertzeichen. Für jedes Gewehr mußte Henrich Bossemeker einen Pfennig Büchsensteuer bezahlen.

Kurz vor dem ersten Liefertage trat der Meister eines Abends nach schwerem Tagewerk in das Gildehaus des Schmiedeamtes. Schon längere Zeit war er dem gewohnten Kreis der Schmiedemeister ferngeblieben. Henrich öffnete die Tür zur Meisterstube. Auf einem Leuchter brannten einige Kerzen und erhellten den Raum mit warmem Licht. An schweren Eichentischen saßen die Meister beieinander. Henrich Bossemeker bemerkte unter den Anwesenden einige fremde Gesichter. Laute Rufe empfingen ihn. „Warum kommst Du so selten? Warum sieht man Dich nicht mehr?"
„Ich habe sehr viel Arbeit!" antwortete der Meister.
Da rief Hans Burick, ein alter Schmiedemeister: „An wen lieferst Du eigentlich? Es waren zwei Fremde bei Dir!"
Doch ehe Henrich antworten konnte, sprang einer der anwesenden Fremden auf: „Waren das Holländer? Liefert Ihr vielleicht an Wilhelm von Oranien?"
Scharf klangen die Fragen durch den Raum. Alle Augen richteten sich auf Meister Bossemeker. Der Fragesteller war ein Gesandter der Spanier. Henrich wußte es nicht, aber er ahnte es. Fest und ruhig antwortete er: „Fremder, wer Ihr auch seid, an wen ich liefere und wer die beiden Fremden waren, das bleibt mein Geheimnis. Ein Essener Schmiedemeister läßt sich nicht in sein Geschäft hineinreden!"
Lauter Beifall brach im Raume aus. Ging es um die Ehre der Zunft, dann hielten die Essener Schmiedemeister fest zusammen. Mit finsterem Blick strich der Spanier sein schwarzes Haar zurück. Wütend zog ihn Meister Johann Lütgendorp auf die Bank nieder. Mit ihm hatte der spanische Gesandte wegen neuer Lieferungen verhandelt.
„Du lieferst nicht!" knirschte der Ausländer vor sich hin.
Henrich Bossemeker aber nahm einen tiefen Schluck aus seinem Weinglas und lächelte nur still vor sich hin.
„Nimm Dich in acht vor dem Spanier! Der ist ein Schurke", sagte auf dem Heimweg sein Freund, der Meister Boese, zu ihm.
„Ich werde ein ausreichendes Schutzgeleit mitnehmen", antwortete Henrich.
Früh am festgesetzten Liefertag stand vor der Schmiede ein

großer Wagen, auf den die Gesellen die fertigen Gewehre verluden. Dann zogen sie ein großes graues Zelttuch über den ganzen Wagen und verschnürten es fest. Der Meister überwachte die Arbeiten. Nun wurden sechs Pferde vorgespannt. Meister und Gesellen rüsteten sich mit Waffen aus und stiegen auf die Begleitpferde. Schwer schwankte der Wagen durch die Limbecker Straße dem Tore zu. Der Torwächter ließ den Schlagbaum hoch, und dumpf rasselte das Gefährt durch das Tor. Taufrische lag über den Feldern, durch die die Straße nach Wesel führte. Rasch fuhren sie dahin, denn noch heute mußten sie das Ziel erreichen.
Nicht lange nach ihrer Abfahrt verließ ein einzelner Reiter das Limbecker Tor. Eine Büchse hing über seiner Schulter. Auch er schlug den Weg nach Wesel ein. Kurz hinter Altendorf sah er von weitem den Lieferwagen der Schmiede. Da bog er links vom Wege ab in den Borbecker Wald, durch den die Straße führte.
Henrich Bossemeker ritt neben dem Wagen her. Die Straße war schlecht. Schwer hatten die sechs vorgespannten Pferde zu ziehen. Plötzlich fiel aus dem Wald ein Schuß. Eine Kugel streifte den Ärmel des Meister und schlug klatschend in den nächsten Baum.
„Das ist der Spanier!" rief Henrich, „verfolgt ihn!"
Schon galoppierten zwei Gesellen in die Richtung, aus der der Schuß gefallen war. Bald hörte man einen zweiten Schuß, und eine Weile später kamen die Gesellen zurück. Sie berichteten: „Der Spanier war schon zu weit fort. Da haben wir geschossen und ihn in den Arm getroffen. Er ließ seine Büchse fallen. Hier ist sie."
„Nehmt sie mit!" sagte der Meister. „Der Schurke hat seinen Denkzettel. Uns belästigt er nicht mehr. Und nun vorwärts, sonst sind wir nicht rechtzeitig in Wesel!"
Die Pferde zogen an und brachten das Gefährt mit der wichtigen Ladung an seinen Bestimmungsort.

Das wachsame Hähnchen

Als Essen noch eine kleine Stadt war mit hölzernen Häusern in verwinkelten Gassen, als es noch keine Straßenbeleuchtung innerhalb der Stadtmauern gab, da drohten ständig Gefahren: überraschende Feuersbrünste konnte verheerende Auswirkungen haben, und nachts war man vor Überfällen räuberischer Banden nie sicher. Zu ihrem Schutze hatten die Essener Bürger mancherlei Vorkehrungen getroffen. So gab es den Nachtwächter, der mit einem Helm, einer Hellebarde, einer Laterne und einem Horn bewaffnet war und der zu bestimmten Zeiten in sein Horn tutete und dazu seinen Vers sang:

„Hört, ihr Herrn, und laßt euch sagen,
die Glocke hat zehn, elf, . . . geschlagen.
Bewacht das Feuer und das Licht,
daß diese Nacht kein Schaden geschieht,
und lobet Gott den Herrn."

Neben dem Nachtwächter durchstreiften zeitweise auch mit Piken ausgerüstete Bürgerwehren die Stadt.
Auf die stets drohende Feuergefahr hatte besonders der Turmwächter auf der Marktkirche zu achten. Auch er hatte die einzelnen Nachtstunden durch Blasen aus allen vier Schallöchern anzuzeigen. Wenn ein Brand ausgebrochen war, mußte er die Brandglocke ziehen und außerdem in die entsprechende Himmelsrichtung eine Laterne hinaushängen, damit jedermann wußte, wohin er sich zu wenden hatte. Denn alle Bürger waren in solchen Fällen zur Hilfeleistung verpflichtet.

* * *

Es war an einem heißen Sommertag, als ganz Essen die Hochzeit der Tochter des Bürgermeisters feierte. Nach der Trauungszeremonie im alten Münster hatte man sich vor den Toren der Stadt zusammengefunden, um dort auf den Wiesen den Tag mit Spiel und Tanz zu verbringen. Am Abend, als die Stadttore geschlossen wurden, feierte man in den Schenkstuben weiter, und erst am frühen Morgen begaben sich die letzten weinseligen Zecher zu Bett. Zu diesen gehörten auch der

Nachtwächter und der Turmbläser, die selbstverständlich an den Feierlichkeiten teilgenommen hatten. Auf den Gedanken, nun, wo die Nacht schon fast vorüber war, noch ihren Dienst anzutreten, waren sie gar nicht mehr gekommen. Was sollte auch passieren in dieser warmen Jahreszeit, in der kein Kamin mehr brannte und alle Herdfeuer und Kerzen gelöscht waren?
Doch die Gefahr zog bereits vor der Stadtmauer herauf: leise huschten etwa zwanzig Männer heran. Es war eine Räuberbande, die einen Überfall geplant hatte und die Gelegenheit nach der Hochzeitsfeier als günstig ansah, um ans Werk zu gehen. Aufmerksame Wachen hätten sie entdecken können, die wüsten Gesellen, die da von allen Seiten auf leisen Sohlen heranschlichen. Ihre Pferde hatten sie ein Stück zurückgelassen. Und so war nur hin und wieder ein leises Wispern oder das Klappern herabhängender Waffen zu vernehmen. Schließlich hatten sich alle Männer an der verabredeten Stelle unterhalb der Stadtmauer versammelt.
Sie hatten ein langes Seil mit einem Widerhaken mitgebracht, das sie nun über die Mauer warfen und an dem sie sich hochziehen wollten. Mit leisem Knirschen rastete der Haken in einer Mauernische ein. Niemand innerhalb der Stadt vernahm das Geräusch. Niemand? Doch, da war jemand, der schon zu so früher Morgenstunde auf den Beinen war und darauf wartete, mit seinem lärmenden Tagewerk zu beginnen: es war ein Hahn. Aufgeschreckt durch die unerwarteten fremden Geräusche meinte er, die ersten Sonnenstrahlen nicht abwarten zu sollen und mit einem lauten „Kikerikiii . . . !" machte er seiner Empörung über die morgendliche Störung Luft. Und noch einmal: „Kikerikiii . . . !"
Gewohnt, beim ersten Hahnenschrei aufzustehen, erhoben sich nun viele Bürger aus den Betten, und es dauerte nicht lange, bis die Räuber, die bereits die Stadtmauer erklommen hatten, entdeckt waren. Eilends ließ man die Glocken läuten, die Schützen griffen zu den Waffen, und mutig machte man sich daran, die Räuber zu vertreiben. Als diese sahen, daß sie bemerkt worden waren und mit ernsthaftem Widerstand zu rechnen hatten, da ließen sie sich schnell wieder an ihrem Seil hinab und flohen, so schnell ihre Beine sie trugen, froh,

Das „wachsame Hähnchen" am Kurienplatz

wenigstens mit dem Leben davongekommen zu sein.
Die Essener aber sahen allen Grund, ihr Abenteuer damit zu beenden, daß sie die Feier des Vortages fröhlich fortsetzten. Ihren Retter, den Hahn, vergaßen sie jedoch nicht. Zeit seines Lebens genoß er jegliche Freiheit.

* * *

Und später setzten die Essener Schützen ihrem „wachsamen Hähnchen" sogar ein Denkmal, das heute seinen Standort auf dem Kurienplatz gefunden hat. Auch ein altes Schützenlied läßt die Erinnerung an das „wachsame Hähnchen" fortleben. Der ehemalige Musikdirektor der Stadt Essen, Max Fiedler, hat es in der von ihm 1931 komponierten Ouvertüre „Essen" verarbeitet:

„Wer kaufet, wer kaufet
ein wachsames Hähnchen?
Es ist ja so lieblich,
so weiß wie ein Schwänchen!
Wer kaufet einen wachsamen Hahn?"

Die Irrglocke der Essener Marktkirche

Mitten im Zentrum Essens steht die kleine Marktkirche. Viele der vorbeihastenden Menschen schenken ihr kaum Beachtung, obwohl sie zu den ältesten Bauwerken Essens zählt. Man schätzt, daß die noch erhaltenen romanischen Gewölbe einer Grabkammer zu dem ersten Kirchenbauwerk an dieser Stelle gehören und etwa 900 bis 1000 Jahre alt sind. Die erste schriftliche Nachricht über die Marktkirche (die bis 1563 Gertrudiskirche hieß) stammt aus dem Testament der Äbtissin Theophanu von 1054. In diesem Testament wurden der Kirche „St. Gertrudis auf dem Marktberg" Geld und Kerzen vermacht.
Vom Mittelalter bis in die Neuzeit hinein war die Marktkirche Zentrum der Stadt. Um sie herum konzentrierte sich das städtische Leben. Hier wurde Markt abgehalten, fanden Gerichtsverhandlungen statt, gab es den Pranger. An ihre Wände wurden die städtischen Bekanntmachungen angeschlagen, und auf ihrem Turm hielt der Stadtwächter nach besonderen Vorkommnissen Ausschau. Lange Zeit gab es neben der Marktkirche einen Brunnen, in dem an Markttagen lebende Fische schwammen.
Im Zweiten Weltkrieg wurde die Marktkirche von Bomben zerstört. Sie konnte bald wieder aufgebaut werden und erlebte am 30. 10. 1952 ihre Wiedereinweihung.
Mit der Marktkirche ist eine alte Sage verknüpft, an die noch bis ins 20. Jahrhundert hinein ihr regelmäßiges Glockenläuten in den späten Abendstunden erinnerte:

* * *

Es war zu einer Zeit, als Essen noch eine kleine Stadt war und die Menschen nur innerhalb der Stadtmauern wohnten. An vielen Stellen reichte dichter Wald und sumpfiges Gelände bis nahe an die Stadt heran, und wenn es zu dunkeln begann, dann begab sich jedermann, der noch nicht innerhalb der Stadttore weilte, rasch auf den Heimweg, denn sehr leicht konnte es geschehen, daß man sich in der unwirtlichen Wildnis verirrte

„Apokalyptischer Reiter" – Bronzeportal der Essener Marktkirche von Prof. H. Schardt

und vor dem nächsten Morgen keine Herberge mehr fand.
In diese Not geriet auch einmal ein Wanderer, der sich schon frühmorgens auf den Weg nach Essen gemacht hatte und dort abends eintreffen wollte, um Freunde zu besuchen. Als er den Segeroth erreicht hatte, dämmerte es bereits, und es wurde ihm immer schwerer, den Weg durch das dichte Buschwerk und das dornige Gestrüpp zu finden. Zunächst war er sorglos geblieben, meinte er doch, in wenigen Minuten aus dem Wald heraustreten und die Zinnen und Türme Essens erblicken zu können. Doch bald sah er, daß er sich geirrt hatte. Der Weg, den er beschritten hatte, verlor sich in sumpfigem Gelände, und plötzlich hatte er sich verirrt.
Die Sonne, die ihm die Richtung hätte zeigen können, war längst hinter den Baumwipfeln verschwunden. Es dämmerte zusehends, und leise feuchte Nebelschwaden erhoben sich vom Boden, so daß er die Orientierung gänzlich verlor. Da packte den Wanderer die Angst. Nicht nur, daß er fürchten mußte, von Räubern und Wegelagerern überfallen zu werden — viel schlimmer noch war, daß er mit jedem falschen Schritt im glucksenden Sumpf zu versinken drohte. Immer dunkler wurde es, kein Stern leuchtete vom Himmel, und auch der Mond hatte sich hinter Wolkenbergen verborgen und verweigerte dem Hilflosen das ersehnte Licht. Still stand der Wanderer und wußte nicht ein noch aus. Verzweifelt lauschte er in die Umgegend, ob nicht doch noch menschliche Stimmen oder andere Laute zu hören seien, die ihm den Weg hätten weisen können. Aber nichts. Nur tiefe Stille. Dann und wann huschte ein krächzendes Käuzchen an seinem Kopf vorbei; hin und wieder hörte er den häßlichen Ruf einer Kröte. Und jedesmal, wenn er ein Knacken im dichten Gehölz vernahm, dann zuckte der Wanderer zusammen, denn gab es nicht auch wilde Tiere, die, geduckt zum Sprung, nur auf ihr Opfer warteten?
Da tropfte ihm der kalte Angstschweiß von der Stirn, und er glaubte, den nächsten Morgen nicht mehr zu erleben. Doch plötzlich, während er noch zu Gott betete und ihm seine Seele empfahl, da hörte er die zierliche Stimme einer Glocke! Erst noch zaghaft, dann lauter und wohltönend klang das Geläut an sein Ohr: einmal, zweimal, . . . bis zum neunten Stunden-

schlag. Nun wußte der Wanderer wieder, in welche Richtung er sich zu bewegen hatte, und von allen Qualen erlöst tastete er sich langsam vorwärts, bis er schließlich die ersten Lichter der Stadt erblickte. Bald darauf stand er erleichtert vor dem Stadttor und bat um Einlaß.

Bei seinen Freunden fand er Aufnahme, und nachdem er sich mit Speis und Trank gestärkt hatte, erzählte er ihnen sein Abenteuer. Gemeinsam dankte man Gott für die wunderbare Rettung. So groß war die Dankbarkeit des Wanderers, daß er sich bereitfand, eine große Geldsumme dafür zu stiften, daß an jedem Abend zur selben Stunde die Glocke der Marktkirche, die ihn errettet hatte, als Irrglocke geläutet würde, damit niemand mehr verlassen und verloren in den Wäldern und Sümpfen vor Essens Toren umherirren müsse.

So geschah es dann auch, und immer wieder hatte die Irrglocke der Marktkirche Fremden den Weg gewiesen, bis Essen schließlich so groß wurde, daß die Stimme der Glocke nicht mehr über die Grenzen der Stadt hinausdrang.

Die goldene Uhr des Königs

Die Geschichte der Stadt Essen ist aufs engste mit der der Krupp'schen Fabrik verbunden. Seit 1811 gibt es die Firma Krupp, und Generationen von Essenern haben dort Arbeit und Brot gefunden. So blieb es nicht aus, daß viele Geschichten und „Dönekes" erzählt wurden, die sich um die Firma und um die Familie Krupp ranken. Eine davon geht auf eine wahre Begebenheit zurück:

* * *

Es war im Jahre 1861. Die Firma Krupp war noch längst nicht so groß wie später einmal. Aber immerhin arbeiteten schon zweitausend Menschen dort. Erst seit einigen Jahren hatte das Werk stärkeren Aufschwung genommen. Das war nicht immer so gewesen. So manches Mal hatte Alfred Krupp seinen Arbeitern den Lohn nicht ausbezahlen können. Doch nun kamen Bestellungen aus aller Welt. Jedermann wollte von der Firma Krupp deren Erzeugnisse aus Stahl kaufen. Besonders durch die Herstellung von Kanonenrohren, Eisenbahnrädern und Schiffswellen war der Name Krupp überall bekannt geworden. Immer bessere und immer größere Stahlblöcke mußten bearbeitet werden, um die Wünsche der Kunden zufriedenzustellen. Und so kam es eines Tages, daß die vorhandenen Maschinen nicht mehr ausreichten. Insbesondere der große Hammer, der zum Schmieden von erhitzten Stahlblöcken gedient hatte, war zu klein geworden.
In der Krupp'schen Gießerei wurde nun ein neuer Hammer gebaut, der so mächtig war, daß die Welt so etwas noch nie gesehen hatte. Während der alte Hammer schon Bewunderung hervorgerufen hatte, so war der neue von gigantischer Größe. Stahlblöcke im Gewicht von 65 Tonnen konnte man damit bearbeiten. Das Ungetüm erhielt seinen Namen nach Friedrich Alfred Krupp, dem Sohn des Firmeninhabers Alfred Krupp. Bald wurde er in Essen nur noch „Hammer Fritz" genannt. Tag und Nacht dröhnte der neue Hammer. Unter seinen gewaltigen Schlägen formten sich Schiffswellen für die

großen Überseedampfer, die Europa mit Amerika verbinden sollten. Die Essener Bevölkerung „spürte" im wahrsten Sinne des Wortes das neue Gerät auf dem Krupp'schen Betriebsgelände: wenn der Hammer Fritz arbeitete, dann klapperte in vielen Wohnungen das Geschirr auf dem Tisch, und viele Häuser zitterten. Ununterbrochen war das dumpfe Schlagen in Essen zu hören, doch niemand empörte sich dagegen. Solange der Hammer Fritz in Tätigkeit war, gab es Arbeit, und wenn es Arbeit gab, dann gab es auch Brot.
Meister Strünck erhielt die Aufsicht am neuen Hammer. Unter seiner Leitung arbeitete das Monstrum bald so vortrefflich, daß die glühenden Eisenmassen auf den Millimeter genau geformt werden konnten.
Bald nach der Einweihung des Hammers Fritz hatte der König von Preußen seinen Besuch ankündigen lassen. Er wollte sich persönlich von der Leistungsfähigkeit des vielgerühmten Wunderwerks überzeugen. Große Aufregung herrschte in den Krupp'schen Fabrikhallen. Wird der hohe Herr zufrieden sein? Denn das Wohlwollen des Königs war wichtig. Nur wenn er Aufträge erteilte, konnte die Fabrik weiter bestehen.
Und so waren am Tage des Eintreffens des Königs die Fabrikhallen festlich geschmückt. Jedermann hatte seine beste Kleidung angelegt. Nachdem ein Chor den König mit freundlichen Gesängen begrüßt hatte, trat die Majestät mit ihrem Gefolge zum neuen Hammer Fritz.
Meister Strünck hatte seine Helfer aufs beste unterrichtet. Und so erlebte der König, wie ein Kanonenrohr geschmiedet wurde. Staunend sah der Herrscher, wie genau die Hammerschläge fielen und wie fehlerlos das Rohr entstand. Die Schläge des riesigen Hammers waren so gewaltig, daß sich alle, die umherstanden, die Ohren zuhalten mußten, um vom Krachen des Eisens nicht taub zu werden. Nachdem es wieder still geworden war in der Runde, sah der König, daß nicht ein Millimeter zuviel oder zuwenig geschmiedet worden war. Die ganze Kraft des Ungetüms, das Fallgewicht von 600 Zentnern, wurde von Meister Strünck vollständig beherrscht.
Nachdem alles so gut abgelaufen war und der König bereits zum Aufbruch drängte, da wollte Meister Strünck noch einmal

etwas Großes wagen. Einer seiner Gehilfen trat vor die Besuchergruppe mit den Worten: „Ist einer der Herren bereit, Meister Strünck für kurze Zeit eine Uhr zu überlassen?"
Alle schauten sich verwundert an. Wofür braucht Strünck eine Uhr? Niemand konnte sich entschließen, seine Uhr herauszugeben. Da zog der König die seine aus der Westentasche und reichte sie dem Gehilfen. Dieser wurde blaß vor Schreck, als er bemerkte, was für ein wertvolles Stück er da in den Händen hielt: Die Uhr des Königs war aus Gold und am Rande mit wertvollen Perlen besetzt, die im Licht des noch glühenden Eisens in tausend Farben prächtig funkelten. Doch als der König ihm freundlich zulächelte, da nahm er die Uhr und ging mit ihr zum Amboß. Strünck hatte den großen Hammer inzwischen wieder hochziehen lassen. Alle sahen nun, wie der Gehilfe die goldene Uhr unter den Hammer auf den Amboß legte. Da tickte sie nun, ganz winzig, über ihr die tonnenschwere Last. Der Gehilfe gab Strünck ein Zeichen. Alle warteten, was nun geschehen sollte. Sie hielten den Atem an, denn immer noch war nicht klar, was Strünck nun eigentlich wollte. Sollte er so wahnsinnig sein, die kleine Uhr mit dem Riesenhammer zu bearbeiten? Ausgerechnet die wertvolle Uhr des Königs?
Da plötzlich sauste mit ungeheurer Wucht der Hammer nieder. Ein Aufschrei ringsum! Nun ist es geschehen! Das glitzernde Etwas auf dem Amboß muß sich in ein plattes unförmiges Nichts verwandelt haben! Selbst der bisher so freundliche König schaute grimmig drein, als Strünck den Hammer nun wieder hochziehen ließ. Aber was war das? Unversehrt und glänzend wie zuvor lag die Uhr auf dem Amboß. Ja, sie war nicht einmal vom Hammer berührt worden, der Bruchteile von Millimetern über ihr zum Stehen gekommen war, ganz so, wie Strünck es gewollt hatte. Dies war so schnell gegangen, daß das menschliche Auge den Vorgang nicht mehr hatte verfolgen können.
Laut Beifall klatschend brachen alle Umstehenden in lauten Jubel aus. Jedermann war begeistert von dieser Vorführung, die in besonderer Weise die Vorzüge vom Hammer Fritz deutlich gemacht hatte. Strünck, etwas verlegen und im Nachhin-

ein noch dankbar, daß seine wagemutige Tat nicht fehlgeschlagen war, verneigte sich vor dem König und reichte ihm die unversehrte Uhr zurück. Dieser hielt das wertvolle Stück lange Zeit in der Hand und gab es dann Strünck wieder mit den Worten: „Sie soll Euch gehören. Ihr habt sie Euch mit Eurer Kunst wohl verdient."
Und unter den Jubelrufen aller Anwesenden verließ der König die Fabrik. Am Abend aber saß er noch lange mit dem Fabrikherren Alfred Krupp zusammen und lobte dessen tüchtige Mitarbeiter. Selbstverständlich erteilte der König in den kommenden Jahren noch viele Aufträge an die Firma Krupp, und von der mutigen Tat des Meisters Strünck wurde noch lange erzählt. Dieser aber hielt die Uhr des Königs stets in Ehren. Und als er in hohem Alter starb, legte man sie ihm in sein Grab.

Der ungetreue Münzmeister in Borbeck

Zu den schönsten geschichtlichen Bauwerken Essens gehört Schloß Borbeck, dessen Ursprünge in das 14. Jahrhundert zurückreichen. Für die Bevölkerung des Essener Nordens ist der gepflegte Schloßpark eine Oase der Ruhe und Stätte der Erholung. Auch die im Schloß befindliche Gaststätte „Zur Münze" ist Ziel zahlreicher Besucher.
„Münze"?
Was soll dieser Name bedeuten? Nun, „Münze" ist eine ältere Bezeichnung für „Münzstätte" oder „Münzprägestätte". Und in der Tat: vor rund fünfhundert Jahren sind hier in Borbeck Münzen geprägt worden. Zu jener Zeit gab es noch kein Geld, das überall in den deutschen Landen gültig war. Im Gegenteil: jedes kleine Territorium und jede Stadt hatten eigene Münzen. So war es auch in Essen, wo der jeweiligen Fürstäbtissin das Recht zustand, Münzen schlagen zu lassen. Außer in der Essener Münzprägewerkstatt ließen die Fürstäbtissinnen auch Münzen in ihrer Sommerresidenz Schloß Borbeck herstellen. Nicht nur der Name der Gaststätte, auch eine Sage erinnert an jene Zeiten:

* * *

Als Sophia IV. von Gleichen Fürstäbtissin von Essen war (1459—1489), war ein gewisser Jasper Münzmeister in Borbeck. Sein Beruf war schwer und verantwortungsvoll. Er mußte sich um die Beschaffung des Silbers und des Goldes bemühen, das er für die Herstellung von Münzen benötigte. Dann waren die Münzstempel zu schneiden. War das Silber oder Gold erhitzt, mußte es zu flachen Streifen gereckt werden, aus denen dann runde Plättchen geschnitten wurden. Schließlich kam der schwierigste Teil der Arbeit, wenn das Metallplättchen, „Schrötling" genannt, zwischen zwei Münzstempel gelegt wurde, die der Münzmeister mit kräftigen Hammerschlägen aufeinanderschlug, so daß sich deren Formen in das Metall eingruben und so das Münzbild entstand. Ja, es war eine schwere Arbeit, und Maschinen, die helfen konnten, gab

Schloß Borbeck

es noch nicht.
Münzmeister Jasper war ein frommer und redlicher Mann, der seine Arbeit jahraus jahrein zuverlässig verrichtete. Seine Münzen hatten immer den vorgeschriebenen Gehalt von Gold oder Silber, und jedermann freute sich über die gelungenen Darstellungen auf den Geldstücken. Sein schönstes Werk war eine Münze, die im weiten Umkreis als „Borbecker Groschen" bekannt war. Auf der einen Seite konnte man das Bildnis des heiligen Petrus sehen. Die Rückseite zierte ein Kreuz, und es war zu lesen:

Grossus Borbec
Benedictu sit nome DNINRI
(Borbecker Groschen
Gepriesen sei der Name unseres Herrn)

Diese Münze mit ihrem frommen Text verdroß den Teufel. So erschien eines Tages in der Werkstatt von Meister Jasper ein vornehmer Mann, dessen rotglühende Augen kaum zu seiner

feinen schwarzen Kleidung paßten. Sehr freundlich sprach er den Münzmeister an, wie es denn käme, daß dieser, obwohl er goldene und silberne Münzen herzustellen gewohnt sei, selbst doch immer noch nicht reich geworden sei.
Arglos entgegnete Jasper, daß er das edle Metall teuer einkaufen müsse. Da er die Münzen stets in der vorgeschriebenen Reinheit verfertige, sie also mit der richtigen Gold- oder Silbermenge versehe, bleibe ihm oft nur ein geringer Verdienst.
Da flüsterte der Fremdling ihm listig ins Ohr: „Hör zu, Meister Jasper, ich will Dir raten, wie Du Dein Elend überwinden kannst. Siehst Du diesen Klumpen aus Blei? Den schenke ich Dir. Zukünftig kannst Du ihn unter Dein Münzmetall mischen. Wenn Du nicht zu viel davon nimmst, wird niemand etwas merken, und Du wirst bald so viel an Gold und Silber für Dich behalten können, daß Du der reichste aller Borbecker Bürger sein wirst."
Und mit einem boshaften Lächeln verschwand der Fremdling aus der Münzwerkstätte. Als Meister Jasper ihm nachblickte, bemerkte er, daß jener seinen hinkenden Gang nicht verbergen konnte.
Lange Zeit ließ Jasper den Bleiklumpen in einer Ecke seiner Werkstatt liegen. Er wagte nicht, das Münzmetall mit dem unedlen Blei zu mischen, wußte er doch, daß das Herstellen schlechter Münzen verboten und mit schweren Strafen bedroht war.
Doch eines Tages, es war ein bitterkalter Wintertag, und Jasper wußte wieder einmal nicht, woher er das tägliche Brot für sich und seine Kinder nehmen sollte, da wurde die Versuchung übermächtig. Obwohl er ahnte, wer ihm den bösen Rat gegeben hatte, begann Jasper damit, ein wenig Blei in das heiße Silber zu gießen, als er wieder einmal seine Borbecker Groschen prägen wollte. Nachdem das Metall gereckt und die Schrötlinge geschnitten waren, machte er sich daran, die erste Münze zwischen den Münzstempeln abzuschlagen. Als er den ersten Hammerschlag getan hatte, rief plötzlich, obwohl niemand sonst in der Werkstatt war, eine laute Stimme:

„Jasper, Jasper, es ist genug!
Die Münze mit dem Namen des Herrn
entehre nicht durch bösen Betrug!"

Meister Jasper erschrak fürchterlich, als er dies hörte. Da er aber niemanden sah, glaubte er an eine Sinnestäuschung und trieb weiter mit kräftigen Hammerschlägen die Münzstempel auf den Schrötling. Doch wie erstaunt war er, als die Münze nicht entstehen wollte. In seinem ganzen Leben war ihm dies noch niemals widerfahren. Das weiche Metall wollte ihm nicht gehorchen. Wieder und wieder holte er aus und hieb mit wuchtigen Schlägen auf die Stempel ein. Aber trotz aller Mühen blieb der Metallschrötling unberührt. Das Bild des heiligen Petrus kam nicht zum Vorschein. Da schlug Meister Jasper zum letzten Mal gewaltig zu. Seine ganze verzweifelte Kraft legte er in diesen Schlag. Doch wieder blieb sein Mühen vergebens. Stattdessen erzitterten ganz plötzlich die Münzstempel unter seinen Händen . . . und brachen mit schrillem Ton auseinander.
Da erkannte Meister Jasper, daß er niemals mehr seine schönen Groschen würde herstellen können. Verzweifelt warf er das zerstörte Werkzeug hin, und ein böser Fluch wollte sich gerade über seine Lippen drängen, als er begriff, daß er durch ein Wunder davon abgehalten worden war, sich schwer zu versündigen. Und so beschloß er, dem Wink des Schicksals zu folgen. Sein Handwerkszeug samt dem verdorbenen Silber warf er in das Wasser des Schloßgrabens und zog weit fort, um mit seiner Familie ein neues Leben zu beginnen.
Seit diesem Tage wurden niemals mehr Münzen in Borbeck geprägt, und mehr als 150 Jahre mußten vergehen, bis sich wieder ein Münzmeister fand, der für die Essener Fürstäbtissinnen Münzen prägen wollte.

Der letzte Wildpferdefänger im Emscherbruch

Emscherbruch, diese Bezeichnung führt in eine Zeit zurück, als die Emscher noch nicht gebändigt war, als das Flüßchen noch nicht als Symbol für Industrialisierung, Kohle und Stahlwirtschaft stand, als sein natürlicher Lauf noch nicht begradigt, verrohrt, kanalisiert und verbetoniert war. „Bruch", das ist die alte Bezeichnung für eine ursprüngliche, wilde Landschaftsform. Der Emscherbruch war einst eine undurchdringliche Wildnis. Entlang der zahlreichen Schleifen des Flüßchens, das Jahr für Jahr für Überschwemmungen sorgte, wechselten sich weite Wälder und morastige Ebenen ab.
Es ist schon weit über 100 Jahre her, daß die Wildpferde noch rudelweise wie die Hirsche den weiten Emscherbruch bei Essen durchzogen. Heute gibt es in ganz Europa nur noch eine einzige Herde der selten gewordenen Wildpferde im Meerfelder Bruch bei Dülmen. Einmal im Jahr, am letzten Samstag im Mai, werden dort die einjährigen Hengste eingefangen. Dann kommen Tausende von Zuschauern zusammen, um die Wildpferdefänger bei ihrer gefährlichen Arbeit zu beobachten. Wildpferdefänger, die man auch „Pferdestricker" nannte, gab es früher auch in Essen. Ludwig W. Wördehoff berichtet in seinem Buch über Borbecker Straßennamen unter dem Stichwort „Strickerstraße" von einem Borbecker „Einsiedler" namens Pannenbusch, der im Jahre 1909 schon über achtzig Jahre alt war. Dieser soll als Lehrling mit dem letzten Pferdestricker des Emscherbruchs gelebt und gearbeitet haben. Er zeigte gern seine Schleifspuren an Brust und Rücken, schlecht verheilte Knochenbrüche und von Wildpferden ausgetretene Zähne und einen verbogenen Unterkiefer. Von dem letzten „Pferdestricker" im Essener Emscherbruch, der auch der kühnste seiner Zunft gewesen sein soll, berichtet uns im übrigen nur noch eine alte Sage:

* * *

Der letzte Pferdestricker soll so stark gewesen sein, daß unter dem Druck seiner Hand selbst das wildeste Pferd in die Knie

sank. Ein Pferd, dem er den Fangstrick um den Hals geworfen hatte, war ihm hilflos ausgeliefert, denn seine starke Faust gab die Fangleine nicht mehr frei, während er mit dem anderen Arm einen Baum umklammert hielt, der ihm Halt gewährte.
Nach einem langen Leben voll kühner Pferdestrickertaten fühlte er die Gebrechen des Alters, doch wollte er darum seinen Beruf noch lange nicht aufgeben. Als eines Tages wieder einmal der Jagdbefehl vom Wildgrafen kam, zögerte er nicht, die Fangleine von der Wand zu nehmen und in den Emscherbruch hinauszuziehen. Diesmal galt die Jagd einem besonderen Pferd. Der Wildgraf hatte befohlen, den schwarzen Hengst zu fangen, der an der Spitze eines Rudels seit langem die Gegend unsicher machte. Unser Pferdefänger kannte die Wildbahnen wie kein anderer, und er wußte, zu welcher Zeit das von dem schwarzen Hengst geführte Rudel gewöhnlich den dichten Buchenwald, der an einem einsamen Emscherarm gelegen war, durchtrabte. Dort im Buchenwald schwang er sich dann in das Geäst eines Baumes, wo er im dichten Laubwerk den wachsamen Blicken der Pferde entzogen war.
Nach einiger Zeit tauchte in der Ferne das Pferderudel auf. Deutlich erkannte der Pferdestricker das prachtvolle schwarze Leittier, das den Stuten um eine Strecke vorauseilte, stehenblieb und prüfend die Nüstern hob, um dann geradewegs dem Buchenwald entgegenzutraben. Der Pferdestricker faßte den Fangstrick locker mit der rechten Hand, prüfte noch einmal den Knoten, der die Schlinge hielt, schlang das Ende des langen Seils um seine Brust und kontrollierte noch einmal das Gewicht des Fangseils, um seines Wurfes sicher zu sein.
Das schwarze Leittier hielt unmittelbar vor der Buche an und blickte prüfend nach allen Seiten. Das Rudel in seinem Gefolge trabte in wilden Sprüngen umher und wirbelte den Boden auf, daß er dröhnte und Erdfetzen in alle Richtungen flogen. Aber da stutzten sie mit plötzlichem Gewieher. Der schwarze Hengst hatte fremden Geruch gewittert und stampfte unruhig auf. In diesem Augenblick warf der Pferdestricker das Fangseil mit zielsicherer Hand. Der Hengst bäumte sich auf und schlug wild mit den Vorderbeinen, um die Schlinge abzustreifen, die sich um seinen Hals straffte. Trotzig kämpfte er gegen seine

Fessel, doch vergebens. Schon begann das straffe Seil, ihm die Luft abzuschnüren. Da senkte der Hengst den stolzen Kopf, spannte die Muskeln und setzte zum Lauf an.
Durch den überraschenden Antritt des Pferdes wurde der Druck auf dem Seil immer stärker, und mit Entsetzen erkannte der Pferdestricker, daß er einen Fehler gemacht hatte, als er das Ende des Fangstrickes um seinen Körper geschlungen hatte: durch das plötzliche Reißen am Seil wurde er vom schützenden Ast zu Boden gerissen, wo er aber keinen Halt mehr finden konnte. Und so jagte das gefesselte Tier hinein in die Heide und schleppte den Wildpferdefänger am Seil hinter sich her. Dieser hätte das Pferd gern freigegeben, aber während er in rasendem Tempo über Stock und Stein gezerrt wurde, gelang es ihm nicht, das Seilende von seinem Körper zu lösen. Er versuchte deshalb, mit den Händen Baum oder Strauch zu ergreifen, doch immer wieder fuhren die blutigen Hände ins Leere oder entwurzelten die krampfhaft erfaßten Sträucher, und so ging die rasende Fahrt weiter durch Wasser, Wald und Wiese, durch dorniges Strauchwerk und Gebüsch, immer tiefer hinein in die Wildnis des Emscherbruches.
Allmählich erlahmten jedoch die Kräfte des Hengstes. Als der halb bewußtlose Pferdestricker dies fühlte, umfaßte er in einer letzten verzweifelten Anstrengung mit dem rechten Arm einen schlanken Baumstamm. Ein Ruck – und mit übermenschlicher Kraft gelang es ihm, sich am Baume zu halten, den Hengst zurückzureißen und den Strick so nahe an den Baum zu bringen, daß er ihn dreimal um den Stamm winden konnte. Dann stand das Pferd mit bebenden Flanken, schweißtriefend und über und über mit Schaum bedeckt. Der Pferdestricker trat heran, fuhr ihm in die Nüstern und zwang es zu Boden. Schnell schwang er das Ende des Strickes als Zaum und Zügel um den Kopf des Tieres und stellte sich über den schlanken Leib. Als nun der Hengst mit einem jähen Satz aufsprang, saß der Stricker auf seinem Rücken. Da mochte das Pferd so viele Bocksprünge aufführen wie es wollte, da mochte es noch so schnell davongaloppieren – dem starken Schenkeldruck des erfahrenen Reiters war es schließlich unterlegen.
Stolz ritt der alte Stricker auf dem gezähmten Hengst nach

Hause, wo ihm ehrfurchtsvolle Rufe entgegentönten. Voller Hochachtung spendeten ihm alle Beifall, ihm, dem es als ältestem Wildpferdefänger gelungen war, das stolzeste Pferd der Wildbahn zu fangen und zu zähmen.
Das war der letzte Pferdestricker im Emscherbruch, denn bald nach diesem Geschehen zogen die Pferderudel in ein anderes Gebiet, wohin ihnen die Pferdefänger nachfolgten. In Essen aber sprach man noch lange von der Kraft und dem Mut des alten Wildpferdefängers, der sich nach seinem Abenteuer mit dem schwarzen Hengst nie mehr auf die Jagd begeben hatte.

Der Schützenzug nach Welheim

Die Essener Schützengesellschaften können auf alte Traditionen zurückblicken. Viele davon sind schon fast vergessen, wie zum Beispiel der jährliche Grenzumgang, wenn die Schützen am Mittwoch nach Pfingsten in fröhlichem Zuge die Grenzen des Städtchens Essen abschritten. Ihren Ursprung hatte diese Sitte in dem alten Glauben, dadurch schlimme Dämonen vom Eindringen in die Stadt abhalten zu können.
Ein anderer Brauch war der Schützenzug nach Welheim. Haus Welheim, eine Kommende des Deutschen Ordens, lag inmitten der Welheimer Mark, nördlich der Emscher unweit der „Herrschaft Carnap". Noch heute gibt es dort (auf Bottroper Gebiet) den Straßenzug „In der Welheimer Mark".
Einmal im Jahr machten sich die Essener Schützen auf den Weg nach Welheim. Dort angekommen, wurden sie stets mit Speisen und Trank bewirtet, ohne jemals dafür zahlen zu müssen. Der Ursprung dieses alten Brauches, der bis ins 19. Jahrhundert hinein geübt wurde, wird von der Sage folgendermaßen erklärt:

* * *

Es war im Jahre 1362, als die Feste Welheim von münsterländischen Truppen belagert wurde. Über viele Tage hinweg hatten sich die Welheimer tapfer gewehrt und den Angreifern erbitterten Widerstand geleistet. Allmählich aber drohte die Kraft der Eingeschlossenen zu versiegen. Hunger und Durst machten ihnen zu schaffen, und auch an Munition begann es zu fehlen. Als bereits der östliche Teil der Burgmauer und ein Turm so schwer beschädigt waren, daß man stündlich den entscheidenden Sturm der Münsterländer erwartete, da sandten die Belagerten nachts einen Boten nach Essen, um die dortige Schützengilde um Waffenhilfe zu bitten. Als die Essener Schützen von den Vorgängen in Welheim erfuhren, erklärten sie sich sofort bereit, dem Hilferuf zu folgen. Der Türmer der Stadt rief alle Waffenträger zusammen. Die Sturmglocken wurden geläutet, und schon beim ersten Morgengrauen

machte sich ein langer Schützenzug nach Welheim auf den Marsch.
Als nun die eingeschlossene Besatzung die herannahenden Freunde erblickte, wagte sie einen mutigen Ausfall, und als sich die Münsterländer plötzlich von zwei Seiten bedrängt sahen, blieb ihnen nur noch die eilige Flucht.
Als Dank für ihre schnelle Hilfe erhielten die Essener Schützen das Recht, alljährlich nach Welheim zu ziehen, um dort den Jahrestag des Ereignisses mit Freibier, Käse und Brot, soviel sie wollten, zu feiern.

* * *

Ob die hier beschriebenen kriegerischen Begebenheiten des Jahres 1362 tatsächlich stattgefunden haben, ist unsicher. Der jährliche Schützenzug nach Welheim, auch „Welheimer Reise" genannt, ist aber historisch belegt. Der früheste urkundliche Nachweis über die Reise nach Welheim datiert aus dem Jahre 1601, zuletzt scheint sie in den ersten Jahren des 19. Jahrhunderts stattgefunden zu haben. 1804 wurde schließlich durch die preußische Verwaltung verfügt, „daß der Zug, der zu mancherley groben Exzessen die Veranlassung gegeben habe und weil vieles Geld bey dieser Gelegenheit unnützer Weise verpraßt worden sey, für alle Zukunft zu untersagen sey."

Das Gespenst im Altenessener Hohlweg

Als der Dreißigjährige Krieg längst geendet hatte, trieb noch immer in der Essener Gegend ein alter schwedischer Landser sein Unwesen. Als wilder Räuber lebte er in den Wäldern. Wo er sich an bewohnten Orten auch sehen ließ, stets verbreitete er Furcht und Schrecken. Was man ihm nicht freiwillig geben wollte, nahm er sich mit Gewalt. Raub, Mord und Brandstiftung hatte er sich zur Gewohnheit gemacht. Niemand war vor ihm sicher. Doch eines Tages faßten ihn die Bauern und schlugen ihn mit ihren Dreschflegeln tot; aber noch im Sterben stieß der Schwede schändliche Flüche aus. Zur Strafe für seine Untaten konnte seine Seele im Grabe keine Ruhe finden. In vielerlei Gestalt, als Werwolf, Katze oder Hund, mußte er fortan ruhelos umherirren, und sein Stöhnen, Heulen, Fauchen und Fluchen war oft weithin in der nächtlichen Stille zu hören. Wer immer in der Nähe war, machte sich schleunigst davon ohne sich umzuschauen, denn Geistern ging man lieber aus dem Wege.

Ein Leineweber aus Altenessen fuhr einmal in dunkler Morgenfrühe, als weder Sterne leuchteten noch die Sonne schien, seinen Karren mit dem selbstgewebten Leinen zum Markte. Er war besonders früh aufgestanden, um als erster auf dem Marktplatz zu sein und sich den besten Stand aussuchen zu können. Sein Weg führte ihn auch durch den Altenessener Hohlweg. Dies war die Stelle, wo sich die Straße verengte und das Gebüsch über den Köpfen der Passanten fast zusammenwuchs. An diesem Ort war einst der Schwede erschlagen worden.

Als unser Leineweber sich mitten im Hohlweg befand, wurde er plötzlich von einer dumpfen Stimme dreimal angerufen: „Hooo! – Hooo! – Hooo!"

Anstatt nun den Geisterspruch zu sprechen „Alle guten Geister loben Gott!" und fortzulaufen, drehte er sich neugierig um, bohrte seine Augen suchend in die Dunkelheit und erwiderte den Ruf: „Hooo! – Hooo! – Hooo!"

Im selben Augenblick sah er im dichten Gebüsch zwei grüne

Augen auffunkeln. Mehr konnte er nicht erkennen. Aber die Augen wurden immer größer und kamen immer näher! Schon wandte sich der Leineweber mit seinem Karren zur Flucht, da krallte sich eine unheimliche Last in seinem Rücken fest. Ein keuchender, stinkender Atem blies über seine Schulter und verpestete die Luft. Das Getier auf seinem Rücken riß an der Kleidung, sein Schwanz schlug ihm gegen die Beine, und er hörte Zähneknirschen, als ob jemand nur darauf lauere, ihm ins Genick zu beißen.

Den Leineweber überfiel es eiskalt. In panischer Angst schüttelte er sich, um die schreckliche Bürde loszuwerden. Aber vergeblich. Wie mit eisernen Zangen umfing ihn seine Last. Schon drohte der Leineweber ohnmächtig zu werden, da raffte er noch einmal all seinen Mut zusammen. Mit dem unheimlichen Getier auf seinem Rücken jagte er wie von Furien gehetzt durch die Nacht nach Essen, vor sich den schweren Wagen mit den Leinenstoffen. Niemand war zu dieser frühen Morgenstunde unterwegs und konnte ihm helfen. Nur die Tiere des Waldes sahen die wilde Jagd und stoben eilends davon.

Erst als unser Leineweber die ersten Häuser Essens erreichte und das Licht einer Laterne sichtbar wurde, faßte er wieder etwas Hoffnung. Als aber auch noch das erste Morgenläuten der Münsterkirche zu hören war, da spürte er deutlich, wie die Kraft des Gespenstes mehr und mehr nachließ, wie die Krallen sich langsam öffneten und die schwere Last allmählich von seinem Rücken herabglitt. Dann plötzlich war der Spuk verschwunden. Erschöpft klopfte der Leineweber an die Türe des nächsten Hauses, das er erreichen konnte, und bat um etwas Wasser, um sich von der unheimlichen Schreckensfahrt zu erholen.

Nie vergaß er sein Erlebnis, und alle, denen davon erzählt wurde, vermieden es, bei Nacht durch den verwunschenen Hohlweg zu gehen. Erst als später in der Nähe des Hohlweges Zechen und Fabriken entstanden und zahllose Wohnhäuser in die Höhe wuchsen, verschwand das Gespenst aus dem Hohlwege.

Die Schlacht auf dem Stoppenberg

Schauplatz der folgenden Sage ist der etwa 74 Meter hohe Hügel, Stoppenberg (Stufenberg), der im Essener Norden steil aus der Ebene hervorragt und dessen Spitze eine besonders schöne mittelalterliche Kirche ziert. Diese romanische Basilika, die während der Regierungszeit der Essener Äbtissin Svanhild erbaut und im Jahre 1073 geweiht wurde, ist seitdem kaum verändert worden und gehört heute zum Kloster der Karmelitinnen.

Um die Zeitenwende soll auf dem Stoppenberg von den Sugambrern und den Marsen die Göttin Tafana verehrt worden sein. Die Sugambrer, fälschlich oft „Sigambrer" genannt, waren ein germanisches Volk am rechten Rheinufer zwischen Lippe und Sieg. Die Sugambrer bildeten die stärkste Gruppe der Tafana-Kultgemeinschaft. Unter dem römischen Kaiser Augustus wurden sie im Jahre 8 v. Chr. überwältigt; 40.000 Gefangene wurden in der Gegend um Xanten angesiedelt. Aus den in ihrer Heimat verbliebenen Sugambrern gingen als Nachfolger die Marsen hervor, die sich zwischen Ruhr und Lippe ansiedelten. Im Jahre 9 n. Chr. verbündeten sich die Marsen mit dem Cheruskerfürsten Arminius und nahmen an der sogenannten Schlacht im Teutoburger Wald (die genaue Lage des Schlachtortes ist unbekannt) teil, in der ein römisches Heer unter Publius Quinctilius Varus vernichtend geschlagen wurde. Im Jahre 14 n. Chr. wurden die Marsen von einem römischen Heer unter Germanicus überfallen und werden in späterer Zeit nicht mehr genannt.

* * *

In alter Zeit stand auf dem Stoppenberg ein Heiligtum. Fest verankert in der Erde erhob sich hier eine riesige Säule in den Himmel. An dieser Säule kamen die Marsen zusammen, um zu ihrer Göttin Tafana zu beten und ihr Opfergaben darzubringen. Früher einmal hatten die Marsen zum Volk der Sugambrer gehört. Nachdem aber fast alle Sugambrer von den Römern in einer gewaltigen Schlacht gefangengenommen und in ferne

Gegenden verschleppt worden waren, war nur noch der Stamm der Marsen übriggeblieben. Die Marsen waren berühmt wegen ihrer Stärke und wegen ihres Mutes.
Als nun eines Tages ein anderer germanischer Stamm, die Cherusker, unter ihrem Führer Arminius gegen die Römer in den Kampf zog, da schlossen sich ihm die Marsen freudig an in der Erwartung, ihre ehemaligen Stammesfreunde, die Sugambrer, rächen zu können. Es wurde ein langer Feldzug. Aber schließlich kam es zur Entscheidungsschlacht im Teutoburger Wald, wo die vereinten germanischen Stämme ein riesiges Römerheer in die Flucht schlugen. Den Siegern fielen unermeßliche Reichtümer in die Hände. Besonders stolz aber waren die Marsen, daß sie einige römische Legionsadler erbeutet hatten. Das waren bunt bemalte Zeichen mit einem aufgesetzten, goldüberzogenen Adler aus Holz, die die einzelnen Abteilungen der römischen Soldaten vor sich herzutragen pflegten.
Stolz und umjubelt kehrten die Marsen nach der großen Schlacht in ihre Heimat zurück und brachten ihre Siegeszeichen, die römischen Legionsadler, zur Tafanastätte auf dem Stoppenberg, wo sie diese zu Ehren ihrer Göttin feierlich verbrannten.
Die Marsen glaubten, nun für einige Zeit vor Überfällen der Römer sicher zu sein. Aber sie hatten sich geirrt. In aller Heimlichkeit zogen die Römer in ihrem linksrheinischen Lager Xanten ein neues großes Heer zusammen, das die Niederlage im Teutoburger Wald rächen sollte.
Als den Römern der Tag gemeldet wurde, an dem die Marsen wieder einmal ein Fest auf dem Stoppenberg feiern wollten, da machten sie sich auf den Weg dorthin. Um unbemerkt zu bleiben, vermieden sie es allerdings, über die großen Heerstraßen zu ziehen. Ihr Weg führte sie stattdessen über kleine Pfade, durch unwirtliche Gegend, undurchdringliche Wälder und sumpfigen Morast.
Die Römer hatten ihrem Zug Späher vorausgeschickt, die den Weg erkunden, aber auch das Verhalten des Feindes beobachten sollten. Sie brachten die Nachricht, daß die Marsen an keine Gefahr glaubten. Sorglos hatten sie sich an der Tafanastätte zusammengefunden, ihrer Göttin ein Opfer dargebracht

und feierten ein fröhliches Fest, tranken, scherzten und tanzten bis in die späte Nacht hinein. Da beschleunigten die Römer ihren Marsch, der durch eine sternklare Nacht und helles Mondlicht begünstigt wurde.
Früh am nächsten Morgen trafen die Römer am Stoppenberg ein. Sie sahen ihre Feinde schlafend und ohne Waffen an den niedergebrannten Feuern liegen. Auf ein Kommando ihres Heerführers Germanicus fielen die Römer nun über die wehrlosen Opfer her. Die Schlacht war kurz und grausam. Keinem der Marsen gelang die Flucht; alle wurden von den Römern niedergemacht. Ganz zum Schluß, als sich keine Feindeshand mehr regte, da holten die Römer nochmals mit ihren Streitäxten aus und hieben so lange auf die Tafanasäule ein, bis sie berstend brach und in tausend Stücke zersprang.

Der Stoppenberger Schleierstreit

Die wesentlichen Teile der folgenden Geschichte sind urkundlich überliefert. Im 12. Jahrhundert entstand auf dem Stoppenberg ein Doppelkloster der Prämonstratenser für Männer und Frauen, das rund 100 Jahre später zu einem reinen Nonnenkloster wurde. Bis zum Jahre 1803 bestand es als freiweltliches Damenstift und galt lange Zeit als „Heirathsbureau für den niederrheinischen und westfälischen Adel". Seit 1961 gibt es hier wieder ein Kloster der unbeschuhten Karmelitinnen.

* * *

Es war am 14. September 1460, einem sonnigen Herbstsonntagmorgen. Das altersgraue Kirchlein auf dem Stoppenberg strahlte in ungewohntem Glanze. Heute, am Jahrestag der Kirchengründung, waren wie alljährlich viele Gläubige von nah und fern zusammengekommen, um das Ereignis mit einem Festgottesdienst und dem üblichen Umtragen der Reliquien, der „Stoppelheiligenprozession", zu feiern. Es war nicht ganz einfach, auf den Stoppenberg zu gelangen, denn damals war dieser noch rundum mit einem wassergefüllten Graben umgeben. Und so mußten die festlich gekleideten Kirchgänger mit einem schwankenden Schiffchen übergesetzt werden, für die meisten ein ungewohntes und gefährliches Unternehmen. War dieses Abenteuer glücklich überstanden, dann stieg man den Hügel hinauf, vorbei am Kapitelshaus und an den Wohnstätten der Stiftsdamen bis zum Kirchplatz, der bald mit zahlreichen Andächtigen gefüllt war. Doch heute wollte keine rechte Feststimmung aufkommen. Etwas Unbehagliches schien in der Luft zu liegen. Genaues wußte man nicht, aber einige flüsterten sich zu, daß es wohl wieder Streit darum geben werde, ob die Stoppenberger Stiftsdamen verpflichtet seien, das Nonnengelübde abzulegen oder nicht.
Im Laufe der Jahrhunderte war nämlich aus dem ursprünglichen Prämonstratenserkloster ein sogenanntes freiweltliches Damenstift geworden, dessen Mitglieder sich nicht verpflichtet fühlten, „den Schleier zu nehmen", das heißt, das Ordens-

Klostervorhof auf dem Stoppenberg

gelübde abzulegen und nur noch die Ordenstracht zu tragen. Dieses Recht war den Stiftsdamen in mehreren Briefen von Beauftragten des Kölner Erzbischofs bestätigt worden.
Warum also die Unruhe in der wartenden Menge? Aus welchem Grunde sollte die Feier heute gestört werden? Nun, man wußte, daß die Fürstäbtissin von Essen, Sophia von Gleichen, die Zustände im Stift Stoppenberg, das ja in ihrem Hoheitsgebiet lag, nicht billigte. Immer wieder hatte sie versucht, die Rechte und Freiheiten der Stoppenberger Stiftsdamen einzuengen. Und so erwartete man, daß die Fürstäbtissin auch die Gelegenheit des heutigen Festes benutzen würde, um aus den freien Stiftsdamen wieder einfache Nonnen zu machen.
Die Menge auf dem Kirchplatz wurde schon ungeduldig, als schließlich die stolze Fürstäbtissin Sophia, umgeben von Geistlichen, Laien und Essener Stiftsdamen, feierlichen Einzug hielt. Nachdem sie aber die Kirche betreten hatte, schlossen sich sofort die Türen. Die Gläubigen, die zum Festgottesdienst hineinströmen wollten, wurden gewaltsam zurückgedrängt. Und als man ihnen bedeutete, daß der Gottesdienst später stattfinden würde, machten sie ihrem Unmut durch lautes Lärmen Luft. Sogar Schmährufe auf die Fürstäbtissin waren zu hören. Aber nichts half, die Kirchgänger mußten warten.
Was sich aber nun im Inneren der altehrwürdigen Stoppenberger Kirche abspielte, sollte zu solcher Aufregung führen, daß sich die Gemüter noch viele Jahre später nicht beruhigen konnten: mit scharfer Stimme forderte die Fürstäbtissin Sophia, daß die dem Stoppenberger Stift vorstehende Dechantin mit ihren Stiftsdamen vor ihr erscheinen sollte. Nachdem diese durch eine Nebentür eingetreten waren, mußten sie sich eine wahre Strafpredigt der Fürstäbtissin anhören, die mit empörten Worten den Ungehorsam der Stoppenberger Stiftsdamen rügte und diese unter Androhung von schweren Strafen aufforderte, nun endlich den Schleier zu nehmen.
Sophias schroffe Vorwürfe machten so großen Eindruck, daß sich einige der Angesprochenen sofort bereit fanden, ihrem Wunsche nachzukommen. Noch in der Kirche unterzeichneten sie eine entsprechende Verpflichtungserklärung. Doch der

überwiegende Teil der Stiftsdamen ließ sich nicht beirren: mit fester Stimme lehnten sie die Forderung ihrer Herrin ab und bestanden auf ihrem Recht. Auch die schlimmsten Drohungen der Fürstäbtissin konnten sie nicht umstimmen.
Obwohl man sich heftig gestritten hatte, fand dennoch die Prozession statt und daran anschließend der zunächst ausgefallene Gottesdienst. Bei der Predigt kam es zu einem unglaublichen Vorfall: Als der Prediger von geschleierten und ungeschleierten Nonnen sprach, riefen einige der widerspenstigen Stiftsdamen dazwischen, er solle aufhören; niemand habe ihn gebeten, über dieses Thema zu sprechen. Hierüber war der Prediger so erbost, daß er ausrief „Tacete, fatuae estis; ad posteriora virgis corrigendae essetis!" (Schweigt, Ihr seid ja albern; man sollte Euch den Hintern verhauen!)
Und so ging der Schluß der feierlichen Handlung in Unruhe und Tumult unter.
In der darauffolgenden Woche wartete man vergeblich auf die angekündigten Strafmaßnahmen der Fürstäbtissin. Aber etwas anderes, das diese wohl vorhergesehen hatte, trat nun ein: die Stoppenberger Stiftsdamen wurden unter sich zerstritten. Diejenigen, die den Schleier genommen hatten, betrachteten sich nunmehr als die allein rechtmäßigen Inhaberinnen der Stiftsgüter und wollten die anderen, die sie fortan als Eindringlinge ansahen, aus dem Stift vertreiben. Und da man sich nicht einigen konnte, zog man vor Gericht; es kam zu einem kirchlichen Prozeß.
Zunächst wurde der erzbischöfliche Offizial in Köln mit der Angelegenheit befaßt. Dieser lud im Dezember 1461 die Parteien zu einem Anhörungstermin ein. Nachdem er sich so über die Vorgänge in Essen unterrichtet hatte, erging nach einigen Monaten der Urteilsspruch, wonach die Ungeschleierten nur unter der Bedingung im Stoppenberger Kloster verbleiben durften, daß sie das Gelübde ablegten.
Damit gaben sich die unterlegenen Stiftsdamen aber keineswegs zufrieden. Gegen das Urteil legten sie Berufung beim päpstlichen Gericht in Rom ein. Daraufhin kam von Rom zu Beginn des Jahres 1463 der Befehl, daß vorerst alles beim alten belassen werden solle. Die Rechtslage sei ungewiß, und man

solle erst einmal alle schriftlichen Unterlagen in die Petersstadt schicken, damit die Angelegenheit dort gründlich geprüft werden könne. Und dabei blieb es dann. Während die geistlichen Richter in Rom Jahr für Jahr verstreichen ließen, ohne daß eine Entscheidung in Sicht gekommen wäre, ging das Leben im Stift Stoppenberg ruhig weiter. Die Zeit heilt viele Wunden. So war es auch hier. Nach und nach hatten sich die zerstrittenen Stiftsdamen darauf geeinigt, in Frieden zusammenzuleben, mit oder ohne Schleier. Und so vergingen weitere sechs Jahre, und fast war der Prozeß schon vergessen, als endlich das Urteil aus Rom kam: Wiederum hatten die Ungeschleierten verloren. Und wiederum gaben sie die Sache nicht auf, sondern wandten sich nunmehr unmittelbar an den Papst, um dessen persönliche Entscheidung sie baten.
Schließlich erging am 8. Juli 1471 – inzwischen waren also fast elf Jahre seit dem Ausbruch des Streites vergangen – das letztinstanzliche Urteil, das auch für die Betroffenen selbst recht überraschend gewesen sein mag: die früheren Urteile wurden aufgehoben und den streitbaren Stiftsdamen das Recht zuerkannt, auch ohne Gelübde und Nonnentracht dem Stoppenberger Kloster anzugehören. Damit war dessen Charakter als freiweltliches Damenstift von höchster Stelle festgelegt worden.
Fortan konnten sich die Stoppenberger Stiftsdamen ungestört ihrer Freiheit von Gelübde und Schleier erfreuen, und manche von ihnen verließ im Laufe der Jahrhunderte das Kapitelshaus auf dem Stoppenberg, um als Hausfrau auf einem der vielen Rittersitze der näheren und weiteren Umgebung einzuziehen.

Der Mörder von Frillendorf

An der Nünningstraße in Frillendorf liegt der Bauernhof Nünning, der eine lange Tradition aufzuweisen hat. In alten Urkunden wird er bereits für das Jahr 1342 als propsteilicher Oberhof benannt. Nach einem Lehengüterverzeichnis von 1488 gehörten zu ihm 57 weitere Höfe. Noch bis vor wenigen Jahren wurde der Nünninghof bewirtschaftet. Vor 200 Jahren ereignete sich hier ein Kriminalfall, der in Essen lange Zeit für Aufregung sorgte:

* * *

Es war an einem Sonntagmorgen im Jahre 1795. Alle Familienmitglieder und Bediensteten des Nünning'schen Hofes hatten sich auf den Weg zum Gottesdienst gemacht. Nur die Schwiegermutter des Bauern war zurückgeblieben, um seine beiden Kinder zu hüten, die noch zu klein für den Kirchgang waren. Es war ein schöner Frühlingstag. Die Kinder durften im Garten spielen und vergnügten sich lärmend unter den Apfelbäumen, während die Großmutter mit der Vorbereitung des Mittagsmahles beschäftigt war. Plötzlich hielten die Kinder verschreckt inne: aus dem Haus hörten sie laute Worte. Zwischen die schrillen Rufe der Großmutter tönte das laute Gebrüll einer männlichen Stimme. Immer lauter wurde es und dann — ein gräßlicher Schrei — ein dumpfes Fallen.
Sekunden später wurde die Hoftür aufgerissen, und heraus stürzte ein Mann, keuchend und irren Blickes. Schnell versteckten sich die Kleinen im nahen Gebüsch und sahen den Mann über die Wiese davonlaufen.
Als die Kirchgänger zurückkehrten, fanden sie des Bauern Schwiegermutter erschlagen in der Küche liegen. Niemand konnte sich die Tat erklären. Auch von den zitternden Kindern waren keine Auskünfte zu erhalten; diese hatten den Mörder zwar gesehen, kannten ihn aber nicht und konnten ihn kaum beschreiben.
Wochen gingen ins Land, ohne daß man den Täter hätte ausfindig machen können. Doch dann fanden spielende Kinder in

einem nahe bei Nünnings Hof vorbeifließenden Bach einen Dengelhammer. Solche Hämmer wurden zur Erntezeit benutzt und dienten dazu, Sensen und Sicheln zu schärfen. Man vermutete, daß der Mörder diesen Hammer zur Ausführung seiner Tat benutzt und ihn während der Flucht in den Bach geworfen hatte. Es fand sich allerdings niemand, der als Eigentümer des Hammers in Betracht gekommen wäre, und so blieb der Täter auch weiterhin im dunkeln. Der Dengelhammer wurde dem Stiftsrichter in der abteilichen Kanzlei zu Essen übergeben.
Wieder vergingen mehrere Wochen, als eines Tages der Bauer des Schultenhofes zu Karnap auf der Kanzlei erschien, um dort einige Hofangelegenheiten zu regeln. Nachdem er dies getan hatte und das Gebäude schon verlassen wollte, fiel sein Blick zufällig auf eine Schachtel, in der der Dengelhammer verwahrt wurde. Wie erstaunt war der Bauer, als er diesen an einer Kerbe im Stiel als sein Eigentum wiedererkannte. Eilends begab er sich zum Stiftsrichter und berichtete von seiner Entdeckung. Er konnte sich den Sachverhalt nur so erklären, daß der Hammer während der Erntearbeiten des vergangenen Jahres von einem Tagelöhner mitgenommen worden war.
Nachdem nun die Herkunft des Hammers geklärt war, faßte man einen Plan, um vielleicht doch noch den Mörder ergreifen zu können:
Als es Herbst geworden war und die Ernte auf dem Karnaper Schultenhof eingebracht werden mußte, fanden sich wieder dieselben Tagelöhner ein, die auch schon im vorhergehenden Jahre an der Arbeit teilgenommen hatten. Als der Stiftsrichter dies erfuhr, sah er sich in der Hoffnung bestätigt, daß der Dieb des Hammers — und also auch der Mörder — unter den Erntearbeitern zu finden sei. Nach getaner Arbeit, als alle in der großen Küche des Schultenhofes zum gemeinsamen Mahl zusammengekommen waren, sah der Richter die günstige Gelegenheit für gekommen. Plötzlich und unerwartet wurden die beiden Kinder des Bauern Nünning in den Raum geführt. Verwirrt sahen sie sich der großen Versammlung gegenüber. Als der Richter sie nun fragte, ob sie unter den Anwesenden denjenigen wiedererkennen würden, der im Frühling im Garten an

ihnen vorbeigelaufen war, da faßten sich die Kinder ein Herz und schauten jedem der Männer eindringlich ins Gesicht. Dann aber stießen sie einander an und deuteten übereinstimmend auf den Tagelöhner Henrich Schocke, auch „Schockenhenrich" genannt. Dies sei der Mann, den sie damals gesehen hätten.

Nachdem dies geschehen war, erhob sich ein ungläubiges Raunen in der Gesellschaft. Schockenhenrich sollte ein Mörder sein? Seit vielen Jahren war er als fleißiger und freundlicher Tagelöhner bekannt, der auf einem Kotten am Deimelsberg wohnte und seinen Lebensunterhalt davon bestritt, daß er zeitweilig von Hof zu Hof zog, um dort beim Ernten, Roden oder Schlachten zu helfen. Immer war er gerne gesehen gewesen, nicht nur wegen seiner guten Arbeit, sondern auch wegen seines freundlichen Wesens. Besonders seine Kinderliebe war allseits bekannt.

Niemand hätte Schockenhenrich also eine solch feige Mordtat zugetraut, und so war es nur verständlich, daß man nur ungläubiges Kopfschütteln sah, als die Nünningkinder ihn als Täter erkannt haben wollten. Sollten sich die Kinder vielleicht irren? Sie waren ja noch so klein. Was, wenn ihnen eine schlimme Verwechslung unterlaufen wäre?

Alle starrten nun erwartungsvoll auf Schockenhenrich. Was würde er zu dieser Anschuldigung sagen? Sicher würde er empört jede Schuld von sich weisen! Aber nein, schuldbewußt senkte dieser die Augen. Fast erleichtert, wie von einer schweren Last befreit, gab er die Tat zu. In die atemlose Stille der Gesellschaft sprach er mit leiser Stimme von seinem Streit, den er mit Nünnings Schwiegermutter gehabt habe, und wie er sich im Zorn dazu habe hinreißen lassen, mit dem Hammer zuzuschlagen.

Noch im selben Herbst wurde Schockenhenrich auf dem Essener Marktplatz vor Gericht gestellt und zum Tode verurteilt. Bald darauf führte man ihn gefesselt durchs Steeler Tor nach Huttrop. Dort, am Galgen auf dem Schwanenbusch, wurde dann das Urteil vollstreckt. Es soll sich um die letzte Hinrichtung auf der alten Richtstätte am Schwanenbusch gehandelt haben.

Der Galgen am Schwanenbusch

Die in der vorhergehenden Geschichte geschilderte Begebenheit soll zur letzten Hinrichtung am Huttroper Galgen geführt haben. In früheren Jahrhunderten gab es aber noch andere Orte im Stift Essen, an denen Straftäter „vom Leben zum Tode gebracht wurden". Man lebte früher in der Vorstellung, daß die Grausamkeit der Todesstrafe, die stets öffentlich vollzogen wurde, eine besondere Abschreckungswirkung habe. Deshalb wurden die Opfer der Vollstreckung oft noch monatelang öffentlich zur Schau gestellt. Hinrichtungen gab es gelegentlich auf dem Marktplatz neben der Marktkirche. Aber auch vor allen Essener Stadttoren muß es sogenannte „Galgenberge" gegeben haben. Im 17. und 18. Jahrhundert existierten nur noch die Richtstätten vor dem Kettwiger Tor (etwa zwischen der heutigen Kahrstraße und dem Rüttenscheider Stern) und vor dem Steeler Tor. Die letztere lag am „Schwanenbusch" in Huttrop, ganz in der Nähe der heutigen Steeler Straße. 1901 fand man bei Ausschachtungsarbeiten für die Häuser Steeler Straße 290 bis 294 die Reste des alten Galgens und Teile von fünf Menschenskeletten, die hier offenbar in „ungeweihter Erde" verscharrt worden waren.
Die Bewohner der Bauerschaft Huttrop sollen früher zu Dienstleistungen bei Hinrichtungen verpflichtet gewesen sein. Auf dem Hof Huttrop (an der heutigen Herwarthstraße) wurde angeblich eine Galgenleiter aufbewahrt. Der Storpskotten (an der Eickenscheidter Fuhr) habe die Galgenstricke bereithalten müssen und auf dem Morsehof (an der Nordwestecke des Ostfriedhofs) sollen die zum Tode Verurteilten in der Nacht vor der Hinrichtung in Ketten gehalten worden sein.
Daß trotz dieser nahen Verbindung zu Hinrichtungen, die, wie gesagt, zudem öffentlich vorgenommen wurden und deren Opfer noch lange Zeit nach der Exekution leblos am Galgen baumelten, die Menschen um die Richtstätte lieber einen großen Bogen machten, verdeutlichen die mit düsteren Vorstellungen behafteten Geschichten, die sich um den Galgen am Schwanenbusch ranken:

Vom Galgen am Schwanenbusch ging ein Grauen aus, das selbst die Natur verspürte. Kein Vogel baute im Umkreis sein Nest, und wenn er es dennoch tat, lagen seine Jungen schon bald nach dem Schlüpfen verendet darin. Keine Quelle entsprang in seiner Nähe, und wenn es Bäche gab, die von Ferne kamen, dann färbten sie sich im Vorüberfließen rot. Die Wiesengräser oder die Ähren auf dem Halm konnten über Nacht ausgetrocknet dastehen, als ob sie von einem plötzlichen heißen Wind vernichtet worden wären. Und oftmals entblätterten die Bäume zu einer Zeit, wenn sie andernorts noch lange grün waren.

Die Menschen mieden diesen Ort, und wenn sie doch an ihm vorüber mußten, schlugen sie ein Kreuz und beteten zu Gott, daß er sich der Seelen der Gehängten erbarmen möge. Niemand aber wagte sich nachts in den Umkreis des Galgens, denn dann hob der Tanz der Toten an. Unter Verwünschungen und Gestöhn tanzten die Verbrecher um den Galgen ihren Reigen. Viele von ihnen trugen die Marterwerkzeuge, mit denen sie ihre Opfer einst gequält hatten. Andere schleppten auf dem Rücken die Beute, die sie geraubt hatten. Wieder andere schleppten schwere Ketten an Händen und Füßen, trugen eiserne Bänder um den Hals oder Speere in der Brust. Einige hielten ununterbrochen ihre Finger empor, mit denen sie einen Meineid geleistet hatten; manche schleppten schwer unter der Last der Dinge, die sie anderen gestohlen oder um die sie sie betrogen hatten.

Erst wenn die Mitternachtsglocke geschlagen hatte, verklang der furchtbare Lärm, und es trat Stille ein bis zur nächsten Nacht, wenn der schauerliche Reigen wieder begann.

Die Irmensäule

So wie auf dem Stoppenberg um Christi Geburt das Tafanaheiligtum stand, gab es in der Nähe des heutigen Steele einst die Irmensäule, die den germanischen Stämmen der Brukterer und Sugambrer als Heiligtum gedient haben soll. Irmin war der Name des mythischen Ahnherrn des wichtigsten westgermanischen Stammes, der Herminonen. Die Irmensäulen (germanisch: irminsûl) gehörten zum Kultus des Irmin und waren stets das Haupttheiligtum derjenigen Stämme, die hier ihre Opfergaben dem Irmin darbrachten. Die Zerstörung einer Irmensäule durch Feinde bedeutete gleichzeitig die völlige Niederwerfung eines Stammes und Vernichtung seiner staatlichen Unabhängigkeit. Die Irmensäule soll auf dem Deimelsberg gestanden haben, der sich von Steeles Innenstadt bis zum Schellenberger Wald erstreckt. Heute ist der ganze Hügel dicht bebaut, nur der Steeler Stadtgarten bietet noch einige Grünflächen.

* * *

Ganz anders sah es aber damals aus, als die Brukterer und Sugambrer hier noch in dichten Wäldern lebten. Städte und Dörfer gab es noch nicht. Stets zogen die germanischen Stämme umher. Mit den Römern führten sie ständig Krieg, und viele Schlachten waren schon zwischen den Völkern geschlagen worden. Auf den dunklen Hängen des Deimelsberges versammelten sich manchmal germanische Priester und Volk zu Opfern und Gebeten. Wenn sie aufblickten, sahen sie auf der Spitze des Berges eine der zahlreichen Irmensäulen, die von beiden Stämmen zur Erinnerung an eine gewonnene Schlacht gegen die Römer und zur Warnung an alle zukünftigen Feinde errichtet worden waren.

Die Irmensäule auf dem Deimelsberg war ein hochragender gewaltiger Baumstamm. Darauf stand das Bild eines germanischen Kriegers. Er war furchtbar anzuschauen mit seiner Größe, Kraft und Waffenrüstung. An der Seite trug er ein gewaltiges Schwert und auf dem Helm statt des Federbusches einen Hahn als Zeichen der Wachsamkeit. Auf seiner Rüstung war das Bild eines Bären, auf seinem Schild das eines Löwen angebracht. Seine rechte Hand hielt eine Fahne mit einer roten Rose im Wappen, in der linken trug er waagerecht, wie zum Wurf bereit, eine Lanze. Dieses kolossale Denkmal war allen Germanen heilig, und sie verehrten in seinem Standbild ihren Gott Irmin oder Irminus.

Dieses alte Siegeszeichen blieb unseren Vorfahren, die dort alljährlich, vermutlich im September, zusammenkamen, jahrhundertelang heilig. Später entstand am Fuße des Deimelsberges eine christliche Siedlung. Die Menschen, die nun hier lebten, wollten aber nicht mehr zu den alten germanischen Göttern beten. Sie zerstörten deshalb die Irmensäule und bauten an ihrer Stelle eine Kirche.

Der Horkenstein

Bis in die 50er Jahre des vorigen Jahrhunderts galt der Horkenstein, ein riesiger Findlingsblock, der am Ruhrufer auf der Grenze von Dahlhausen nach Essen lag, für unverrückbar. Doch dann gelang es, ihn an eine niedrigere Stelle zu wälzen, wo er nicht mehr störte. Der Sage nach soll seit dieser Zeit auch die Spukgestalt, die sich nachts bei ihm einfand, nicht mehr zu sehen gewesen sein. Im Jahre 1876 ließ der Hattinger Amtmann Schumacher den Stein auf einen Schlitten laden und zum Amtshaus nach Hattingen (Bahnhofstraße 50) bringen, wo er heute noch liegt.
Der Horkenstein ist ein riesiger, etwa 400 Zentner schwerer Block von etwa vier Metern Länge, einem Meter Höhe und über einem Meter Breite. Man erkennt auf ihm eine roh eingemeißelte Rinne. Vermutlich wurde er in vorchristlicher Zeit als Opferaltar benutzt, und die Rinne diente zum Abfließen des Blutes geopferter Tiere. Der Name Horkenstein soll vom angelsächsischen „eorcanstân" (= heiliger Stein) abgeleitet sein.
Lassen wir uns von der Überlieferung erzählen, wie der Horkenstein einst ans Ruhrufer an der Steeler Stadtgrenze gekommen ist:

* * *

Vor vielen vielen Jahren stand im Dorfe Wenigern, dort, wo sich heute die große katholische Kirche erhebt, eine kleine Kapelle, in der sich ein besonders schönes Muttergottesbild befand. Der Erbauer dieses Kirchleins, der heilige Liudger, hielt sich lange Zeit dort auf. Aus der ganzen Gegend wallfahrteten die Menschen zu ihm, um zu beichten, und alle, die dies taten, hatten die Gewißheit, in den Himmel zu kommen.
Als dem Teufel das zu Ohren kam, brummte er grimmig in seinen langen, zotteligen Bart: „Wenn das so weitergeht, dann kannst du dein Feuer gleich ausgehen lassen, denn dann gibt es niemanden mehr, den du peinigen darfst!"
Wütend begab er sich deshalb zum Morgenlande, um dort

Der Horkenstein

einen ganz besonders großen und harten Stein zu holen, mit dem er die Kapelle des heiligen Liudger vernichten wollte. Als er einen passenden Stein gefunden hatte, nahm er ihn auf den Rücken, und mit riesigen Schritten, jeder mindestens zehn Meter lang, machte er sich auf den Weg zur Ruhr. Das Schwarze Meer übersprang er mit einem einzigen Satz. So schnell er aber auch vorwärtskam, schließlich wurde er doch müde, und er keuchte bereits stark, als er eines Abends in der Nähe von Essen ankam. Kaum hatte er dort noch einige Schritte gemacht und schon fast Dahlhausen an der Ruhr erreicht, da kam ihm ein jüdischer Händler entgegen, der eine Kiepe mit alten Schuhen und Latschen auf dem Rücken trug. Als dieser die Gestalt mit dem riesigen Stein sah, befiel ihn ungeheure Angst, und eiligst wollte er davonlaufen. Doch freundlich rief ihm der Teufel zu:
„Sage, mein Sohn, wie weit ist's noch nach Wenigern, wo der heilige Liudger weilt? Antworte schnell, denn ich habe schwer

zu tragen, und fürchte Dich nicht, denn ich bin nur der Teufel. Wenn ich Deine Seele bekommen habe, so soll sie's gut bei mir haben."
„Hilf Himmel", dachte der Jude, „der Teufel will dem heiligen Liudger ans Leben; er macht ihn tot, mausetot! Und wenn das geschehen sollte, wie stehe ich dann da? Verdiene ich doch ein gutes Stück Geld, indem ich Heiligenbilder an die Pilger zu Wenigern verkaufe. Außerdem wollte ich doch noch meine weißen Leinentücher dem Herrn Liudger für seine wertvollen silbernen Leuchter vertauschen! Alle meine Geschäfte sollen nun durch den Teufel verdorben werden? Ich muß den Heiligen retten!"
Und so antwortete er:
„Herr Teufel, ich komme gerade von Wenigern und habe auf dem Weg bis hierhin soviel Schuh- und Stiefelwerk aufgeschlissen, wie in meiner Kiepe zu sehen sind. Der Weg ist grausam lang, das könnt Ihr mir glauben!"
Da stöhnte der Teufel vor Zorn und wurde ganz giftig. Er biß die Zähne zusammen und fragte:
„Nun sag mir noch, was das für ein Wasser ist, das hier vorüberrauscht; ich kann es nicht genau erkennen; da ist zuviel Buschwerk am Ufer!"
„Nun, was sollte es anderes sein als der Jordan; wir sind doch hier im gelobten Lande!" bekam er zur Antwort.
Da fluchte der Teufel, daß es im ganzen Tal widerhallte, und schrie:
„Nun habe ich das Schleppen satt!"
Mit großer Wucht schleuderte er den Stein von sich, flog dann — einen greulichen Gestank hinterlassend — steil in die Höhe und soll seitdem nie wieder auf der Erde gesehen worden sein.

Der Gottesfriede

Von Eickenscheidt Herr Heinrich und Hugo von der Horst,
die rennen mit Schild und Degen gar eilig durch den Forst.
Es liegen die beiden Ritter in Fehde seit langer Zeit,
jetzt wollen sie mit dem Schwerte beenden den grimmigen Streit.

„Beim Teufel!" ruft Herr Hugo, der Ritter so wild und keck,
„einer von uns muß fallen allhier auf diesem Fleck!"
Schon rasseln aus der Scheide die Schwerter zum blutgen Tanz,
schon blitzen sie hoch oben im Abendsonnenglanz.

Doch horch, drei Glockentöne, sie hallen den Wald entlang,
das ist vom Turm zu Steele der Abendglocke Klang.
Sie schallt, zur Ruhe mahnend, weithin durchs Tal der Ruhr,
es senkt sich Gottes Friede herab aufs Feld und Flur.

Ihr Ton, er dringt zu Herzen mit stiller Allgewalt,
das Schwert, das schon erhoben, es sinkt zur Erde bald,
wohl kundig sind die Ritter, warum die Glocke tönt,
Herr Heinrich greift zum Hute, er war das so gewöhnt.

Er faltet still die Hände nach frommer Christen Brauch,
das Angelus er betet und dann das Ave auch.
Nun spricht er noch zum Schlusse – er tut es jederzeit –:
„Gelobt sei Jesus Christus, in alle Ewigkeit!"

Und: „Amen!" hallt es leise – das kam von Hugos Mund,
der hat wohl Kampf und Fehde vergessen zur selben Stund.
Er spricht gerührt zum Feinde: „Komm laß uns Freunde sein!
Laß uns den Abendfrieden durch Streit nicht mehr entweihn!"

Und horch! Ein Schlag erdröhnte und hallte den Wald entlang,
das waren zwei deutsche Hände, die gaben so guten Klang.
Und treue Freunde blieben die beiden Ritter fortan,
das hatte mit ihren Klängen die Abendglocke getan.

Wilhelm Harpe (1822–1851)

Der Mühlenspuk

Handlungsort der folgenden Geschichte ist die Spillenburgmühle, die einst in Steele (an der heutigen Westfalenstraße) lag. Die Spillenburgmühle wurde bereits 1418 erbaut und blieb bis 1685 im Eigentum des Stifts Essen. Sie gehörte dann über 200 Jahre lang zum Besitz der Familie Vittinghoff-Schell, bis sie 1911 an die Stadt Essen verkauft wurde, die das schöne Mühlengebäude abreißen ließ und an seiner Stelle ein Turbinenkraftwerk errichtete.

* * *

Die großen Mühlschaufeln der Spillenburgmühle wurden vom Wasser der Ruhr angetrieben, und die großen Mahlsteine im Inneren gehörten zu den mächtigsten im Ruhrtal.
Einst war die Mühle ein Ort fleißigen Schaffens gewesen. Der Müller und seine Frau hatten überall in der Umgegend Freunde und Bekannte, und viele Bauern aus nah und fern brachten ihr Korn zur Spillenburgmühle, weil sie wußten, daß dort pünktlich und zufriedenstellend gearbeitet wurde. So lebten der Müller und seine Frau viele Jahre lang in Glück und Zufriedenheit. Doch eines Tages packte den Müller eine unerklärliche Angst. Jedesmal, wenn er die Mühle betrat, kam ein fürchterliches Grauen über ihn; er wußte nicht warum und woher, aber er brachte es nicht länger fertig, wie früher das Mehl zu mahlen. Korn über Korn lag in den Vorratsbehältern, aber niemand wollte es mahlen. Jedermann wußte um den unheimlichen Spuk, und keiner wagte sich in die verwunschene Mühle.
Nachdem die Mühle viele Wochen und Monate stillgestanden hatte, fand sich doch ein junger und kräftiger Müllergeselle und trat den Dienst an, obgleich der ehrliche Müller ihm die Ursache des langen Müßiggangs nicht vorenthalten hatte. Furchtlos setzte der Fremde das Mahlwerk in Gang und blieb die ganze Nacht hindurch bei der Arbeit. Aber er war vorsichtig: stets lag neben ihm ein großes, scharf geschliffenes Messer bereit.

Stunden um Stunden vergingen, ohne daß etwas geschah. Die Kerzen waren niedergebrannt, und unser mutiger Fremdling glaubte schon, das erste Licht der Morgendämmerung durch die Fenster zu sehen. Da plötzlich öffnete sich die Türe, und herein schlich eine fast menschengroße Katze. Ihr schwarzes Fell war gesträubt, die tiefgrünen Augen sprühten scharfe Blitze, und mit einem höllischen Fauchen hob sie die Pfoten zum Schlage. – Da blitzte mit einem Mal das Messer unseres Fremdlings auf. Ein Hieb – und eine der Pfoten fiel zu Boden. Das Untier selbst war wie vom Erdboden verschluckt. Erleichtert atmete der Bursche auf. Als er aber sah, was von dem Ungeheuer in der Mühlenstube zurückgeblieben war, packte ihn doch endlich das Grauen: nicht eine Pfote lag da auf dem Boden, sondern es war eine Menschenhand!

Bald darauf stellte sich der Müller ein und erkundigte sich gespannt, ob in der Nacht etwas Besonderes vorgefallen sei, ob gar ein Gespenst erschienen sei. Nun erzählte ihm der Bursche, was sich ereignet hatte, und zeigte auf die mit Ringen geschmückte, abgehauene Hand. Kaum warf der Müller einen Blick darauf, da sank er wie vom Blitz getroffen zu Boden – am Trauring hatte er die Hand seiner Frau erkannt. Auf die Hilferufe des Burschen hin eilte die Magd vom nahen Wohnhaus herbei, doch auch sie konnte dem armen Müller nicht mehr helfen, der kurz darauf seinen Geist aufgab.

Zur Beerdigung kamen viele Freunde und Nachbarn zusammen und gaben dem Verstorbenen, der allseits beliebt und geachtet war, das letzte Geleit. Einer aber fehlte – das war die Frau des Müllers, die krank im Bett lag. Doch dauernd konnte sie nicht verbergen, daß ihre Krankheit im Fehlen der rechten Hand bestand. Als dies bekannt wurde, da wußte man, daß die Müllersfrau eine Hexe war. Bald darauf nahm man sie in Hattingen gefangen, wo sie auf dem Richtplatz der Stadt den Flammen überliefert wurde.

Räuberhauptmann Cop

Südlich des Neubaugebietes „Hörster Feld" in Essen-Steele liegen versteckt auf einem Ruhrhügel die Reste von Burg Horst, einer ehemals mächtigen Anlage, die bereits im 12. Jahrhundert in unmittelbarer Nähe der noch älteren „Vryburg" erbaut sein soll. Heute ist noch die alte Kapelle erhalten, die als Wohnhaus dient. Außerdem sind noch zwei Umfassungsmauern des alten Burghofes mit den Resten zweier Türme zu sehen. Die inneren Burggemäuer sind dagegen verschwunden.
Die Herren von Horst waren nicht immer friedfertige Leute. Manche von ihnen waren gerne als Raubritter und Wegelagerer tätig. So wird berichtet, daß nicht selten die Horster Burgherren fahrende Kaufleute auf dem nahen Hellweg überfielen und ausplünderten. Offenbar hielten sie es mit dem früher gern gebrauchten Spruch:

> Rotten und Rauben, das ist keine Schande,
> das tun die Besten im ganzen Lande.

Wenn aber mal ein Raubritter gefaßt wurde, dann sangen seine Opfer:

> Hängen, Rädern, Köpfen, Stechen ist keine Sünde,
> wäre das nicht, wir behielten nichts in dem Munde.

Daß sich die Horster als Räuber und Wegelagerer betätigten, war allerdings die Ausnahme. Zumeist hatten sie angesehene Stellungen inne und gelangten zu geistlichen und weltlichen Würden.
Über die Jahrhunderte hinweg hat sich ein alter Stein erhalten, der noch heute auf dem Gelände von Haus Horst zu sehen ist und der von einer furchtbaren Begebenheit berichtet. Seine Inschrift lautet:

> Anno 1717 zwischen dem vierten und fünften May in der Nacht zwischen 11 und 12 Uhr ist der Ehr und Achtbare der Baukunst wohl erfahrene Meister Konrad Fischer auf diesem Platz durch Reinhard Cop und seine Mitcameraten jemmerlich ermortet worden.

Was hat es mit dieser Inschrift auf sich? Was war geschehen?

Gedenkstein von 1717 auf dem Gelände von Haus Horst

Der Sage nach Folgendes:

* * *

In alter Zeit lebte auf der Burg Horst ein reicher Edelmann, der von einer großen Dienerschaft umgeben war. Seinen Reichtum teilte er aber auch mit den Armen. Niemandem, der in Not geriet und sich hilfesuchend an ihn wandte, verweigerte er seine Unterstützung. Auch als einmal an einem kalten Wintertage ein kleiner Bettelknabe in zerlumpter Kleidung und mit frierenden Gliedern vor seinem Tor stand, erbarmte er sich des Kindes, ließ es ins Schloß bringen und gab ihm Essen und neue Kleidung. Und weil die frische und freundliche Art des Knaben unserem Edelmann so gut gefiel, behielt er ihn bei sich auf der Burg, wo er als Pferdeknecht arbeiten konnte. Reinhard Cop, so hieß der kleine Junge, lebte nun viele Jahre lang auf Burg Horst, verrichtete stets ohne Tadel seinen Dienst und wuchs allmählich zu einem stattlichen jungen Mann heran.
Unter der Dienerschaft befand sich auch eine ungemein schöne und fleißige Magd namens Gertrud. Viele junge Männer der Umgegend wollten sie wohl heiraten, doch sie verschmähte jeden. Sie hatte sich in den hübschen Pferdeknecht Reinhard Cop verliebt. Da dieser ihre Liebe erwiderte, beschlossen beide, bald zu heiraten. Doch ihr Glück war nicht von langer Dauer.
„Böse Gesellschaften verderben gute Sitten." Diese alte Weisheit mußte auch Reinhard Cop erfahren, der, wie man es damals nannte, „liederlich" wurde. An jedem freien Abend lief er nach Steele, wo sich damals viele Spitzbuben aufhielten, und trank und plauderte mit dem Gesindel, hatte die Taschen immer voller Geld, und niemand konnte sich erklären, wo es herkam, wenn es nicht durch Diebereien ergaunert war. Seiner Gertrud brachte er oft teure Tücher und wertvolle Ringe mit und schenkte ihr seidene Kleider, an denen manchmal noch Blut klebte. Gertrud konnte sich an den wertvollen Geschenken nicht erfreuen. Sie weinte oft und beschwor Reinhard, sich zu bessern und seine vermeintlichen Freunde zu meiden — doch vergebens.
Eines Tages nun war dem Herrn von Horst seine goldene, mit

Edelsteinen besetzte Uhr gestohlen worden. Man verdächtigte Reinhard des Diebstahls und wollte ihn verhören. Doch Reinhard, der wohl bemerkt hatte, daß seine Untat entdeckt worden war, floh durch ein Fenster des Pferdestalles und rannte nach Steele, wo er mit seinen Spießgesellen zusammentraf. Noch in derselben Nacht verließen sie alle die Stadt und zogen zum Rhein und in andere Gegenden; überall, wo sie hinkamen, betrogen und bestahlen sie die Leute, ja, sie schreckten sogar vor Mord nicht zurück. Und in all der Zeit war Reinhard Cop ihr Anführer.
Lange hatte Gertrud darauf gewartet, daß ihr Reinhard sich bessern und zu ihr zurückkehren würde. Als aber die Jahre vergingen und sie immer nur von neuen Untaten des Reinhard Cop hörte, da heiratete sie schließlich den braven Zimmermann Conrad Fischer. Beide bewohnten in der Nähe der Burg Horst ein Häuschen und lebten glücklich und zufrieden.
Als Gertrud eines Tages allein im Zimmer saß, klopfte es, und herein trat ein vornehm gekleideter Herr mit einem Federbusch auf dem Hut. Es war Reinhard Cop. Leutselig verwickelte er Gertrud in ein Gespräch, das damit endete, daß er ihr ein sorgenfreies Leben an seiner Seite versprach und sie aufforderte, ihm nun als Frau zu folgen. Sie aber lehnte das ganz entschieden ab und eröffnete Reinhard, daß sie in der Zwischenzeit ihren Conrad Fischer geheiratet habe.
Darauf wurde Reinhard so wütend, daß er ein Messer zog und wie ein Rasender auf Gertrud losstürzte, um sie zu erstechen. Doch Gertrud verteidigte sich tapfer und schrie laut um Hilfe. Dies hörten die Knechte auf der Burg, rannten eilends herbei und überwältigten den Übeltäter. Sie fesselten ihn und warfen ihn ins Burgverlies. Nach drei Tagen sollte Gericht über ihn gehalten werden.
Am Abend des zweiten Tages erschien am Tor ein Mann, der sich als Bote mit einer wichtigen Nachricht für den Herrn von Horst ausgab. Sein Anliegen sei so dringend, daß er noch in derselben Stunde vorgelassen werden müsse. Als aber der vertrauensselige Torwächter dem vermeintlichen Boten öffnete, da stürzten 60 Männer aus der Bande des Reinhard Cop in den Burghof, machten alles nieder, was sich ihnen in den Weg

stellte, drangen ins Burgverlies ein und befreiten ihren Hauptmann.
Von dem Lärm war auch Conrad Fischer in seinem Häuschen aufgewacht. Schnell griff er zu einer Waffe und wollte seinem Herrn zu Hilfe eilen. Als er im Burghof ankam, wurde er sofort von Reinhard Cop, der schon befreit war, erkannt. Cop stürzte auf ihn los und stieß ihm plötzlich und unerwartet sein Messer in den Hals. Doch damit nicht genug: Cop entriß dem armen Conrad seine Pistolen und schoß ihm zweimal in das wehrlose Herz. Nachdem Conrad tot niedergesunken war, flohen die Räuber aus der Burg und konnten entlang der Ruhr entkommen. Zwar blieb die Bluttat auf Burg Horst vorerst ungesühnt, doch einige Jahre später erlitt die ganze Bande ihre gerechte Strafe. In einer Stadt am Rhein wurden Reinhard Cop und seine Spießgesellen gefangen und sämtlich am Galgen aufgehängt.
Conrad Fischer aber blieb in gutem Andenken. An der Stelle, wo er gestorben war, ließ der Herr auf Horst den Gedenkstein errichten, der heute noch Zeugnis ablegt von der grausamen Tat des Räuberhauptmanns Reinhard Cop.
Gertrud weinte Tag und Nacht um ihren geliebten Mann, und noch im Herbst desselben Jahres folgte sie ihm in die Ewigkeit. In stillen, mondhellen Nächten aber sitzen beide wieder vereint in weißen Hemden auf dem Leichenstein. Gertrud hält ihren Conrad dann zärtlich im Arm und wischt ihm das Blut ab, das seinem Herzen entfließt. Auch Reinhard Cop kommt dann gefesselt aus dem nahen Busch. Er trägt eine glühend heiße eiserne Jacke, und wenn er die Liebenden sieht, muß er in die Erde sinken, während ringsum ihn herum Schwefelflammen und Rauch aufsteigen.

Die geheimnisvolle Richtstätte zu Horst

In alten Urkunden wird Haus Horst stets als „Hoch- und Herrlichkeit" bezeichnet, was darauf hinweist, daß die Herren von Horst besondere Vorrechte genossen haben. So waren sie zum Beispiel davon befreit, Reichssteuern zahlen zu müssen. Ferner bestand auf Haus Horst eines der fünf Freigerichte der Grafschaft Mark. Als Freigerichte bezeichnete man die sogenannten Femegerichte, gräfliche Gerichte, die über die Bauern zu urteilen hatten. Über die Rechtsprechung in Horst erzählte man sich mancherlei schauerliche Geschichten, die dem Gerichtsalltag früherer Zeiten allerdings kaum entsprechen dürften:

* * *

In dem Keller der alten Burg Horst soll sich eine geheime Treppe befunden haben, die durch einen schweren Stein verschlossen war. Sie führte zu einem finsteren Gang, der sich unter der Ruhr herzog. Dort stand ein mächtiger Hauklotz, an dem ein altes verrostetes Beil lehnte. Hier sollen früher der Freigraf und seine Schöffen ihres Richteramtes gewaltet haben. So mancher Übeltäter mag hier, in den naßfeuchten Gewölben bei trübem Kerzenlicht vor der Richterbank gestanden und auf sein Todesurteil gewartet haben. Aber auch viele Unschuldige sollen hier in Nacht und Gefangenschaft geschmachtet haben. Doch niemand hat von dem letzten schweren Los dieser Unglücklichen berichtet.
Vor etwa 200 Jahren, als die Burg längst in Trümmern lag, spielten an einem heißen Sommertage in den Ruinen Kinder ihr liebstes Spiel: Verstecken. Da entdeckte auf einmal eines von ihnen, als es sich gerade eng an die alte Burgmauer gedrückt den Blicken der anderen entziehen wollte, im Keller eine hölzerne Falltür. Da war ihre Neugier geweckt, und natürlich mußte die Falltür aufgemacht werden, um zu entdecken, wie es darunter wohl aussehen würde. Lange und unermüdlich zogen, zerrten und rüttelten sie an der geheimnisvollen Tür, bis diese endlich nachgab und sich auftat.

Haus Horst

Die Kinder schreckten zurück. Ein dunkler Gang gähnte ihnen entgegen, und eine schmale Treppe führte hinab in die schauerliche Finsternis, in die sich die kleinen Entdecker nicht sofort hineinwagten.
Doch schließlich holten sie Kerzen herbei und stiegen behutsam, einer nach dem anderen, die steilen Stufen hinab. Der Weg war eng und beschwerlich. Lange Zeit mußten sie in gebückter Haltung gehen, um nicht mit den Köpfen an der Decke anzustoßen. Plötzlich hörten sie ein dumpfes Rauschen, das immer stärker und stärker wurde. Das konnte nur der Ruhrstrom sein, dem sie jetzt immer näher kamen. Den Kindern wurde ganz unheimlich zumute. Aber ihre Neugierde, die noch nicht gestillt war, überwandt bald jede Furcht, und so wanderten sie mutig weiter. Schließlich kamen sie in ein Gewölbe, in dessen Mitte ein großer runder Hauklotz stand. Sollte dies die alte Richtstätte sein, von der ihnen ihre Eltern schon so oft an langen Winterabenden erzählt hatten? Als die

Kinder näher traten, erblickten sie neben dem Hauklotz ein altes verrostetes Henkersbeil . . .
Da überfiel sie ein unheimliches Grausen; beim Flackern ihrer Lichter glaubten sie, die an ihnen vorbeihuschenden Schattengestalten der Gerichteten zu sehen und deren klägliches Wimmern, Stöhnen und Jammern zu vernehmen. So groß war ihre Einbildungskraft, daß ihnen das Blut in den Adern erstarrte und der kalte Angstschweiß auf ihre Stirnen trat. Schleunigst ergriffen sie die Flucht, stoben durch den dunklen Gang davon, stießen sich an den spitzen Steinen und erreichten schließlich erschöpft, aber ohne ernstere Schäden die Erdoberfläche. Wie glücklich waren sie, wieder das warme Sonnenlicht zu sehen!
Bald darauf aber brach das alte Gewölbe, das sie nur kurz gesehen hatten, ein, und seitdem hat niemals wieder ein menschlicher Fuß die unterirdische Schreckenskammer zu Horst betreten können.

Die Schweden in Steele

Der „Grintport", das alte Grendtor von Steele, führte zur Ruhr hinaus auf den „Grend". Das war die städtische Weide, die von klarem, fischreichem Wasser umgeben und mit uralten Eichenbäumen bestanden war. Das Grendtor war nur eines von sechs ähnlichen Bauwerken, die in Unterbrechung der starken Stadtmauer Ein- oder Auslaß gewährten. Es war ganz aus Bruchsteinen gebaut und hatte ein spitzes, turmähnliches Dach, das aus festem Holz gezimmert war. Die mächtigen Torflügel wurden bei Einbruch der Dunkelheit geschlossen und mit dicken Holzbalken verriegelt. Nur ein kleines Türchen blieb als Durchschlupf für Bürger, die sich verspätet hatten, etwas länger offen. Wer allzu spät kam, mußte die Nacht vor dem Tor verbringen und das Öffnen am nächsten Morgen abwarten. Der Torwächter wohnte in einem Haus neben dem Tor. In den unruhigen Zeiten des Dreißigjährigen Krieges hatte er ein schweres Amt, da hier oft fremdes Kriegsvolk ankam und in die Stadt wollte.

* * *

Einmal, im Jahre 1642, lagerten die Schweden, die von Werden die Ruhr heraufgezogen waren, auf dem Grend. Mit drohenden Gebärden und in trotzigem Tone forderten sie Einlaß und Verpflegung für sich und ihre Pferde. Aber die starken Mauern und die festen Tore waren nicht so leicht zu nehmen. Auf den Zinnen der Stadtmauer standen zudem die Steeler Bürger, bereit, ihre Stadt mutig zu verteidigen. Gar zu gerne hätten die Schweden angegriffen, das Tor aufgebrochen oder die Stadtmauer im Sturme überstiegen. Die kräftigen Leute der Steeler Schmiedegilde und der Gewehrmacher schwangen jedoch drohend ihre Waffen und ließen so die Angreifer zaudern. Gerade die Gewehrmacher aus Steele waren weithin bekannt für ihre solide Arbeit. Man sagte, daß man mit den von ihnen hergestellten Gewehren besonders gut zielen könne. Die Schweden, die davon wußten, hatten also gehörigen Respekt und wollten nicht so gerne als Zielscheibe für Schießversuche herhalten.

Da also die Schweden nicht in die Stadt kamen, die Steeler aber auch nicht hinaus konnten, verlegte man sich aufs Verhandeln. Ein schwedischer Offizier wurde in die Stadt gelassen, und schon bald war man sich einig: jeder Soldat erhielt eine Kanne Bier und Futter für die Pferde. Der Hauptmann bekam zudem einen fetten Schinken. Dann zogen die feindlichen Söldner ab, ohne daß ein einziger Schuß gefallen wäre.
So hatten die tapferen Steeler durch ihr furchtloses Auftreten die Stadt vor einer Plünderung bewahrt.

Die wandernde Laterne von Sevinghausen

Sevinghausen war früher eine selbständige Landgemeinde, von der ein kleinerer Teil 1926 nach Steele eingemeindet wurde. Der größere Teil wurde zu einem Ortsteil der früher selbständigen Stadt Wattenscheid, die heute wiederum zu Bochum gehört.

* * *

Auf dem Wege von Steele nach Wattenscheid lag einst das alte Rittergut Haus Sevinghausen. In seiner Nähe stand ein kleines Haus, in dem ein Pächterehepaar wohnte. Der Mann arbeitete auf dem Gut und galt als liebevoller Ehemann. Sein adeliger Herr, der Ritter von Sevinghausen, war dagegen wild und unbeherrscht. Seine Untergebenen behandelte er ungerecht. Die meisten Menschen der Umgegend, die von ihm abhängig waren, haßten und fürchteten ihn.
Eines Tages, die Dämmerung war schon hereingebrochen, kam der Ritter von Sevinghausen von der Jagd zurück. Als er an dem Pächterhäuschen vorüberkam, hielt er an, band sein Pferd fest und betrat die Stube, um eine Erfrischung zu verlangen. Er fand nur die Hausfrau vor, die mit der Zubereitung des Essens beschäftigt war, während ihr Mann in der Scheune das Getreide drosch.
Der Ritter dachte, dies sei eine gute Gelegenheit und wollte sich der Frau in unsittlicher Weise nähern. Die aber wehrte sich, griff eine brennende Laterne und floh vor ihm aus dem Hause. Der Ritter folgte ihr, riß wütend sein Gewehr von der Schulter und schoß die arme Frau tot, noch bevor sie Schutz in der nahen Scheune finden konnte. Ihren Leichnam warf er grob in eine Dornenhecke und stellte daneben die brennende Laterne. So, als ob nichts geschehen wäre, bestieg er sein Pferd und ritt gemächlich den Rest des Weges nach Hause.
Der Mörder blieb sein Leben lang unbehelligt von weltlicher Gerechtigkeit. Der Ehemann der Verstorbenen hatte nicht einmal versucht, den Gerichten den Fall zu unterbreiten, denn er wußte: sein Wort stand gegen das des Ritters, und andere

Beweise für die feige Mordtat hatte er nicht.
Doch der schwere Frevel blieb nicht ungesühnt. Den Mörder traf ein schwerer Fluch. Er kann im Grabe keinen Frieden finden. In jeder Nacht muß er sich erheben und ruhelos um den Dornbusch wandern. Er selbst ist nicht zu sehen, nur die Laterne, die er trägt.

Die Fürstäbtissin und die Waisen

Gegenüber dem Steeler S-Bahnhof liegt eine der großen historischen Sehenswürdigkeiten Essens: die Fürstin-Franziska-Christine-Stiftung. Es handelt sich um ein katholisches Waisenhaus, das an dieser Stelle seit rund 220 Jahren besteht. Seine mächtigen Barockgebäude haben die Stürme der Zeit unbeschadet überstanden.
Die Stiftung wurde 1763 von Franziska Christine von Pfalz-Sulzbach (1696—1776), Fürstäbtissin von Essen und Thorn, gegründet, die persönlich 1764 den Grundstein vor den Steeler Stadtmauern legte. 1769 wurden die ersten Kinder aufgenommen und ein Jahr später die Kirchenweihe durch Abt Anselm von Werden vollzogen.
Im ehemaligen Audienzsaal der Fürstäbtissin befindet sich noch heute die sogenannte „Ahnengalerie". Hier kann man das berühmte Bild betrachten, das Franziska Christine in Staatsrobe zeigt, neben ihr der Kammermohr Ignatius Fortuna.
Achtzig Jahre alt, im fünfzigsten Jahr ihrer Regierung, starb Franziska Christine 1776. Sie wurde im Mittelgang der Kirche des Waisenhauses beigesetzt. In ihrem Testament hatte sie die Stiftung als Universalerbin ihres enormen Vermögens eingesetzt, das vornehmlich aus Grundbesitz in Henrichenburg, Wattenscheid, Borbeck, Altenessen und Steele bestand. 92 Höfe waren der Stiftung abgabepflichtig. Zwar gehört heute nur noch ein Bauernhof zur Franziska-Christine-Stiftung, doch hat das reiche Vermächtnis der Stifterin die Existenz des Waisenhauses über die Jahrhunderte hinweg bis in die Gegenwart hinein gesichert.
Die folgende Geschichte schildert eine Begebenheit, die Franziska Christine einst zur Gründung des Waisenhauses bewogen haben soll:

* * *

Fürstäbtissin Franziska Christine war eine reiche Frau. Die Einkünfte aus ihren zahlreichen Gütern und Ländereien hat-

Fürstäbtissin Franziska-Christine und ihr Kammermohr Ignatius Fortuna

ten sie unabhängig und mächtig gemacht. Ihre Aufgaben als Fürstäbtissin von Stadt und Stift Essen erfüllte sie dennoch aus tiefer religiöser Überzeugung und mit viel Pflichtgefühl. Allerdings fand sie immer noch Zeit genug, Reisen zu ihren Gütern zu unternehmen, die Höfe zu inspizieren, Anordnungen zu treffen und Bedienstete zu loben oder zu tadeln. Kurz: sie ließ sich die Zügel nicht aus der Hand nehmen und wußte, durch ihre wiederholte Anwesenheit jedwedem Schlendrian vorzubeugen.
Eines Abends kehrte sie mit ihrem Gefolge, zu dem einige Geistliche und ihr Hofmohr gehörten, von einer solchen Inspektionsreise zurück. Als sie gerade die Stiftsgebäude betreten wollte, sah sie vor dem Tore ein kleines Kind sitzen, verhärmt und elend, das sein mageres Ärmchen mit einer bittenden Geste ausstreckte. Hastig entnahm Franziska Christine ihrem Geldbeutel einige kleine Silbermünzen, die damals in Essen „Fettmännchen" hießen, und warf sie dem Kinde hin. Ihr schwarzhäutiger Diener, der Hofmohr, streichelte dem Kind mitleidig den Kopf, mußte sich aber schon wieder abwenden, um seiner Herrin zu folgen, die im Eilschritt das Kloster betrat, mit den Gedanken schon bei den vielfältigen Aufgaben, die sie noch vor der Schlafenszeit zu erledigen hatte.
Nachdem sie allen Verpflichtungen nachgekommen und endlich in ihrer Stube zu Bett gegangen war, richtete sie ihren Blick auf das Kruzifix an der Wand gegenüber und begann ihr Nachtgebet. Plötzlich aber stockte sie, denn sie meinte, ihren Augen kaum trauen zu können: das Gesicht des gekreuzigten Jesus schien sich für einen kurzen Augenblick zu verändern und die Züge des kleinen Bettelkindes anzunehmen, dem sie am frühen Abend noch ein Almosen gegeben hatte. Dann war die Erscheinung wieder verschwunden.
Franziska Christine rieb sich die Augen. Sollte dies ein Zeichen des Himmels gewesen sein? Und mit einem Mal verstand sie, daß ihr Verhalten dem Kind gegenüber nicht liebevoll, ja eher herzlos gewesen war. Denn mit einigen hingeworfenen Münzen kann man sich nicht von seiner Verpflichtung dem Nächsten gegenüber freikaufen. Ihr Hofmohr hatte sicherlich mehr Liebe und Zuneigung gezeigt, als er dem Kinde mitleidsvoll

Fürstin-Franziska-Christine-Stiftung in Steele

über den Kopf fuhr. Die für sie leicht entbehrlichen Münzen hatten nichts am Elend, am Leid, an der Hilflosigkeit des Kindes geändert.
Am nächsten Tage ließ Franziska Christine eine Aufstellung ihres beträchtlichen Vermögens schreiben. Welch ein Reichtum war da zusammengekommen! Und wie viele Kinder lebten elternlos in Armut, gezwungen, durch Bettelei ihren Lebensunterhalt zu bestreiten.
So ordnete die Fürstäbtissin unverzüglich an, daß in Steele von ihrem Geld ein großzügiges Waisenhaus erbaut werden sollte, in dem elternlose Kinder nicht nur beköstigt und bekleidet, sondern auch unterrichtet werden sollten, damit sie eines Tages ohne die Hilfe anderer für sich sorgen konnten. So geschah es, und noch heute, nach mehr als 200 Jahren, besteht das Steeler Stiftswaisenhaus, trägt gleichsam der Baum, den die Fürstäbtissin gepflanzt hat, immer noch reiche Früchte.

Das Flämmchen von Holtey

An der Ruhr, unterhalb von Burg Altendorf, lag bis vor wenigen Jahrzehnten ein großes Bauerngut, das über viele Generationen hinweg von der Familie Schulte-Holtey bewirtschaftet worden war. Die Straßennamen „Holteyer Hang" und „Holteyer Straße" erinnern noch an dieses bekannte Hofgut, das schließlich der ausgedehnten Wassergewinnungsanlage an der Ruhr weichen mußte.
In früherer Zeit soll hier die Wasserburg Holtey gestanden haben. Zwar sind die märkischen Ritter von Holtey seit dem Jahre 1269 nachgewiesen. Ob sie aber tatsächlich hier im Ruhrtal ansässig waren, ob hier überhaupt eine Wasserburg gestanden hat, ist unsicher. 1878 wurden auf dem Holteyer Gut im Zuge des Eisenbahnbaues alte Mauern, eine Säule und ein Kapitell ausgegraben. Diese Funde konnten allerdings keine schlüssige Auskunft über die Existenz einer Wasserburg geben. Sicher ist lediglich, daß es bereits im Jahre 1332 hier ein Bauerngut gab. Der Hof Schulte-Holtey wurde bis zum Jahre 1956 bewirtschaftet.
Lassen wir uns mangels wissenschaftlicher Nachweise von der Sage über die Besitzer der Wasserburg Holtey berichten:

* * *

Die Holteyer waren gefürchtete Raubritter. Ihr Augenmerk galt vornehmlich den Gütern und Höfen des nahen Stifts Essen, die häufig von ihnen heimgesucht wurden. Gegen Ende des 13. und zu Beginn des 14. Jahrhunderts müssen es die Herren von Holtey besonders arg getrieben haben. Die Fürstäbtissin von Essen, die nicht mehr wußte, wie sie der Überfälle Herr werden sollte, wandte sich deshalb um Hilfe an den Papst in Rom. Dieser wiederum wies den Abt von Werden an, der Äbtissin mit seinen wenigen Soldaten beizustehen. Gleichzeitig verhängte er den Bann über Ritter Theodor von Holtey und seinen Sohn. Dieser harten Maßnahme aus Rom unterwarfen sich die Raubritter, und fortan unterließen sie ihr schändliches Treiben.

Später soll Burg Holtey zum Besitze der Äbte von Werden, dann zu dem der Herren von Schellenberg gehört haben. Über den Untergang der Wasserburg schweigt die Sage. Doch gibt es eine Erzählung, die die Erinnerung an eine geheimnisvolle Begebenheit fortträgt, die sich auf den Holteyer Wiesen abgespielt haben soll:

* * *

Einst kehrte ein Schäfer spät abends von einer Festlichkeit zu seiner Herde zurück, die im Holteyer Grund weidete und von seinem treuen Hund bewacht worden war. Als er noch die duftenden Wiesen durchschritt, hüpfte plötzlich ein rotglühendes Flämmchen bald vor, bald hinter ihm her. Der Schäfer dachte sich zunächst nichts dabei, hielt er die Erscheinung doch für ein besonderes Tier, ähnlich den Glühwürmchen. Als er aber an einem Bach ankam und gerade den Steg überschreiten wollte, verstellte ihm das Flämmchen den Weg. Nun merkte der Schäfer, daß er es mit einer Spukgestalt zu tun hatte. Mutig gebot er der Erscheinung, den Weg freizugeben und machte gleichzeitig das Zeichen des Kreuzes. Da hörte er ein feines Stimmchen, das ihm flehendlich zurief:
„Oh, taufe mich! Ich bin ein Kind, das sterben mußte, bevor man mir das Sakrament spendete!"
Da griff der Schäfer voller Mitleid in den Bach, mit dessen klarem Wasser er die Taufe vollzog. Sofort schwebte das Flämmchen zum Himmel empor, wo es zu einem Stern wurde.
Als der Schäfer noch staunend auf der Brücke stand und in die Höhe blickte, flogen immer mehr solcher Flämmchen herbei und baten, von ihm getauft zu werden. Allen Wünschen kam der Schäfer willig nach. Bis zum frühen Morgen verrichtete er sein mildtätiges Werk, und nach jeder Taufe erschien ein neuer, hell leuchtender Stern am Himmel.

Die eiserne Jungfrau

Die Burgruine Altendorf ist Namenspatin der ehemals selbständigen Gemeinde, des heutigen Essener Stadtteils Burgaltendorf. Die Burg Altendorf wurde vermutlich im 12. Jahrhundert erbaut. Ab der Mitte des 13. Jahrhunderts werden in alten Urkunden die Herren von Altendorf als Lehnsmänner der Grafen von der Mark erwähnt. Zu jener Zeit soll die Burg Altendorf durch unterirdische Gänge mit der Hattinger Isenburg und mit dem auf der anderen Ruhrseite liegenden Haus Horst verbunden gewesen sein – so jedenfalls berichtet eine hartnäckige Überlieferung, die allerdings kaum auf Tatsachen beruhen dürfte. Um 1400 kam die Burg Altendorf für etwa 200 Jahre in den Besitz der Herren von Vittinghoff-Schell, wechselte dann mehrfach den Besitzer und ist seit 1750 unbewohnt. Noch heute sind bemerkenswerte Reste der einst mächtigen Burganlage vorhanden. Besondere historische Bedeutung hat der 18 Meter hohe, vierstöckige Wohnturm. Im gesamten Raum zwischen Rhein und Weser ist kein anderer mittelalterlicher Wohnturm dieser Größe erhalten geblieben.

* * *

Die Besitzer von Burg Altendorf waren lange Zeit als Raubritter gefürchtet. Sie begnügten sich aber nicht damit, einsame Gehöfte zu überfallen oder Handelsleute auszuplündern. Gern machten sie Gefangene, die sie in die Burg Altendorf verschleppten und vor die „eiserne Jungfrau" führten. Dies war ein großes Bild eines wunderschönen Mädchens, ein Bild, das am Ende eines langen Ganges aufgestellt worden war. Die Herren von Altendorf machten sich nun ein Vergnügen daraus, ihre Gefangenen über den langen Gang zu schicken mit dem Befehl, die Jungfrau zu küssen. Sobald sich ihre Opfer dem Bild näherten, öffnete sich eine versteckte Falltür, und sie fielen in einen tiefen Brunnenschacht, an dessen Wänden Schwertspitzen und Messerklingen angebracht waren. Niemand, der durch die Falltür fiel, kam mit dem Leben davon, während sich die Raubritter an seinen Todesschreien weideten.

Burg Altendorf

Auch einem Bauern namens Schlüter war dieses Schicksal zugedacht. Er bewirtschaftete ein großes Gut, und die Herren von Altendorf beneideten ihn um seinen Reichtum. So kam der Plan auf, ihn der „eisernen Jungfrau" zu übergeben und seine Hinterlassenschaft dem Rittergut einzuverleiben. Die Herren von Altendorf beauftragten ihren Förster Melchior in Vaerste (Forste) damit, den Bauern Schlüter auf die Burg zu bestellen. Der Förster kam diesem Auftrag nach, doch als er den Schlüterhof gerade verließ, wandte er sich noch einmal um und sagte mit erhobener Hand: „Schlüter! Schlüter!" Sonst nichts. Doch dieser verstand die Warnung und versteckte sich lange Zeit bei Verwandten. So wurde er vor der „eisernen Jungfrau" bewahrt und rettete sein Hab und Gut.
Die Untaten der Ritter rächten sich erst in den letzten Nachfahren ihres Geschlechts. Dies waren zwei Gräfinnen, die in bitterer Armut auf Burg Altendorf leben mußten. Sogar die Bleifassungen der Fenster mußten sie verkaufen, um sich ernähren zu können. Da sie außerstande waren, für die Erhaltung der Burg Gelder aufzubringen, fiel eines Tages das Dach mit dem schweren Gebälk zusammen und erschlug sie. So verging das Geschlecht der Altendorfer, und nur die Ruine kündet als stummer Zeuge bis auf den heutigen Tag von ihren Untaten.

Die Zwergenmutter

Merkwürdigerweise sind aus Überruhr gleich zwei Geschichten überliefert, in denen Zwerge die Hauptrolle spielen. Sowohl die Erzählung von der Zwergenmutter, als auch die folgende von dem Zwerg von Überruhr haben stark moralisierende Aspekte und berichten in verklausulierter Form von den Träumen, Sehnsüchten und Hoffnungen der armen Landbevölkerung längst vergangener Zeiten.

* * *

Einst lebte in Überruhr ein junges Ehepaar. Wenn der Vater der Landarbeit nachging, sorgte sich die Mutter um Haus und Hof; ihre liebevolle Fürsorge galt auch dem kleinen Sohn, der gerade das Laufen gelernt hatte.
An einem dunklen Winterabend war der Vater fortgegangen, um Nachbarn zu besuchen. Die Mutter hatte das Kind zu Bett gebracht und wirtschaftete alleine in der Küche, als sie plötzlich seltsame Geräusche vernahm. Von überall her raschelte, scharrte und tuschelte es. Erschreckt schrie die Frau auf, als sie die Urheber des Lärms erkannte: es waren kleine Gestalten, die sich um sie drängten. Und immer größer wurde ihre Zahl, immer lauter das Geschnatter. Die Winzlinge umdrängten die junge Frau, die vor Schreck wie gelähmt war, und kletterten an ihr hoch. Überall legten sie kleine Fesseln um ihre Glieder und Hunderte von Zwergen zogen, zurrten, ruckten und drängten die arme Frau, die sich der Übermacht nicht zu erwehren wußte, aus dem Haus hinaus. Eilends ging es durch die dunkle Nacht, und ohne daß sie wußte, wie ihr geschah, fand sich die Frau mit einem Mal in einem Gewölbe wieder, das über und über mit Gold und Edelsteinen geschmückt war.
Auf einem winzigen Thron saß der Zwergenkönig, der befahl, der Frau die Fesseln abzunehmen, und der sie dann freundlich ansprach:
„Verzeih mir die Gewalt, die ich anwenden ließ, um Dich hierher zu bringen. Aber ich wußte mir keinen anderen Rat. Ich bedarf dringend Deiner Hilfe. Vor drei Tagen wurde mir ein

kleiner Sohn geschenkt, und meine Frau starb bei seiner Geburt. Nun ist niemand unter uns, der wüßte, wie man mit einem Säugling umzugehen hat. Und wenn Du uns nicht ein Jahr lang hilfst, dann wird das Neugeborene sterben."
Nun brachte man der Frau den winzigen Säugling, der laut und jämmerlich schreiend in einer Wiege lag. Als die junge Frau das kleine Bündel erblickte, das ganz elend und krank aussah, da nahm sie es vorsichtig hoch, legte es an ihre Brust und sagte voller Mitleid:
„Ein Jahr, das ist eine lange Zeit. Mein Mann und mein Kind werden mich sehr vermissen. Aber sie werden schon alleine durchkommen. Dieses Kind braucht nicht zu sterben. Solange es mich braucht, will ich für es da sein."
Und so geschah es. Mit ihrer ganzen mütterlichen Liebe sorgte sich die junge Frau um das Zwergenkind, das bald wieder gesund wurde, heranwuchs und zu einem fröhlichen Wesen gedieh. Die Zwerge halfen der Frau, wo sie nur konnten, sorgten stets für frische Speisen, wuschen die Windeln und lasen ihr jeden Wunsch von den Augen ab.
Als das Jahr vergangen war, war aus dem kranken und elenden Säugling ein kräftiges Kindchen geworden, und die Zwerge beschlossen, daß es keiner fremden Hilfe mehr bedurfte. Eines Nachts, als die junge Frau eingeschlafen war, trugen sie sie leise und vorsichtig in ihr Haus nach Überruhr zurück, und als die Morgendämmerung heraufzog, erwachte sie in ihrem eigenen Bett und schaute verwundert umher, denn ihre Stube hatte sich ganz und gar verändert. Ebenso wie die Gewölbe des Zwergenkönigs war es zum Dank für ihre liebevollen Dienste ringsum mit Gold und Edelsteinen ausgestattet worden. Da klatschte sie jubelnd in die Hände. Und überglücklich fiel sie Mann und Kind in die Arme, die so lange im Ungewissen auf sie hatten warten müssen.

Der Zwerg von Überruhr

In einer Felsspalte des Kewelohberges zu Überruhr soll der Sage nach früher ein Zwerg gewohnt haben, der Fickfack hieß. Durch seine guten Werke hatte er sich großen Ruhm erworben. War jemand in eine Notlage geraten, aus der er sich nicht mehr selbst befreien konnte, dann brauchte er nur zu der Felsspalte zu gehen und seinen Wunsch vorzutragen; meist dauerte es nur eine Nacht, und ihm war geholfen.

Aber auch Menschen, die nicht zur Felsspalte kamen, ließ der Zwerg Gutes angedeihen. War einem Bauern der Pflug zerbrochen und wußte er nicht, wie er das Feld bestellen sollte, so konnte es passieren, daß am nächsten Morgen das Werkzeug kunstvoll repariert worden war. Gern stellte der Zwerg auch Spielzeug für die Kinder her, das diese unvermutet in der Stube fanden. Fehlte das Geld für die Ausrichtung einer Hochzeit, dann nähte und stickte der Zwerg im Berge, um dem Brautpaar feine Hochzeitskleider schenken zu können. Und selbst Verstorbene vergaß er nicht; fehlte das Geld für ein angemessenes Begräbnis, dann stiftete er das Totenkleid.

So war Zwerg Fickfack wegen seiner selbstlosen Tüchtigkeit überall beliebt.

Die Menschen gewöhnten sich an die guten Taten ihres Zwerges. Waren sie zunächst noch dankbar gewesen, so nahmen sie seine Geschenke schließlich als selbstverständlich hin, ja sie forderten manches sogar von ihm.

Eines Tages meinten sie jedoch, daß man sich mit dem Zwerg gutstellen solle, denn man konnte ja nie wissen, wie oft er noch für sie arbeiten würde. Und so beschloß man einmütig, dem Wohltäter einen prächtigen Anzug zu schenken, und in festlichem Zuge begaben sich alle zur Felsspalte und legten eine seidene Hose und eine Samtjacke mit reicher Blumenstickerei dorthin.

Zwerg Fickfack fand und bestaunte die kostbaren Kleidungsstücke. Nachdem er sie aber angelegt und sich in einem Spiegel bewundert hatte, da glaubte er, nun ein vornehmer Mann zu sein. Seine bisherige Arbeit für die Menschen, für die er ohne-

dies nur recht selten Dankbarkeit verspürt hatte, erschien ihm fortan als knechtisch, so daß er beschloß, fortzuziehen.
Da konnten die betrübten Dörfler bitten und flehen, soviel sie wollten, der Zwerg blieb fest in seiner Entscheidung. Und so mußten fortan die Menschen in Überruhr wieder selbst für sich sorgen.

Die Sage vom Marienberg in Kupferdreh

Vor etwa 700 Jahren kamen die letzten Ritter von ihren Kreuzzügen aus dem Morgenland zurück, wo sie lange Zeit dafür gekämpft hatten, daß jedermann zum Grabe Christi wallfahrten und dort beten konnte. Einer dieser Kreuzritter, der in England beheimatet war, kam auf seinem Rückwege auch durch das Land der Ruhr.

Es war an einem heißen Sommertag, als er ganz für sich allein durch die Wälder von Werden zog. Sein Pferd führte er am Halfter hinter sich her und bahnte sich und dem Tier mühsam einen Weg durch das dichte Gestrüpp. Mehr als einmal mußte er sich mit dem Schwert eine Gasse schlagen, um voranzukommen. Schon vor einigen Stunden war er vom Wege abgekommen, und nur der Stand der Sonne wies ihm die Richtung. Den Ritter umgab eine tiefe Stille, die nur dann und wann durch Vogelgezwitscher oder das bedrohliche Summen einer Mücke unterbrochen wurde.

Langsam aber stetig zog er seines Weges, und so gelangte er nach einiger Zeit in die Gemarkung Hinsbeck, das heutige Kupferdreh. Da plötzlich vernahm er menschliche Laute. Leises Wimmern und klägliches Stöhnen führten ihn zu einem Gebüsch, unter dem er einen blutenden Mann fand, der so schwer verletzt zu sein schien, daß er nicht mehr lange auf den Tod zu warten brauchte. Der Ritter beugte sich hinab und sah, daß keine Hilfe mehr möglich war. Auf seine Frage, was denn geschehen sei, erhielt er von dem Verletzten die Antwort, Räuber hätten ihn überfallen, niedergeknüppelt und all seine Habe mitgenommen.

Der Ritter hatte Mitleid mit dem armen Mann und fragte ihn, wie er sein Los erleichtern, ob er ihm einen letzten Wunsch erfüllen könne.

„Wasser, Wasser!" entgegnete ihm mit flehender Stimme der Todgeweihte.

Aber soviel der Ritter sich auch umsah, nirgends war ein Bach oder eine Quelle zu entdecken, nirgends auch nur ein Tropfen Wasser. Da fiel ihm ein, daß er in seinem Gepäck noch einen

Am Marienberg in Kupferdreh

Krug mit geweihtem Wasser vom Jordan hatte. Mit diesem Wasser wollte er in England seine Kinder taufen lassen. Der Ritter zögerte. Dieses Wasser, das er so viele Monate lang behutsam transportiert hatte, war unersetzlich.
„Soll ich es wirklich hergeben für einen Fremden, der schon vom Tode gezeichnet ist?" fragte er sich. Doch schließlich siegte sein Mitleid, und mit schnellem Griff schnürte er das Bündel vom Pferd und reichte dem Verletzten das Gefäß, um ihn trinken zu lassen. Gierig setzte dieser den Krug an die Lippen, doch seine Kräfte reichten nicht mehr aus, um ihn festzuhalten — der Krug glitt aus seinen Händen, fiel auf den staubigen Boden und zerbrach. Verloren war das geweihte Wasser, das langsam in der Erde versickerte.
Seufzend wandte sich der Ritter ab. Tränen stiegen in seine Augen, als er sah, auf welch unglückliche Weise das kostbare Naß verlorengegangen war. Doch da! Was war das? — Ein leises Murmeln und Spritzen kam unter dem Gebüsch hervor; verwundert trat der Ritter näher. Und was er nun sah, konnte er niemals mehr vergessen: im späten Abendlicht schimmerte klares Wasser unter dem Gesträuch! Dort, wo der Krug zerbrochen war, war eine Quelle entstanden. Schnell griff der Ritter zu einem Becher und labte die ausgedörrte Kehle des verletzten Mannes mit dem kühlen Naß.
Und dann geschah noch ein zweites Wunder: überall dort, wo das neue Wasser hingelangte, wuchsen plötzlich Marienblümchen aus der Erde! Als der Sterbende dies sah, verklärte sich sein Antlitz, und mit einem glücklichen Lächeln sank er zurück und gab seinen Geist auf. Nie sah man ein schöneres Totenbett als dieses, umgeben von zahllosen Marienblümchen!

* * *

Die Anhöhe, auf der sich diese Geschichte abgespielt haben soll, heißt bis zum heutigen Tage „Marienberg" und hat den Straßen „Marienbergstraße" und „Marienberghang" ihre Namen gegeben. Auch die Quelle, von der die Rede war, ist noch vorhanden; ihr Wasser soll heilende Wirkung bei Augenkrankheiten haben.

Der Kupferdreher Grubengeist

Einst gab es entlang der Ruhr zahllose größere und kleinere Zechen. Landauf, landab hörte man das rastlose Stampfen der Maschinen. Ein stetes Klappern und Hämmern erfüllte die Luft. Zischend und dampfend keuchten Lokomotiven durch die Täler, hinter sich lange Güterzüge, zum Bersten voll mit der zutage geförderten Kohle.
Heute ist wieder Ruhe in das Land der Ruhr eingekehrt. Die letzte Essener Zeche wurde zum Jahresende 1986 geschlossen. Nur noch wenige Zechenruinen, zuweilen schon von hohen Bäumen und dichtem Gebüsch überwuchert, lassen die frühere Betriebsamkeit erahnen.
Mit dem Zechensterben sind auch viele alte Bergmannsgeschichten verlorengegangen. Eine der wenigen, die erhalten sind, erzählt man sich heute noch in Kupferdreh:

* * *

In der Nähe des kleinen Ruhrstädtchens Kupferdreh, dessen Name von „Kopperdreie" abgeleitet sein soll, weil dort früher die Ruhrschiffe am Kopp (Kopf) um einen scharfen Knick der Ruhr herum „gedreht" werden mußten, lag die Kohlengrube „Himmelsfürster Erbstollen". Die Kumpel, die hier lebten, fürchteten sich jedesmal, wenn sie ihre Schicht unter Tage beginnen mußten, denn in den Stollen spukte es. Seit unvordenklicher Zeit wanderte ein Gespenst durch den Berg. Zu Lebzeiten hatte es — böse und hartherzig, wie es gewesen war — vielen Menschen Unrecht zugefügt und Leid angetan. Deshalb war es oft verflucht worden, und ewiges Umherirren im Dunkel des Gesteins war zur Strafe sein Schicksal geworden. Wenn das Stollengespenst umging, dann kündigte ein Raunen im Berge sein Nahen an. Risse und Spalten taten sich auf. Ein unheimliches Rasseln und Stöhnen durchzog dann den Berg, daß jedermann der Atem stockte und das Blut in den Adern gefror. Erst wenn sich die furchtbaren Geräusche allmählich im Gestein verloren hatten, dann wagten die Bergleute wieder aufzuatmen. So oft der Grubengeist auch zu hören war, so

konnte ihn doch niemand nachher beschreiben, denn er zeigte seine Gestalt nur, wenn er gerufen wurde, und man erzählte sich, daß seine Erscheinung so grausig und furchterregend war, daß sein bloßer Anblick Irrsinn und schnellen Tod zur Folge hatte.
Einmal hat ein tollkühner Knappe auf diese Weise sein Leben verloren. Als er um Mitternacht bei der Arbeit war und wieder einmal das unheimliche Stöhnen und die anderen furchterregenden Geräusche hörte, da legte er, wie alle anderen auch, sein Werkzeug nieder und drängte sich mit diesen zusammen, um in tiefem Schweigen das Vorüberziehen des Gespenstes abzuwarten. Doch wie er so in einer Ecke stand und die furchtsamen Gesichter seiner Kameraden sah, da überkam ihn plötzlich der Wunsch, den anderen seinen Mut zu beweisen. Schon lange hatte er auf eine Gelegenheit gewartet, sich besonders hervorzutun, was ihm bei der Arbeit nie gelungen war. So groß war seine Prahlsucht geworden, daß er übermütig in das Dunkel hineinrief:
„So komm doch näher, Kerl, und zeige Dich!"
Im selben Augenblick ertönte ein donnerndes Grollen im Berg. Überall züngelten kleine Flammen empor. Das Gestein kreischte, als es auseinandergeschoben wurde — und dann stand es da, das grauenvolle Stollengespenst. Nur einen Augenblick lang konnte der Knappe die Erscheinung ertragen, dann verwirrte sich sein Geist.
Die anderen Bergleute, die nicht gewagt hatten, der Begebenheit zuzuschauen, mußten, nachdem der Lärm verklungen war, den Knappen forttragen. Drei Tage lang lag er in schwerem Fieber. Er redete von dem Grauen, das er erlebt hatte, doch gelang es ihm nicht, die Erscheinung zu beschreiben. Dann starb er, ohne noch einmal einen klaren Gedanken gefaßt zu haben.
Seit dieser Zeit hat niemals mehr ein Bergmann den Kupferdreher Grubengeist gerufen.

Der Streit um die Heisinger Kirche

Heisingen gehört zu den ältesten Siedlungspunkten Essens. Möglicherweise — darauf deuten alte Urkunden hin — gab es hier schon gegen Ende des 8. Jahrhunderts auf der Grenze zwischen Sachsen und Franken einen Wald, der „Heissi" genannt wurde. Über „Hesingi", „Hesinge" und „Heisengen" entwikkelte sich der heutige Name Heisingen.
An einem Berghang über der Ruhrschleife liegt das alte Rittergut „Haus Heisingen", dessen Ursprünge wohl in das 11. Jahrhundert zurückreichen. Der Sage nach soll ein Ritter auf Haus Heisingen um 1350 mit einem Italiener namens Bardelli in Verbindung gestanden haben, der — ähnlich wie der berühmte Graf Cagliostro — behauptete, mit Hilfe der Chemie Gold herstellen zu können. Da er allerdings nicht den praktischen Beweis für seine Behauptung erbringen konnte, ließ ihn der Ritter von Heisingen zur Strafe lebendig in eine Nische des Rittersaales einmauern. Rund 500 Jahre später fand man tatsächlich bei Bauarbeiten auf Haus Heisingen ein menschliches Skelett.
Seit Ende des 15. Jahrhunderts war Haus Heisingen Lehnsgut der Äbte von Werden, die es im 18. Jahrhundert häufig als Sommersitz nutzten.

* * *

Im Mittelalter hatten die Heisinger Bürger keine eigene Kirche. Sonntag für Sonntag mußten sie den weiten und beschwerlichen Weg nach Werden antreten, wo sie nicht etwa in der Abteikirche, sondern in der kleineren, aber ebenso ehrwürdigen Luciuskirche die Messe feierten. Besonders im Winter war der Weg nach Werden oft gefährlich, dann nämlich, wenn die Ruhr Hochflut hatte oder wenn dicke Eisschollen zu Tale trieben. Da es Brücken noch nicht gab, mußte man stets mit Booten übersetzen, und mehr als einmal kam es dabei zu schweren Unfällen. So mancher Kirchgänger ertrank im eisigen Wasser.
Als gegen Ende des 15. Jahrhunderts wieder einmal mehrere

Abteilich-Werdensches Wappen im Eingangsbereich von Haus Heisingen

Haus Heisingen

Tote zu beklagen waren, da entschloß man sich in Heisingen, eine eigene Kirche zu bauen. Alle Bürger spendeten Geld, soviel sie konnten, und nachdem auch der Herr auf Haus Heisingen, Robert von Staël-Holstein, eine größere Summe beigesteuert hatte, konnte man das Werk in Angriff nehmen. 1493 war es dann soweit: zum ersten Mal feierten die Heisinger in ihrer eigenen Kapelle das Meßopfer und brauchten fortan nicht mehr die sonntägliche Reise nach Werden anzutreten.
Es dauerte aber nicht lange, da regte sich Mißmut in Werden. Der Pfarrer der Luciuskirche fand nicht mehr so viele Opfergaben im Sammelbeutel wie vordem, und so verlangte er die Schließung der Heisinger Kirche. Der neue Herr auf Haus Heisingen, Lutter von Staël-Holstein, ein Sohn Roberts, lehnte dieses Ansinnen schroff ab; er glaubte sich im Recht. Damit gab sich der Pfarrer der Luciuskirche aber nicht zufrieden, sondern wandte sich an den Abt von Werden, der das Verlangen des Pfarrers unterstützte. Als sich Lutter aber weiterhin stand-

haft weigerte, wurde er vom Werdener Abt zur Strafe exkommuniziert.
So waren die Heisinger wieder gezwungen, an jedem Sonntag nach Werden überzusetzen. Mehr als einmal verwünschte Lutter die Geldgier des Pfarrers und den Starrsinn des Abtes. Jedem, der es hören wollte, beschrieb er sein Schicksal: „Er hofft my dorom in den ban gedaen" (Allein aus diesem Grunde bin ich gebannt worden).
Viele Monate lang bemühte man sich, Lutter vom Bann zu lösen, doch alle Versuche waren vergeblich. Schließlich wandte sich Lutter in einem langen Brief an den Schutzvogt von Werden, dem er das sonntägliche Elend der Gläubigen von Heisingen beschrieb und eindringlich auf die ungerechte Behandlung hinwies. Mit diesem Brief endlich war Lutter Erfolg beschieden. Der Vogt hatte Einsehen und befahl dem Abt von Werden, die Exkommunikation aufzuheben. Mürrisch kam dieser der Weisung nach, und seitdem konnte bis zum heutigen Tag in Heisingen Gottesdienst gehalten werden.
Der Pfarrer der Werdener Luciuskirche soll über die Minderung seiner Einnahmen so sehr ergrimmt gewesen sein, daß er bald darauf an einem Magenleiden verstarb.

Die Annenkapelle in Rellinghausen

Das heutige Gebäude der schön restaurierten, kleinen Annenkapelle im Rellinghauser Annental stammt aus dem Jahre 1707. Im Türmchen der Kapelle hängt eine Glocke aus dem Jahre 1626 mit der Inschrift: ANNA VOCOR CUNCTIS ME PLEBS HIC INVOCAT ANNIS 1626 (Anna werde ich genannt, in allen Jahren ruft mich hier das Volk an. 1626).
In jedem Jahr am St.-Annen-Tag, am 26. Juli, versammeln sich viele hundert Menschen im sonst recht stillen Annental, um dort unter freiem Himmel einen Gottesdienst abzuhalten. Dieser Brauch ist bald 500 Jahre alt und zählt zu den ältesten überlieferten Festen des Essener Raumes. Die folgende, auf ein tatsächliches Ereignis zurückgehende Sage berichtet von einer Begebenheit, die Anlaß für das heute noch alljährlich gefeierte Annenfest war:

* * *

Der 25. Juli des Jahres 1516 war in Rellinghausen wie immer schon Kirmestag gewesen. Zur Feier der Kirchweihe kamen Freunde und Bekannte von nah und fern zusammen, alle in festlicher Stimmung und prächtig gekleidet. Nachdem der Vormittag den kirchlichen Feiern vorbehalten war, kamen nachmittags die Kinder zu ihrem Recht: auf dem Marktplatz durften sie Bänkelsängern zuhören, Zauberkünstler bestaunen oder — wenn sie nicht furchtsam waren — einem dressierten Affen die Hand geben. Die Erwachsenen kauften ihnen Süßigkeiten oder allerlei Spielzeug. Am Abend kam man noch einmal im Familienkreis oder im Wirtshaus zusammen, um zu plaudern und auf eine gute Ernte anzustoßen. In diesem Jahr war die Stimmung besonders fröhlich, doch schon früh am Abend wurde es schwül und windstill. Zeitiger als sonst verabschiedeten sich die Gäste und eilten nach Hause, weil sie fürchteten, vom aufkommenden Gewitter überrascht zu werden. Die Rellinghauser schlossen Türen und Fenster und begaben sich zur Ruhe, alle in der Hoffnung, daß das drohende Gewitter die Felder und Wälder nicht verwüsten möge.

Und kurz darauf brach der Sturm los! Endlose Blitze zuckten über den Himmel, die Berge erbebten von den Donnerschlägen, und das Regenwasser stürzte wie eine Sintflut vom schwarzen Himmel herab. Niemand wagte sich bei diesem furchtbaren Unwetter aus dem Hause. Wirklich niemand? Doch! Da waren zwei dunkle Gestalten, die im Schutze von Regen und Dunkelheit zur Rellinghauser Pfarrkirche schlichen. Als sie in das stille Gotteshaus eintraten, erblickten sie auf dem Altar einen prallen Lederbeutel. Beide glaubten, daß dieser all das Geld enthielte, das an diesem Tage in der Kirche gesammelt worden war. Rasch ergriffen sie den Beutel und eilten mit ihrem Raub aus dem Dorfe, hinunter zum Mühlbachtal. Als sie an einer einsamen Stelle den Lederbeutel öffneten, erschraken sie zutiefst: anstelle des erhofften Geldes fanden sie einen silbernen Kelch mit geweihten Hostien, die der Priester Kranken und Sterbenden zu reichen pflegte. Da packte den einen der Übeltäter Verzweiflung und Entsetzen. Von Reue ergriffen wandte er sich von seinem Gefährten ab und floh nach Essen, ohne sich weiter um die wertvolle Beute zu kümmern. Der andere aber schaute mit gierigen Augen auf den silbernen, am Rande mit Edelsteinen besetzten Kelch, den er um jeden Preis behalten wollte. Mit dem geweihten Gefäß in der Hand rannte er hinunter zur Ruhr durch das einsame Tal. Unterwegs schüttete er die heiligen Hostien in einen Dornenstrauch.

Am folgenden Tage – das Gewitter hatte sich längst verzogen und wieder der Sommersonne Platz gemacht – weidete ein alter Schäfer seine Schafe im Tal. Da sah er plötzlich, wie die Schafe vor einem Dornenbusch niederknieten, was er bei diesen Tieren noch niemals gesehen hatte. Als er näherkam, erkannte er, daß in dem Strauch, vor dem die Tiere sich verneigten, Hostien lagen. Rasch eilte der Schäfer ins Dorf von Rellinghausen und gab Nachricht von seinem wunderbaren Fund. Dort hatte man den Raub in der Zwischenzeit schon bemerkt, und nun versammelte man sich in aller Eile und schritt in einer Prozession unter Singen und Beten zu dem Ort, den der Schäfer bezeichnet hatte. Am Dornenbusch angelangt, sammelte der Priester alle Hostien wieder auf und brachte sie mit der Prozession zurück in die Pfarrkirche.

Die Annenkapelle in Rellinghausen

Im nächsten Frühjahr geschah an der Stelle, wo die Schafe niedergekniet waren, noch ein Wunder: als die jungen Blätter aus dem Dornenbusch hervorsprossen, zeigte sich eine Zeitlang auf ihnen das Bild der Hostien.
Von nun an zogen Jahr für Jahr die Menschen in feierlicher Prozession zu dem Dornenbusch im Annental und feierten in Erinnerung an den wunderbaren Fund der Hostien einen Gottesdienst unter freiem Himmel. Später errichtete man neben dem Dornenbusch ein kleines Kirchlein, die Annenkapelle, die heute zu den ältesten Bauwerken Rellinghausens zählt.
Zum Schluß muß aber noch vom Schicksal der beiden Räuber berichtet werden, die den Kelch aus der Kirche gestohlen hatten. Diese wurden bald nach ihrer Untat entdeckt, festgenommen und vor Gericht gestellt. Beide verurteilte man zum Tode. Der eine wurde in Essen hingerichtet, der andere erlitt auf der Rellinghauser Richtstätte, am Galgenberg (etwa dort, wo sich heute die Schillerwiese befindet), dasselbe Schicksal.

Hexenzeit in Rellinghausen

Ein düsteres Kapitel aus der Geschichte unserer Heimat sind die Hexenverfolgungen. Der im späten Mittelalter aufkommende Hexenglaube griff auch in Essen um sich und forderte viele Opfer.
So glaubte man, daß der Teufel die Kraft habe, denjenigen, die sich ihm verschrieben, übernatürliche Fähigkeiten zu verleihen, mit denen Böses getan und viel Unheil gestiftet werden konnte. Da sollen Zauberer und Hexen Frauen unfruchtbar gemacht, ansteckende Krankheiten bei Menschen und Tieren verbreitet, Hagel und Gewitter, Überschwemmungen, Dürren und Mißernten verschuldet haben. Man sprach davon, daß die mit dem Teufel Verbündeten von ihrem Herrn und Meister ein „Düppchen schwarzer Materie" erhielten, mit deren Hilfe sie ihre schlimme Kunst ausüben und sich insbesondere in Katzen oder anderes Getier verwandeln konnten. Einmal im Jahr zur Walpurgisnacht (1. Mai) sollten sich die Hexen auf Besen, Ofengabeln, Schweinen oder Böcken reitend auf dem Blocksberge versammeln, um dem Teufel mit einem großen Fest zu huldigen. Aber auch zu anderen Zeiten und Orten sollen Hexensabbate gefeiert worden sein. So gab es in Essen verrufene Orte am Segeroth, im großen Bruch, am Sessenberg und an der Eickenscheidter Fuhr. Hier und besonders an Kreuzwegen und auf stillen Heiden kamen sie – so erzählte man sich hinter vorgehaltener Hand – nachts zusammen, spielten und sangen, und der Teufel war unter ihnen und fühlte sich wohl bei den wüsten Gelagen.

* * *

Eine geheimnisvolle Geschichte wurde vom Hexenmeister Buttermann berichtet. Eines Tages kam dieser von Rellinghausen nach Steele. Dort sah er am Ruhrufer einen mit schweren Weinfässern beladenen Wagen, der im Schlamm steckengeblieben war. Er bewegte sich weder vor noch zurück. Wütend schlug der Fuhrmann auf die Pferde ein, aber nichts vermochte den Wagen von der Stelle zu bewegen. Da stieß Buttermann einen gellenden Pfiff aus, und augenblicklich sprangen sieben große, schwarze Katzen mit glühenden Augen herbei. Er spannte sie vor den Wagen und fuhr mit ihnen im Sturme den Deimelsberg hinauf. Dort verschwanden die Katzen so schnell, wie sie gekommen waren, im Dunkel der Nacht. Buttermann aber wurde gefangengenommen und auf dem Scheiterhaufen in Steele verbrannt. Als er dort am Holzpfahl festgebunden wurde, soll er lachend gemeint haben, daß dies wohl der heißeste Tag seines Lebens werden würde.

* * *

Solche Geschichten waren in der Bevölkerung weit verbreitet, und schnell war man damals bereit, einen anderen der Hexerei zu bezichtigen. Und war jemand einmal verdächtig, sei es, daß er wegen Krankheit gerötete Augen hatte, sei es, daß er wegen besonderer Schönheit oder abstoßender Häßlichkeit auffiel, stets lief er Gefahr, wegen Verbindung mit dem Teufel vor Gericht gestellt und zum Tode verurteilt zu werden, mochte er auch noch so unschuldig sein.
Besonders in Rellinghausen scheint der törichte Hexenglaube viele Opfer gefunden zu haben. So ist überliefert, daß hier allein in den Jahren zwischen 1570 und 1595 42 Menschen wegen Zauberei hingerichtet worden sind. 42 Menschen in 25 Jahren, und das, obwohl die Gesamtbevölkerung von Rellinghausen damals nur rund 600 Seelen betrug!
Noch heute erinnert an jene dunklen Tage der Straßenname „Hexentaufe". Die Hexentaufe, auch „Hexenpoth" genannt, lag am Fuße des Schellenberges an der Ruhr. Der Fluß bildete hier einen sogenannten Kolk, eine stille, tiefe Stelle. Am steilen Ufer dieser kleinen Bucht wucherte dichtes Gestrüpp, und die vielen Bäume des Schellenberger Waldes mit ihren herabhängenden Zweigen gaben dem Ort ein geheimnisvolles, düsteres Gepräge. Wenn jemand der Hexerei angeklagt worden war, wurde er gewöhnlich hierher geführt, wo unter großem Zulauf von Arm und Reich die „Wasserprobe" stattfand. Da hallte das ganze Tal wider vom Wehgeschrei der unschuldigen Opfer. Vergebens hoben die Unglücklichen ihre Hände und baten um Gnade. Vergeblich klammerten sie sich an Baum und Strauch.

Detail des „Blücherturms", des ehemaligen Rellinghauser Gerichtshauses von 1567

Richter und Volk blieben hart: den „Verdächtigen" wurden Hände und Füße kreuzweise zusammengebunden, und dann wurden sie an einem Strick in das Wasser geworfen. Wer unterging, war schuldlos, wer aber schwamm, dem hatte der Teufel geholfen, womit bewiesen war, daß man es hier mit einer Hexe oder einem Hexenmeister zu tun hatte. Schuldig oder nicht, derjenige, der einmal in Verdacht geraten war, war jedenfalls dem Tode preisgegeben, denn entweder er versank bei der Wasserprobe im dunklen Wasser der Ruhr, oder aber er wurde wegen erwiesener Hexerei zum Tode verurteilt und hingerichtet.
So hat die Ruhr an dieser Stelle viel Leid gesehen, und im Volksmunde erzählt man, daß in stillen Nächten aus dem schwarzen Wasser in der kleinen Bucht deutlich leises Wimmern und Klagen der unschuldig Verurteilten zu hören sei.

* * *

Daß Aberglaube und heidnische Vorstellungen auch in späteren Jahrhunderten weit verbreitet waren, das beweist eine Verordnung des Großen Kurfürsten, die er im Jahre 1669 erließ und die auch für Essen Gültigkeit hatte: „Demnach Wir in Erfahrung kommen, daß an etlichen Orten Unserer Graffschaft von der Mark viele abergläubische und böse Dinge annoch im Schwange gehen; als daß auf Matthiä-Abend Blätter in's Wasser gelegt; auf Petri Tag der Söllvogel ausgetrieben; gewisse kranke Leute durch Anblasen von Erbschmieden gebeutet; Schweinshaare in's Feuer gelegt; am Neujahrstage die Bäume gebunden; Johanniskraut oder Donnerlauch auf Johannistag in die Wände gesteckt; Geister verwiesen, Osterfeuer angezündet und dabei allerlei Gesänge mit Mißbrauch des Namens Gottes gesungen, auch viel Muthwille getrieben; bei Einlegung des Flachses in's Wasser zugleich Brod, Butter und Schmalz und dergleichen eingebunden und mit eingeleget; Johannis-Kränze oder Kronen angehangen; Opfer gebeten; die Vehseichen gebüget; Erbbrunnen gegen gewisse Krankheiten gebrauchet; auf Maitag das Vieh gequicket und die Quickruthe an die Thüren und Hecken des Hofes ausgestecket; auf drei Feiertage gesegnet; das Haar gegen gewisse

Krankheiten abgeschnitten und mit Feuer verbrennt; item bei Leichen das Reesstroh verbrannt und das Todtengebot zuletzt an einen hohlen Baum gebracht werde; wie auch auf gewisse Tage das Vogelschießen gehalten und andere dergleichen unterschiedliche so recht heidnische, als sonst abergläubische und gottlose Dinge verübet werden, die bereits guten Theils von Uns mehrmals verboten worden sind; und Wir denn solche und dergleichen abergläubische verbotene Sachen bei Unseren Unterthanen ohne Unterschied der Religion ganz und gar abgestellet, darüber festgehalten und die Verbrecher zur gebührenden Strafe gezogen wissen wollen, als ergehet Unser gnädigster und zugleich ernster Befehl hiermit an Euch."

Der Weidekrieg

In den Jahrhunderten vor der Industrialisierung lebten die Menschen überwiegend von der Landwirtschaft. Nicht jeder aber hatte ausreichend Land zur Verfügung, so daß von den Grundbesitzern oftmals „Marken" gebildet wurden, also Acker-, Weide- oder Waldflächen, die von einem bestimmten Kreis berechtigter „Markgenossen" genutzt wurden, die dafür Abgaben entrichteten und für die Erhaltung sorgten. So gab es in Rellinghausen beispielsweise vier Marken, an denen die Herren von Vittinghoff-Schell und die Rellinghauser Stiftsdamen Besitzrechte hatten. Das waren die Rüster Mark, der Kortenbusch, die Rellinghauser Mark und die Überruhrsche Mark. Die folgende Geschichte, die auf eine wahre Begebenheit zurückgeht, verdeutlicht die Schwierigkeiten, die nicht selten unter den Besitzberechtigten an den Marken entstanden:

* * *

Es war im Jahre 1617. Damals gehörten die Wiesen an der Rellinghauser Seite der Ruhr den Bauern aus Überruhr. Darüber waren sie nicht besonders glücklich, denn es war nicht leicht, das Vieh über die Ruhr zu den Weiden zu schaffen. Der Freiherr von Vittinghoff-Schell, dem wiederum einige Weiden in Überruhr gehörten, machte nun eines Tages den auf der Hand liegenden Vorschlag, die Weiden der Überruhrer in Rellinghausen gegen seine eigenen in Überruhr zu tauschen. Diese Idee wurde von den Bauern aus Überruhr begeistert aufgenommen, und so schloß man einen auf 14 Jahre befristeten Vertrag.

Dieser Vertrag, so vernünftig er auch sein mochte, ärgerte die Rellinghauser Stiftsdamen, deren Advokaten bald herausfanden, daß das Abkommen nicht ohne deren Einwilligung hätte geschlossen werden dürfen. Folglich stellten sich die Stiftsdamen auf den Standpunkt, in ihren Rechten verletzt zu sein, und verlangten, daß der Vertrag für null und nichtig zu erklären sei.

Am Stiftsplatz in Rellinghausen

Durch dieses Verlangen fühlten sich nun wiederum die Vertragsparteien gekränkt und weigerten sich, der Forderung zu entsprechen. Wie nicht anders zu erwarten war, kam es zum Prozeß, und der Freiherr von Vittinghoff-Schell wurde zu einer Geldstrafe von 1000 Goldgulden und die Überruhrer Bauern zu 500 Goldgulden Strafe verurteilt.
Die Verurteilten legten — wie es ihr gutes Recht war — gegen dieses Urteil Berufung ein. Und dies wiederum verdroß die Stiftsdamen so sehr, daß sie zur Selbstjustiz griffen: Eines Sonntagsmorgens ließen sie sechs Überruhrer Bauern nach der Messe gefangennehmen und in den Rellinghauser Gerichtsturm sperren. So sollten sie mit Gewalt gezwungen werden, die Strafe zu bezahlen und im übrigen auf ihre vertraglichen Rechte zu verzichten. Aber die Gefangenen zeigten sich widerspenstig. Selbst als die Haft mehr als einen Monat andauerte, ließen sie sich nicht erweichen. Um den Druck zu verstärken, holten ihnen Bedienstete des Stifts das Vieh vom Hofe, so daß ihre wirtschaftliche Existenz bedroht war.
Aber auch diese Maßnahme fruchtete nichts. Die gefangenen Bauern weigerten sich, irgendwelche Zahlungen zu leisten oder vertragliche Zusagen abzugeben.
Nachdem sich die Sache so lange hingeschleppt hatte und die Angehörigen der Gefangenen bereits Not litten, entschlossen sich die Überruhrer zu einem spektakulären Schritt: Eines Nachts kamen sie in großer Zahl nach Rellinghausen und stürmten mit Beilen, Sensen und Knüppeln bewaffnet den Gerichtsturm, befreiten ihre Mitbürger und zogen dann plündernd durch Rellinghausen.
Die Stiftsdamen zogen nun wieder vor Gericht und erreichten tatsächlich mit der Behauptung, der Freiherr von Vittinghoff-Schell habe den Aufruhr angestiftet, daß dieser zu einer Strafe von 5000 Goldgulden verurteilt wurde. Aber soweit wir wissen, ist diese Strafe niemals bezahlt worden, und auch den Überruhrern ist nichts weiter geschehen; denn schon zogen die Schatten des Dreißigjährigen Krieges (1618—1648) hinauf, und in jenen schlimmen Zeiten hatten die Menschen andere Sorgen, als sich um Hoheitsrechte und Streitigkeiten aus vergangenen Tagen zu kümmern.

Revolution in Rellinghausen

Über 500 Jahre lang war Schloß Schellenberg bei Rellinghausen der Stammsitz der Freiherren von Vittinghoff-Schell. In alter Zeit hieß das Schloß wegen seiner Lage auf einer Bergkuppe am Hang zur Ruhr hin „opm berge" oder auch einfach „de berg". Als Mitte des 15. Jahrhunderts die Familie Vittinghoff-Schell hier ansässig wurde, erhielt nicht nur das Schloß, sondern auch der große „Schellenberger Wald", der sich bis heute erhalten hat, deren Namen. Der Name „Schell" geht übrigens auf einen Ahnen der Vittinghoff'schen Familie zurück, der schielte und deshalb nach der Sitte der damaligen Zeit „der Scheele opm Berge" genannt wurde.
Zwischen den Freiherren von Vittinghoff-Schell und den Rellinghauser Bürgern bestand stets ein gutes Verhältnis, das uns der Rellinghauser Heimatforscher Ludwig Potthoff so geschildert hat:
„Die freiherrliche Familie nahm an allen freudigen und traurigen Ereignissen der Bewohner regen Anteil. Gern wandten sich die Leute in ihrer Bedrängnis an den Baron und noch lieber an die Gnädige, von der sie wußten, daß sie ihnen helfen würde.
Auf dem Hauptfeste Rellinghausens, der St.-Annen-Kirmes, erschien die adelige Familie auch im Festzelt und unterhielt sich im gemütlichen Platt mit den Leuten. Ging eine der Komtessen mit zur ersten heiligen Kommunion, so wurden am Nachmittag alle Erstkommunikanten zu Kaffee und Kuchen in den Schloßpark geladen.
Nach dem glücklichen Ausgang des Krieges 1870/71 gab der Baron für alle Einwohner Freibier in der Turnhalle. Der Volksmund erzählt, daß einige Bewohner in der Siegesfreude Bier mit Wein verwechselten. Sie meinten: „Dä rieke Baron wätt schon betahlen."

* * *

Nur einmal soll das gute Einvernehmen der Rellinghauser mit „ihrem" Baron gestört gewesen sein, und zwar im Jahre 1848.

Was war geschehen? Nun, selbst bis ins Dörfchen Rellinghausen war die Kunde von weltgeschichtlichen Ereignissen gedrungen. Man hatte davon gehört, daß in Frankreich Tausende von Arbeitern einen Aufstand angezettelt hatten. Man sprach sogar davon, daß der König von Frankreich abgesetzt worden sei und schon sein Land habe verlassen müssen. Aber nicht nur in Frankreich, auch in Deutschland gäbe es schon Aufstände! Aus Berlin sei zu vernehmen gewesen, daß Kämpfe zwischen Revolutionären und königstreuen Truppen stattgefunden hätten!
Die braven Rellinghauser waren zunächst ganz verstört, als sie diese schrecklichen Nachrichten hörten. Das war ja ganz unvorstellbar – Revolution gegen den König! Wie konnte man nur solch einen Unsinn glauben? Schnell ging man in Rellinghausen wieder zur Tagesordnung über.
Aber die Nachrichten über Volksbewaffnung und Revolution kamen immer öfter, und so blieb es nicht aus, daß abends an den Biertischen doch hin und wieder einer der neuen Gedanken aufgegriffen wurde: Sollte es wirklich so schlecht sein, auch einmal gegen die hohen Herren aufzumucken? Und so wurde es – ganz allmählich – in Rellinghausen „modern", revolutionäre Ansichten zu haben. Nachdem es aber einmal so weit gekommen war, gab es bald eine regelrechte Begeisterung. Es bildete sich eine sogenannte Bürgerwehr. Der waren alle Rellinghauser beigetreten, die eine Waffe tragen konnten. Und an jedem Sonntagnachmittag versammelte man sich auf einem freien Platz und hielt Übungen ab, die stets von zahlreichen Gaffern, vornehmlich Frauen und Kindern, bestaunt wurden. Anschließend zog man mit Trommel- und Pfeifenklang wieder ins Dorf zurück, wo man bei Wein und Bier diskutierte. Es gab sogar zwei besondere Debattierklubs, in denen die Weltrevolution, insbesondere natürlich die von Rellinghausen, nächtelang vorbereitet wurde.
Die Rellinghauser Staatsgewalt in Form eines einzigen Polizisten hielt sich bei diesen Ereignissen im Hintergrund, denn wie sollte es einer mit einer Masse überzeugter Revolutionäre aufnehmen? Und wenn gelegentlich die Überzeugungskraft des einzelnen in gegen die Wand geworfenen Gläsern oder

handfesten Raufereien ihren Ausdruck fand, dann war das Auge des Gesetzes eben geschlossen.
Schwierig wurde die Lage aber, als der Gedanke aufkam, daß doch auch die Herren von Schloß Schellenberg zu denjenigen gehörten, gegen die sich die Revolution eigentlich zu richten habe. Was jahrhundertelang nie geschehen war, trat nun ein: man hörte Unmutsäußerungen über den Herrn Baron und seine Familie. Ja, selbst Schmähreden wurden unwidersprochen hingenommen. Schließlich keimte eines Abends der Gedanke auf, den großen Vorbildern in Paris und Berlin nachzueifern und das Schellenberger Schloß zu stürmen, um seine Bewohner in alle Winde zu verjagen. Wie verabredet versammelten sich am folgenden Morgen die Mitglieder der Bürgerwehr am alten Gerichtsturm. Unschlüssig schaute man sich an. Sollte man wirklich so vermessen sein und das Unerhörte wagen? Was hatten die Schellenberger denn verbrochen? Sicherlich würde man bei einigen Gläsern Bier die Angelegenheit noch einmal in Ruhe bereden können. Und so zog man zunächst einmal in die nahegelegene Schenke. Nachdem aber Bier und Wein in ausreichender Menge die durstigen Kehlen hinuntergeronnen war, da war auch der revolutionäre Mut wiederhergestellt, und mit geröteten Backen, unsicheren Schritten und lauten Gesängen zog man in den Wald, wild entschlossen zum Sturm auf das Schloß.
Als die Rellinghauser in den Hof des Schellenberger Schlosses eindrangen, trat ihnen der Schloßherr persönlich entgegen. Verdutzt hielten die Kämpfer inne. Und diesen Augenblick nutzte der Baron: mit flammenden Worten hielt er ihnen ihre schlechte Gesinnung vor, erinnerte er sie an ihre Pflichten gegenüber Gott und dem Staat. Er wies auf die vielen Wohltaten hin, die sie von ihm empfangen hatten, und bat sie, sich nicht selbst durch unüberlegte Handlungen unglücklich zu machen. Am Schluß seiner Rede versprach der Baron ein Faß Bier, wenn sich nun alle wieder an die Arbeit begeben würden.
Das war der entscheidende Gesichtspunkt gewesen. Mit lauten Beifallsrufen nahm man die Aussicht auf Freibier auf, und noch schneller, als sie gekommen waren, kehrten die Rellinghauser ins Dorf zurück.
Die Revolution in Rellinghausen war damit beendet.

Schloß Schellenberg

Die Zerstörung der Essener Isenburg

Zwischen Hattingen und Niederwenigern, oberhalb einer Furt durch die Ruhr, erhob sich in alter Zeit Burg Isenburg. Sie war von dem starken und stolzen Geschlecht der Grafen von Berg erbaut worden. Der letzte Herr der Isenburg, Graf Friedrich von Isenburg, wurde im Jahre 1226 wegen einer feigen Mordtat hingerichtet, seine Burg wurde dem Erdboden gleichgemacht und niemals wieder aufgebaut. Doch schon wenige Jahre später bauten seine Verwandten einige Kilometer weiter ruhrabwärts auf dem „Bremberg" eine neue Burg, die sie wiederum „Isenburg" nannten und die zur Unterscheidung von der alten Hattinger Isenburg oft „Neu-Isenburg" bezeichnet wurde. Die neue Isenburg entstand in den Jahren 1241/42 und muß ein mächtiges Bauwerk gewesen sein. Zwar sind keine Bilder von ihr überliefert, doch noch heute kann man die Reste ihrer stattlichen Mauern bewundern, wenn man südlich von Stadtwald und Rellinghausen in Richtung Baldeneysee wandert. Hoch über den Ufern des Sees ragen die Ruinen der Isenburg empor und geben Zeugnis von einer alten Anlage, die dicke Schutzmauern und zahlreiche Türme besessen haben muß. Noch heute gibt es eine alte Fensternische; dort kann man sich in die alte Zeit zurückversetzen und hat fast denselben Ausblick über das Ruhrtal vor Augen wie die Menschen vor vielen hundert Jahren. Vielleicht erinnert man sich bei solcher Gelegenheit auch an die Geschichte, die sich der Sage nach hier abgespielt haben soll und in deren Verlauf die Isenburg schon nach rund 40 Jahren (genau im Jahre 1288) wieder zerstört wurde:

* * *

Schon bald nach ihrer Erbauung wurde der Erzbischof von Köln neuer Herr auf der Isenburg. Zu seinem Verwalter (Vogt) hatte er Hermann von Altendorf bestellt, einen finsteren und argwöhnischen Mann, der gegen seine Kriegsleute mit größter Strenge verfuhr. Zu ihnen gehörte auch ein treues Brüderpaar, Heinrich und Adolf Achtermberg. Jahrelang verrichteten sie fleißig ihren Dienst, und trotz all seiner Strenge fand der Vogt

Hermann von Altendorf niemals einen Grund, um mit ihnen zu schelten. Im Laufe der Zeit hatte er beiden sogar eine bevorzugte Stellung unter seinen Bediensteten eingeräumt. Doch der Erfolg der Brüder ließ die Neider nicht ruhen. Heimlich erzählte man dem Vogt schlechte und unwahre Geschichten über Heinrich, den jüngeren der Brüder Achtermberg. Und so kam es, daß dieser beim Vogt in Ungnade fiel. Wegen eines geringen Vergehens ließ ihn der Vogt eines Tages in das finstere Verlies der Isenburg einsperren; dort litt der Bedauernswerte zwischen dicken feuchten Mauern und bei kargem Essen viele Monate lang. Sein Bruder Adolf ließ dem Vogt keine Ruhe und bat immer und immer wieder um Freilassung des unschuldigen Heinrich. Doch der Vogt schien ein Herz aus Stein zu haben, denn alle Gesuche Adolfs lehnte er barsch ab und ließ sich nicht erweichen.
Da endlich bot sich für Adolf die Gelegenheit zur Rettung seines Bruders: Vor der Isenburg war ein feindliches Heer unter der Führung des Grafen Eberhard von der Mark angelangt, der die Burg erobern wollte. Mit großen Geschützen beschossen seine Truppen die Isenburg, die aber wegen ihrer dicken Mauern standhalten konnte. Lange dauerte die Belagerung, und mit der Zeit wurden Nahrung und Wasser in der Burg knapp. Vergeblich schauten die Belagerten nach Hilfe aus. Da beschloß der Vogt, daß sich einer seiner Kriegsleute heimlich durch die Linien des feindlichen Heeres schleichen sollte, um Hilfe vom Kölner Bischof herbeizuholen. Dieses Unternehmen war mit Lebensgefahr verbunden, und es fand sich kein Freiwilliger, der die Mission wagen wollte. Da meldete sich Adolf Achtermberg und erklärte sich bereit, das gefährliche Unternehmen zu vollbringen. Allerdings stellte er dem Vogt eine Bedingung: wenn es ihm gelänge, Hilfe herbeizuholen, so sollte sein Bruder aus dem Kerker freigelassen werden. Der Vogt gab ihm das Versprechen. Und so machte sich Adolf auf den langen und gefährlichen Weg. In einer dunklen Gewitternacht schlich er sich mitten durch die Stellungen des Feindes. Fast wäre es ihm geglückt, sich unbehelligt davonzustehlen, da wurde er von einem Wächter erkannt, der sofort Alarm schlug. Adolf aber stieß den Wächter vor die Brust, und ehe dieser

begriff, was geschah, schwang sich Adolf auf sein feuriges Pferd und konnte glücklich entkommen.
Nachdem Adolf dem Kölner Erzbischof von der Belagerung der Isenburg berichtet hatte, setzte dieser sofort starke Truppen in Marsch, und schon bald waren die Belagerer in alle Winde zerstreut. Die Isenburg war nicht länger bedroht.
Nachdem dies geschehen war, trat Adolf vor den Vogt und verlangte die Einlösung des Versprechens. Der Vogt zögerte nur ein wenig, aber dann übergab er Adolf seinen Siegelring und wies ihn an, um Mitternacht zum Verlies zu kommen. Sein Bruder werde dann frei sein.
Pünktlich um Mitternacht stellte sich Adolf beim Kerkermeister ein und zeigte den Siegelring des Vogtes vor. Daraufhin führte man ihn durch lange finstere Gänge, die nur schwach von Fakkeln erleuchtet waren, bis hin zum untersten Verlies der Burg, das tief im Berge eingegraben war. Unheimliche Stille herrschte dort unten. Der Kerkermeister öffnete das Gefängnis, und mit schauerlichem Kreischen schwang das eiserne Tor auf. Adolf sah seinen Bruder Heinrich auf einer Strohmatte liegen. Mit dem Ruf „Heinrich, Du bist frei!" stürzte er in das Verlies, doch wie groß war sein Entsetzen, als er sah, daß Heinrich tot war. Wenige Stunden zuvor war er auf Anweisung des Vogtes erdrosselt worden. So hatte der Vogt sein Versprechen gehalten: Heinrich hatte zwar die Freiheit wiedererlangt, doch nur tot konnte ihn Adolf hinaus aus dem dunklen Gelaß empor zur Welt der Lebenden tragen. Nachdem Adolf für eine würdige Bestattung gesorgt hatte, schwor er dem Vogt blutige Rache.
Schon am nächsten Tag machte er sich heimlich auf den Weg zum Grafen Eberhard von der Mark. Diesem erzählte er, daß er einen geheimen Gang kenne, der von jenseits der Ruhr durch den Berg bis ins Innere der Isenburg führe und den er ihm zeigen werde, wenn er verspreche, mit seinen Truppen die Isenburg nochmals anzugreifen. Dem Grafen von der Mark war nichts lieber als das, und so kam es, daß in der folgenden Nacht eine lange Reihe bewaffneter Männer durch den dunklen Gang unter der Ruhr schlich und heimlich emporstieg bis ins Innere der Isenburg. Dort überraschte man die Wachen, und schon bald war die Burg in der Hand des Feindes.

Die Isenburg im Essener Stadtwald

Als der Vogt Waffenlärm im Burghof hörte, stürzte er mit dem Schwert in der Hand herbei, um sich und die Seinen zu verteidigen. Doch es war bereits zu spät. Schnell mußte er einsehen, daß die Feinde in der Überzahl waren, und es war Adolf Achtermberg, der selbst den Vogt gefangennahm und ihn gefesselt vor den Grafen von der Mark führte. Jener wollte dem Vogt die Freiheit schenken, doch dieser verzichtete darauf. In düsterer Verzweifelung stürzte er sich in sein Schwert und starb so von eigener Hand. Graf Eberhard von der Mark ließ die Isenburg bis auf die Grundmauern zerstören. Seit diesem Tage ist sie nicht wieder aufgebaut worden, doch noch heute künden die steinernen Überreste von dem furchtbaren Geschehen früherer Tage.

Der Name Baldeney

Schloß Baldeney, das dem Baldeneysee seinen Namen gegeben hat, war früher eine wasserumwehrte Burg an der Ruhr. Die Ursprünge der Anlage gehen in das 13. Jahrhundert zurück. Jahrhundertelang galt Schloß Baldeney mit seinen zahlreichen Ländereien als reichstes Lehnsgut der Abtei Werden.
Schon seit langem gibt es zur Deutung des Namens Baldeney erbitterten Streit unter den Sprachwissenschaftlern. Bis heute ist die Entstehung des Namens nicht eindeutig geklärt worden. So wollen beispielsweise einige die Namensverwandtschaft zu Bredeney (= breite Aue) in Baldeney (= eng-abschüssige Aue) entdeckt haben; andere behaupten, daß in dem Namen „Balde-New" (bald neu) zu erkennen sei.
Lassen wir die Frage offen. Die letztgenannte Interpretation stützt immerhin die alte Sage, wonach Schloß Baldeney im Jahre 1288 aus den Steinen der zerstörten Isenburg erbaut worden ist, und zwar mit solcher Geschwindigkeit, daß es „Balde-Neu", also in kürzester Zeit fertiggestellt war.

Schloß Baldeney

Die Kluse

Zwischen dem Schellenberger Wald und dem Kruppwald, im Tal zwischen Essen-Stadtwald und dem Baldeneysee, liegt die kleine, unscheinbare Klusenkapelle, kurz „Kluse" genannt. Sie ist dem hl. Ägidius, einem der 14 Nothelfer, geweiht. Alljährlich zum Ägidiusfest (letzter Sonntag im August) ziehen die Gläubigen in einer Prozession zur Kluse, um dort unter freiem Himmel einem Gottesdienst beizuwohnen. Diese Tradition ist seit dem Jahre 1777 belegt.
Vermutlich ist die Kluse im 13. Jahrhundert entstanden. Ihr Name wurde seit jeher mit „Klause" (Einschluß) in Verbindung gebracht. Und so gibt es mehrere Überlieferungen, in denen stets von einer Klause oder von einer Einsiedelei die Rede ist. Nach der ersten Überlieferung soll im Jahre 1297 der Kölner Erzbischof Wibold auf Ersuchen der Essener Äbtissin den Schwestern Mabylia und Christiane von Ummich gestattet haben, sich in der Kluse einschließen zu lassen, um den Rest ihres Lebens ausschließlich der Verehrung Christi widmen zu können.
Nach einem anderen Bericht soll eine Kapitularin des Essener Stifts im 13. oder 14. Jahrhundert von der Pest befallen worden sein und sich daraufhin in die Kluse zurückgezogen haben, um hier als Einsiedlerin ihre letzten Lebensjahre zu verbringen. „Um der sterfden willen", so wird berichtet, hat sich auch zu Beginn des 16. Jahrhunderts eine an der Pest erkrankte Essener Äbtissin in die Einsamkeit der Kluse begeben.
Zu den beiden letzten Überlieferungen ist immerhin in Verbindung zu bringen, daß die Kluse dem hl. Ägidius, dem Schutzpatron gegen ansteckende Krankheiten, geweiht ist.
Die Entstehungsgeschichte der Kluse wird aber mit der folgenden Sage erklärt:

* * *

An einem kalten Novemberabend des Jahres 1225 waren Graf Friedrich von Isenberg und der Erzbischof Engelbert von Köln in Soest zusammengekommen, um einen Streit zu schlichten.

Die Klusenkapelle

Worum ging es? Graf Friedrich von Isenberg war lange Jahre Schutzvogt des Stiftes Essen gewesen, doch hatte er seine Aufgaben nicht redlich erfüllt. Immer wieder hatte er durch seine Soldaten die Bauern und Handwerker des Stifts plagen lassen, und sie mußten ihm mehr Abgaben entrichten als ihm eigentlich zustanden. Dies trieb Graf Friedrich so lange, bis ihm auf Betreiben der Essener Äbtissin das Vogtamt durch einen päpstlichen Erlaß entzogen wurde. Doch Friedrich gab nicht nach. Selbst der Anordnung des Papstes wollte er nicht Folge leisten, und er lehnte es ab, sein Amt niederzulegen. Ja, er trieb es immer toller, und das arme Volk hatte schwer unter seiner Willkür zu leiden. Da entschloß sich Erzbischof Engelbert, ein Vetter Friedrichs, dem unhaltbaren Zustand ein Ende zu setzen. Zuerst bat er ihn freundlich, dann befahl er ihm, sein Vogtamt niederzulegen, doch Friedrich wollte nicht hören. Schließlich einigte man sich darauf, die ganze Angelegenheit in Soest zu besprechen. Drei Tage und drei Nächte verhandelte man, doch da keiner nachgeben wollte, kam es nicht zu einer Einigung. So trennten sich schließlich Graf Friedrich und Erzbischof Engelbert zwar ohne Ergebnis, doch in der freundschaftlichsten Art und Weise. Als der Erzbischof mit seinem Gefolge in Richtung Schwelm aufbrach, wo er noch eine neue Kirche einweihen wollte, da begleitete ihn Graf Friedrich sogar noch eine längere Strecke seines Weges. Doch als der Erzbischof am Abend des 7. November beim Dörfchen Gevelsberg durch einen Hohlweg kam, wurde er hinterrücks vom Grafen Friedrich und seinen Soldaten überfallen und ermordet. Mit 47 Wunden bedeckt brachte man den Erzbischof zurück nach Köln, wo seine Leiche im Dom aufgebahrt wurde. Die Mordtat des Grafen Friedrich erregte ungeheures Aufsehen in Deutschland. Er wurde überall gesucht und mußte von der Hattinger Isenburg fliehen. Doch ein Jahr darauf wurde er in Lüttich von einer Magd, die früher bei ihm gedient hatte, an der Gewohnheit erkannt, nach dem Waschen seiner Hände diese aufeinanderzuschlagen, damit sie trockneten. Zunächst konnte Friedrich noch einmal fliehen, aber ein Ritter holte ihn ein und brachte ihn gefesselt nach Köln. Dort wurde er am 15. November 1226 vor dem Severinstor hingerichtet.

Ist die Geschichte schon zu Ende, und was hat dies alles mit der Kluse zu tun?
Nun, noch lange nach dem Tode des Grafen Friedrich wurde von der feigen Mordtat überall gesprochen und das Geschlecht der Isenberger verflucht. Dies war auch der stolzen Gräfin Isenberg zu Ohren gekommen, die einsam auf ihrem Schlosse lebte, und die nicht begreifen konnte, daß einer ihrer Verwandten sich zu so einer gemeinen Tat hatte hinreißen lassen können. Und so entschloß sich die Gräfin, ihr Schloß zu verlassen, um Buße zu tun für den Übeltäter. Sie wanderte ruhrabwärts, und in dem stillen Wald nahe der Ortschaft Rellinghausen fand sie einen Platz, der ihr für ihr Vorhaben geeignet erschien. Hier ließ sie eine kleine Kirche bauen und daneben eine Kammer (Klause), in der sie den Rest ihres Lebens zubringen wollte. In diese Kammer wurde sie auf eigenen Wunsch eingemauert. Nur ein kleiner Spalt blieb frei, durch den sie den Altar des Kirchleins sehen konnte und durch den ihr Speisen und Getränke gereicht werden konnten. So lebte sie viele Jahre mit Beten und Fasten, bis Gott sie in die Ewigkeit abberief.

Der Schatz von der Sommerburg

Als die Siedlung Margarethenhöhe angelegt wurde, errichtete man 1912 auch den „Schatzgräberbrunnen" auf dem Marktplatz. Dieser Brunnen hält bis heute die Erinnerung an den sagenhaften Schatz der Sommerburg wach, nach dem hier Generationen gesucht haben.
Man geht heute davon aus, daß die Sommerburg tatsächlich existiert hat. Vermutlich handelte es sich um eine sogenannte „Motte", eine kleine Festungsanlage, die auf einem von Wasser umgebenen Hügel lag und zusätzlich durch eine Holzpalisade geschützt war. Die Sommerburg soll in der Nähe der heutigen Lührmannstraße gelegen haben. In Essen-Stadtwald sind übrigens noch die Reste der alten Motte Vittinghoff an der Vittinghoffstraße gegenüber dem Waldorf-Seniorenheim zu sehen.
Der Sage nach war die Sommerburg durch einen unterirdischen Gang mit dem Stenshof verbunden, einem Fachwerkhaus, das auf dem Gelände des heutigen Grugaparks stand. In die nördliche Giebelecke des Stenshofes war ein turmartiger Baukörper einbezogen, den man früher wegen seiner Ähnlichkeit zum Turm des Silberkuhlshofes, wo man im 15. und 16. Jahrhundert in der „Silberkuhle" Silber und Blei abgebaut hatte, ebenfalls für einen Zeugen des frühen Erzabbaus gehalten hatte. Als nun 1962 der Stenshof abgerissen wurde, stellte sich zu aller Überraschung heraus, daß es sich bei dem alten Baukörper um einen Wohnturm handelte, der aller Wahrscheinlichkeit nach aus dem 12. Jahrhundert stammt. Man nannte ihn „Romanisches Haus" und restaurierte ihn. So ist er erhalten geblieben und kann innerhalb des Grugaparks als bedeutendes mittelalterliches Profanbauwerk besichtigt werden.
Doch zurück zur Sommerburg, um die sich alte Geschichten ranken, die immer wieder die Phantasie der Menschen entzündet haben:

* * *

Der Schatzgräberbrunnen

Es war zu einer Zeit, als es noch Wölfe und Bären in unserer Heimat gab, die sich auch gern in der Nähe der Sommerburg herumtrieben. Jedermann fürchtete die wilden Tiere, nur nicht der Graf von der Sommerburg, der so stark war, daß er mit bloßen Händen einen Wolf erwürgen oder nur mit einem Messer einen Bären töten konnte.
Eines Tages zog er in den Krieg. Lange blieb er fort. Als er aber endlich zurückkehrte, brachte er eine junge schöne Frau mit, deren fremdländisches Aussehen die Einheimischen mit Mißtrauen erfüllte. Braune Haut hatte sie, eine feine, etwas orientalische Nase, große glänzende Augen und pechschwarzes Haar.
Der Graf von der Sommerburg liebte seine junge Frau abgöttisch — einen Sommer lang. Dann kam der Herbst, und wie es oft so geht, verschwand der Reiz des Neuen; der Graf kümmerte sich immer weniger um seine Frau, die bald von Heimweh geplagt und immer einsamer wurde. Lange konnte sie an einer Fensteröffnung sitzen und den Vögeln nachsehen, die frei und unbehelligt in den Süden zogen, wo ihre Heimat lag. Schließlich, als für sie keine Hoffnung mehr bestand, die Liebe ihres Mannes zurückzugewinnen oder wenigstens zu ihrer Familie zurückzukehren, nahm sie ihren Brautschatz, ein goldenes Spinnrad und einen Kessel voller Gold und Perlen und stürzte sich in einen Sumpf in der Nähe der Sommerburg. Noch heute liegt ein schwerer Stein auf ihrem nassen Grab, den keine hundert Pferde fortbewegen können.

* * *

Diese alte Sage führte dazu, daß in der Vergangenheit oft von Irrlichtern erzählt wurde, die über dem Grab der schönen Fremden schwebten; auch schwarze Katzen sollen sich gern in seiner Nähe herumgetrieben haben. Die geheimnisvolle Geschichte von dem goldenen Spinnrad spukte so sehr in den Köpfen der Rüttenscheider und Holsterhauser Bauern herum, daß sie 1860 tatsächlich in den Sommerburgwald zogen und nachgruben, um den sagenhaften Schatz zu heben. Und tatsächlich fanden sie einen großen Stein, unter dem einige verrottete Reste von Eichenbalken lagen. — Keine Spur natürlich von einem Schatz. Immerhin sorgte das Unternehmen damals für so viel Aufsehen, daß sich noch Jahrzehnte später um die Jahrhundertwende bei den Rüttenscheider und Holsterhauser Bauern der Brauch entwickelte, in jedem Jahr an einem Vollmondabend im Mai in den Sommerburgwald zu ziehen, dort einige Spatenstiche zu machen, die die Schatzsuche symbolisierten, und anschließend ein feucht-fröhliches Fest zu feiern. Dieser Brauch ist längst verlorengegangen, nicht aber die Sage, die sich aus der mißglückten Schatzsuche von 1860 entwickelte:

* * *

Ganz in der Nähe der alten Sommerburg lag ein großer und tiefer Weiher. Als nun einst Kriegsstürme im Lande tobten, wurde auch die Sommerburg erobert. Ihre Bewohner hatten zwar das nackte Leben retten können, doch alle ihre Schätze fortzutragen, dazu hatten sie keine Zeit mehr gehabt. Deshalb nahmen sie ihre Kostbarkeiten und versenkten sie im nahen Weiher. Zahllose Ringe, Ketten und anderes Geschmeide, gar nicht zu reden von den vielen Gold- und Silbermünzen, fanden so den Weg in die nasse Tiefe. Auch das berühmte goldene Spinnrad der Gräfin von der Sommerburg mußte hier versteckt werden. Viele Jahrzehnte blieb der Schatz verschwunden, und so sehr man sich auch bemühte, er war nicht wiederzufinden. Böse Stimmen munkelten, daß es der Teufel selbst sei, der zum Hüter des Schatzes bestimmt worden sei. Der Satan habe einen riesengroßen Stein über die im Wasser ruhenden Kostbarkeiten gerollt. Ein böser Zauber halte den Stein fest, und keine Menschenkraft könne ihn von der Stelle bewegen.
Da eines Tages hörte ein junger Bauer von unserer Geschichte, die man sich nur hinter vorgehaltener Hand weitererzählt hatte. Dieser war nicht nur mutig, sondern auch überaus habgierig, und die Vorstellung, daß dort im Wasser ein unermeßlicher Schatz liege, der nur darauf warte, von ihm gehoben zu werden, ließ ihn nicht ruhen noch rasten. Viele Stunden wanderte er auf seinem Hofe hin und her und überlegte, wie er es wohl anstellen könne, den riesigen Stein aus dem Wege zu schaffen, unter dem der Reichtum verborgen sein sollte. Immer

wieder ging er zu dem verzauberten Weiher und starrte stundenlang in die schwarze Tiefe des Wassers, bis er in einer mondhellen Nacht das steinerne Ungetüm für einen kurzen Augenblick erkennen konnte. Nun wußte er, an welcher Stelle der Stein lag!
Schon am nächsten Tag zog er mit zwanzig Knechten und vierzig Pferden zum Weiher. Nachdem sie angekommen waren, standen alle um die Stätte des vermeintlichen Glücks herum, doch niemand wagte es, an dem geheimnisvollen Ort ein Wort zu reden. So hatte es der Bauer auch seinen Knechten aufgetragen, denn in einem alten Zauberbuch hatte er gelesen, daß der Teufel nur dann überlistet werden könne, wenn dies in gänzlichem Schweigen geschehe. Schließlich machte man sich beherzt ans Werk. Nur die Ketten klirrten leise, die man um den Stein gewunden hatte, und hin und wieder war das leise Schnauben eines der Pferde zu hören. Auf ein Zeichen des Bauern hin zogen die Pferde langsam an — und oh Wunder, der Stein begann sich von der Stelle zu bewegen! Er zitterte, bebte, wankte und fing an, sich zu heben. Alle starrten gebannt in die Tiefe, wo sie in jedem Augenblick das Glitzern des goldenen Schatzes zu sehen erwarteten. Da unterbrach ein Knecht die unheimliche Stille, indem er triumphierend rief: „Jetzt haben wir ihn!"
Doch hätte er besser nicht gesprochen! Denn aus der Tiefe des Wassers erdröhnte plötzlich eine Donnerstimme, ein Schrei voll Wut und Zorn! Die schweren Ketten rissen. Die Pferde wurden wild, bäumten sich hoch auf und schlugen mit den Hufen so gewaltig aus, daß die Funken sprühten.
Furcht und Grauen bemächtigte sich der Schatzräuber. Schleunigst verließen sie die Stätte des Schreckens und Entsetzens und eilten, so schnell sie konnten, nach Hause.
Der Stein aber war durch das Geschehen noch tiefer in den Weiher gerollt, und bis auf den heutigen Tag hat kein Menschenauge ihn mehr erblickt.

Die Gründung von Werden

Nach wie vor ist Werden einer der schönsten Orte an der Ruhr. Obwohl es heute zu Essen gehört, darf man Werden getrost noch als ein eigenes kleines „Städtchen" bezeichnen. Besonders stolz ist man in Werden auf die prächtige alte Abteikirche, in deren Krypta die Gebeine des heiligen Liudger seit vielen hundert Jahren ruhen. Liudger, geboren im Jahre 744, stammte aus einem edlen friesischen Geschlecht und hatte sein Leben ganz der Verbreitung des Christentums gewidmet. Auch der Dom zu Münster in Westfalen verdankt seine Gründung dem heiligen Liudger. In den Jahren 796 bis 799 erwarb Liudger durch Schenkung, Kauf und Tausch Land an der Ruhr in Werden, und im Jahre 800 begann er, hier, in der Grenzgegend zwischen Sachsen und Franken, ein Benediktinerkloster und eine Kirche zu errichten.
Es ist zweifelhaft, ob der heilige Liudger wirklich völlig unbesiedeltes Land betrat, als er Werden „gründete". Mit Sicherheit kann nicht ausgeschlossen werden, daß hier bereits eine kleinere Siedlung vorhanden war. Jedenfalls aber kann er als Begründer Werdens angesehen werden.
Die Sage kennt solche Zweifel nicht. Die wundersame Gründung von Werden ist bis zum heutigen Tage in unterschiedlichster Form immer wieder weitererzählt worden. Doch an dieser Stelle soll die Geschichte so wiedergegeben werden, wie sie von einem friesischen Mönch um 850 in Werden aufgeschrieben worden ist:

* * *

„. . . Es gab dort am Flusse Rura ein Tälchen, von Baumschatten und Waldesdickicht ringsum abgeschlossen; dort schlugen Liudger und seine Begleiter ihre Zelte auf und bestimmten, daß am Morgen zuerst die Bäume gerodet und der Platz für den Bau der Gebäude gesäubert werden sollte, wenn irgend die Möglichkeit dazu gegeben sei. Daß aber das geschehen könne, schien ihnen überhaupt unmöglich; sie bemühten sich daher auch, den seligen Mann (Liudger) von seiner Absicht ganz abzubringen und sagten, es scheine gänzlich unglaubhaft, daß jener Ort bewohnbar werden könne, weil durch das Baumdikkicht und das Astgewirr selbst der Himmel verdeckt werde. Doch jener setzte seine Hoffnung auf den Herrn und sprach: „Was den Menschen unmöglich ist, ist Gott möglich." So erhoben sie sich in der folgenden Nacht zeitiger zum Gottesdienst und legten sich alsbald wieder zur Ruhe. Als er aber schon alle schlafen glaubte, erhob sich Liudger leise und verließ das Zelt und begab sich um zu beten ein wenig abseits. Und weil einer der Geistlichen seiner Zeltgemeinschaft namens Thiabald zu dieser Stunde wach war, folgte er ihm sogleich nach draußen. Das merkte bald der Mann Gottes und blieb einen Augenblick stehen, wie um nach der Stunde zu schauen, dann ging er in das Zelt zurück, wartete, daß jener wieder einschlief und ging zum zweiten Mal nach draußen. Indes folgte ihm erneut der Geistliche, den wir genannt haben, auf dem Fuße. Da nun zum zweiten Mal sein Gebet unterbrochen war, befahl er dem Geistlichen, sich wieder niederzulegen und nicht vor Morgen aufzustehen. Er selbst auch, um dessen Neugier zu täuschen, legte sich zur Ruhe. Nachdem er eine Weile gewartet hatte und schon niemanden mehr wach glaubte, stand er zum dritten Mal auf und warf sich draußen unter einen Baum zum Gebet nieder. Da aber nun der erwähnte Geistliche ihm nicht gegen die Vorschrift seiner Autorität zu folgen wagte und doch unbedingt auskundschaften wollte, was jener beabsichtigte, hob er die Zeltplane bei seinem Lager hoch und sah ihn im Gebet versunken. Es war nämlich auch eine Nacht, erhellt von Mond- und Sternenlicht.

Als er dieserart sehr lange gebetet hatte und sich durch den Geist von Gott erhört wußte, kehrte er in das Zelt zurück, ohne Wissen aller, so glaubte er. Es änderte sich alsbald die Heiterkeit des Himmels, es verdunkelte sich der Mond, es schwanden die Sterne und ein unregelmäßiger Wind erhob sich, dem ein ungeheures Unwetter folgte. Es stürzten die bejahrten Stämme ringsum und zum großen Entsetzen aller stritten selbst die Elemente für den Diener Gottes. Als sie bereits in der Morgendämmerung aufstanden, sahen sie, daß der Wald überall entwurzelt war und für die Gründung des Klosters einen Platz freigegeben hatte, breit genug dafür, und daß die Bäume, die überall herumlagen, eine genügende Menge Holz für den Bau boten. Wenige Sträucher und kleinere Büsche waren stehengeblieben, die von den Arbeitern leicht entweder ausgerissen oder geschlagen werden konnten. Daher mahnte der heilige Liudger, als es heller Tag geworden war, die Seinen, die restliche Arbeit anzufassen und fragte sie voll Dankbarkeit, ob sie jetzt den Himmel von dieser Stelle aus glaubten sehen zu können . . ."

* * *

Soweit der Chronist aus dem 9. Jahrhundert. Im Laufe der Zeit ist die Begebenheit noch erweitert worden: so soll nur der Baum, unter dem Liudger gebetet hatte, vom Unwetter verschont geblieben sein, und Liudger soll später den Wunsch geäußert haben, an eben dieser Stelle begraben zu werden.

Liafburga, die Mutter Liudgers

Die Liafburgastraße in Rellinghausen hat ihren Namen nach dem Kohleflöz „Liafburga" der 1958 stillgelegten Zeche Gottfried Wilhelm im Schellenberger Wald. Das Flöz wiederum war nach Liafburga benannt, der Mutter des Werdener Klostergründers Liudger. Von Liafburga erzählt eine uralte Legende, die in dem Sagenzyklus um Liudger nur selten wiedergegeben ist:

* * *

Als Liafburga geboren worden war, lebte — was im 8. Jahrhundert ungewöhnlich war — die Mutter ihres Vaters noch. Diese war eine Heidin und hatte wenig Achtung vor dem menschlichen Leben. Empört darüber, daß ihre Schwiegertochter keine Söhne, sondern nur Töchter zur Welt brachte, befahl sie, das Neugeborene, noch ehe es an die Brust gelegt werden konnte, zu töten. Eine Dienerin, der es übergeben wurde, warf es in einen vollen Wassereimer. Aber die Kleine hielt sich mit ihren Händchen am Rande des Gefäßes so fest, daß sie nicht untersank. Eine Nachbarsfrau, vermutlich von der Mutter nachgesandt, entriß das Kind der Todesgefahr, eilte damit in ihr Haus, das sie hinter sich verschloß, trug es in eine Kammer und flößte ihm Honig ein.
Bald darauf erschienen die von der Großmutter nachgesandten Diener, wiederum mit dem Befehl, das Neugeborene zu töten. Die Nachbarsfrau aber zeigte ihnen den Säugling mit dem Bemerken, daß er bereits irdische Speise zu sich genommen habe und sich noch den Honig von den Lippen lecke. Nun war das Umbringen nicht mehr erlaubt. Folglich entfernten sich die Diener und ließen das Kind bei der Frau, die es mit Milch, die durch ein Ochsenhorn von ihm eingesogen wurde, nun großzog.
Als die Großmutter gestorben war, nahmen die Eltern ihre Tochter wieder zu sich; sie wuchs heran, heiratete den edlen Friesen Thiadgrim und wurde so die Mutter der beiden Bischöfe Liudger und Hildegrim.

Land für das Kloster Werden

Im 9. Jahrhundert diente die Werdener Abtei zur Ausbildung von Missionaren für das hier angrenzende Sachsenland und entwickelte sich bald zu einem wichtigen kulturellen Zentrum. Der berühmte „Heliand", die altsächsische Evangeliendichtung, wurde hier zu jener Zeit aufgezeichnet. Wahrscheinlich wurde sie hier sogar verfaßt. Ein weiteres Prunkstück der Klosterbibliothek war der sogenannte „Codex argenteus", die silberne Gotenbibel. Im Jahre 341 wurde Wulfila in Nikodemia (in der Nähe des heutigen Istanbul) zum Bischof der gotischen Christen geweiht. Bis zu seinem Tode (383) missionierte und predigte er für die auf dem Balkan lebenden Westgoten. Sein Lebenswerk war eine Übersetzung der Bibel aus dem Griechischen ins Gotische, also zum erstenmal in eine germanische Sprache. Zu diesem Zweck mußte Wulfila erst einmal eine Schrift erfinden, die er aus griechischen und römischen Schriftelementen sowie aus Runen zusammensetzte. Im 6. Jahrhundert erschien in Oberitalien eine prunkvolle Abschrift des Wulfilatextes in silbernen und goldenen Buchstaben, und dieses überaus wertvolle Exemplar gelangte ausgerechnet nach Werden – ein Zeichen dafür, welch bedeutende Rolle die Abtei früher spielte. Im 16. Jahrhundert verkauften die Werdener Mönche das schönste Stück ihrer Bibliothek an Kaiser Rudolf II. Nach vielen Irrfahrten gelangte der Codex argenteus schließlich nach Schweden; dort befindet er sich noch heute in der Universitätsbibliothek von Uppsala.
Die folgende Geschichte führt zurück in die Zeit, als Liudger noch damit beschäftigt war, die Klostergebäude errichten zu lassen.

* * *

Es war in den ersten Jahren des 9. Jahrhunderts, als die Mönche, die dem Ruf Liudgers nach Werden gefolgt waren, die erste kleine Kirche an der Stelle, wo heute die stolze Abteikirche steht, fast fertiggestellt hatten. Nur noch die Glocke fehlte.

Der Ludgerus-Brunnen vor der Werdener Abteikirche

Eines Abends saßen alle auf dem Bauernhof Diepenbeck, der zu Liudgers Besitz gehörte, zusammen und besprachen die Arbeit des nächsten Tages, als sich auch ihr Bischof zu ihnen gesellte.
„Bald müssen wir die Klostergebäude in Angriff nehmen", sinnierte Liudger, „nur weiß ich noch nicht, wo wir das Holz schlagen sollen. Am besten geeignet wäre der Wald auf dem Altenberge. Dorthin ist es nicht weit, und die Stämme sind gerade und stark."
„Nun, den Altenberg werdet Ihr nicht bekommen", antwortete ein Mönch, „der gehört zum Hof Oefte. Der Bauer ist Heide; der wird ihn niemals abgeben."
„Nur Geduld", antwortete Liudger, „laßt erst einmal die Glokken läuten."
Bald darauf tönte die Glocke der Werdener Kirche durch das Tal, und schnell versammelten sich alle Bauern der Umgegend, um dem ungewohnten Geräusch und dem festlichen Gesang der Mönche zu lauschen, der plötzlich verstummte. Die Kirchentüre öffnete sich und heraus trat Liudger, der über die wartende Menge blickte und zu sprechen begann:
„Der Klang unserer Glocke hat euch hierher gerufen. Wir sind nicht als Feinde, sondern als Freunde zu euch gekommen. Wir wollen euch helfen. Die Sümpfe dort an der Ruhr wollen wir mit euch entwässern, den Wald gemeinsam roden. Fruchtbares Land soll hier werden. Obstbäume können wir veredeln. Auch neue Gartenpflanzen haben wir mitgebracht. Seid ihr krank, so ruft uns. Feste Häuser wollen wir bauen und mit einer Mauer umgeben. Wenn Krieg ausbricht, ist das unser aller Schutz. Deshalb bitte ich euch alle, auch uns zu helfen. Wir brauchen noch Land. Es soll euer Schaden nicht sein!"
Unruhe entstand unter den Zuhörern. Einige verhielten sich zustimmend, andere lehnten die Bitte des Bischofs um Hilfe unmißverständlich ab.
Nun erkannte Liudger den Bauern von Oefte. Er trat auf ihn zu und sprach ihn an:
„Willst Du uns nicht den Wald auf dem Altenberg geben?"
„Niemals!" lautete die schroffe Antwort.
Liudger blieb ruhig. Er sagte nur:

„Wenn ich Dir einmal helfen kann, dann denke an mich."
Er grüßte und segnete alle, bevor er in die Kirche zurückkehrte. Ein Jahr verging, in dem die Mönche fleißig arbeiteten und von vielen Bauern der Umgegend unterstützt wurden. Eines Tages wurde der Bauer von Oefte krank; niemand wußte, woran er litt. Das Fieber, das ihn befallen hatte, wurde immer stärker. Als man schließlich seinen baldigen Tod befürchtete, holte man Liudger, der sich den Kranken ansah, einen Trank aus mitgebrachten Kräutern bereiten ließ und ihn dem Bauern einflößte. Bald fiel dieser in einen ruhigen und heilenden Schlaf. Als er erwachte, fühlte er, daß das Fieber besiegt worden war. Dankbar ergriff er die Hand Liudgers, der an seinem Bett gewacht hatte, und sagte ganz leise: „Der Wald auf dem Altenberg, der gehört von nun an Eurem Kloster."

Liudger und die Gänse

Viele Abbildungen des heiligen Liudger aus alter Zeit zeigen ihn zusammen mit einer Schar Gänse. So finden wir vor seinem Grab in der Abteikirche zwei in Stein gehauene Gänse. Auch auf alten Werdener Münzen sieht man neben Liudger diese Tiere. Aus neuerer Zeit ist der „Ludgerusbrunnen" auf dem Werdener Marktplatz zu erwähnen; hier ist das Standbild Liudgers ebenfalls von Gänsen umgeben.
Diese vielen Gänsedarstellungen haben ihren Ursprung in einem Wunder, das man sich schon in sehr alter Zeit von Liudger erzählte:

* * *

Einst kam Liudger zu einem Bauernhof bei Billerbeck im Münsterland. Dort sprach ihn ein Bauer an und klagte ihm sein Leid:
„Ach Herr, ich bin ein arbeitsamer Mann. Tag für Tag bestelle ich fleißig meine Äcker, doch kaum gelingt es mir, zum Lohn die Ernte einzubringen. Die Gänse verwüsten immer wieder die wohlbebauten Felder. Was immer ich säe, sie fressen es gleich wieder auf. Auch die sprossenden Gräser reißen sie ab. Ich bin ganz unglücklich über den bösen Fluch, der von den Tieren ausgeht."
Als Liudger dies hörte, sprach er zu dem Bauern:
„Warum befiehlst Du den Tieren nicht einfach, in den Stall zu gehen, und sperrst sie dort so lange ein, bis sie Besserung versprechen?"
Der Bauer glaubte zuerst, der Bischof habe nur Spaß gemacht und seine Bemerkung gar nicht ernst gemeint. Doch als er die Gänse wieder auf seinem Acker sah, rief er ihnen zu, ohne sich etwas dabei zu denken:
„Kommt alle in den Stall, Liudger befiehlt es euch!"
Als die Gänse dies hörten, hoben sie ihre Köpfe, als ob sie die Worte verstehen könnten, und dann – ja dann watschelten sie folgsam eine nach der anderen in den Stall, wie es ihnen befoh-

len worden war. Der verdutzte Bauer glaubte, seinen Augen nicht trauen zu dürfen.

Als Liudger am folgenden Tage wiederkam, begrüßte ihn der Bauer voll Dankbarkeit. Der Bischof ging sodann in den Gänsestall, segnete die Tiere und trug ihnen auf, nie wieder die Äcker zu zerstören, und so geschah es.

Der umgedrehte Kopf

In alter Zeit wohnte in der Werdener Gegend ein reicher Bauer mit Namen Wigmar, der ausgedehnte Güter besaß, zu denen auch das stattliche Gehöft „Uveta" (hieraus leitet sich der Name „Oefte" her) gehörte, das ringsum von großen Ländereien umgeben war. Der heilige Liudger benötigte einen Teil des Landes, um für die von ihm gegründete Abtei genügend Ackerfläche zu haben. Also ging er zu dem Bauern und versprach ihm eine ansehnliche Geldsumme, wenn er ihm das gewünschte Land verkaufen würde. Der Bauer ging auf diesen Vorschlag ein, und bald wurde der Kaufvertrag in Gegenwart vieler Zeugen abgeschlossen.
Nicht lange dauerte es, da bereute Wigmar, der von seinen Freunden aufgehetzt war, den Verkauf und zögerte, das Besitztum freizugeben. Da sandte Liudger wiederholt Boten zu dem Bauern und ließ ihn bitten, seinen vertraglichen Verpflichtungen nachzukommen. Vergebens! Wigmar blieb bei seiner Weigerung. Zuletzt machte sich Liudger selbst auf den Weg, und er traf den Bauern auf seinem Gute Uveta im Kreise seiner Verwandtschaft an. Alle starrten den eintretenden Bischof mißtrauisch an und erwiderten seinen Gruß nur mürrisch. Liudger achtete aber nicht darauf und machte ruhig und gelassen sein gutes Recht geltend. Wigmar ließ sich aber nicht dazu bewegen, den Vertrag zu erfüllen, zumal auch seine Verwandten gegen den Bischof Stellung nahmen.
Einer der Verwandten wagte es sogar, Liudger in höhnischem und frechem Ton zu schmähen und rief: „Was will der Fremdling hier? Weshalb streckt er seine Hand nach fremdem Land aus?" Da blickte Liudger den Sprecher ganz vorwurfsvoll an, worauf jener erschreckt den Kopf abwandte, damit man ihn nicht erkennen sollte. Da aber geschah etwas Schreckliches! Der Kopf erstarrte und konnte nicht wieder nach vorn bewegt werden. Der bestrafte Spötter mußte ihn so bis an sein Lebensende tragen.
Alle, die das grausige Gesicht sahen, erschraken heftig. Wigmar sah ein, daß er unrecht getan hatte, und sogleich gab er die verkauften Ländereien frei.

Der auferstandene Mönch

Das Kloster Werden wuchs dank der Schaffenskraft des Gründers Liudger und seiner Mönche rasch zu einer stattlichen Größe heran. Liudger wirtschaftete klug, und so war er nicht allein auf Schenkungen angewiesen, sondern konnte weit über das Werdener Gebiet hinaus Land erwerben, das Jahr für Jahr neue Erträge für das Kloster erbrachte. So hatte Liudger auch im Hespertal neues Land angekauft. Die liebliche Gegend dort gefiel ihm besonders gut, und so ließ er am Hesperbach ein kleines Gotteshaus bauen. Doch hatten die Mönche neben ihrer schweren Arbeit keine Zeit, sich um die Kapelle zu kümmern, die im Laufe der Jahre wieder verfiel und bald vergessen wurde.

Doch eines Tages erinnerte sich Liudger wieder an das Gotteshaus im Hespertal, und so schickte er den Mönch Brunricus dorthin, um es wiederherzustellen. Brunricus ging tatkräftig ans Werk, und bald war die Kapelle wieder hergerichtet. Unmittelbar neben ihr baute Brunricus einen Altar unter freiem Himmel. Hier in der Einsamkeit der stillen Waldwildnis feierte er gern den Gottesdienst und kümmerte sich um die nahegelegenen Äcker des Klosters.

Eines Tages zogen gottlose Menschen durch das Hespertal. Als sie den Mönch Brunricus sahen, wie er an dem neuen Altar das Meßopfer feierte, beschlossen sie, ihn zu töten. Sie begannen, einen Baum zu fällen, der unweigerlich den Priester erschlagen mußte. Brunricus bemerkte ihr Vorhaben, ließ sich aber keineswegs in seinen heiligen Handlungen stören. Und wie durch ein Wunder fiel der Baum so glücklich, daß er weder Brunricus noch den Altar streifte.

Als die Verbrecher dies sahen, stürzten sie sich auf Brunricus und durchbohrten ihn mit langen Spießen. Der Mönch sank nieder, und sein rotes Blut färbte den Stein des Altars.

Nun rafften die Mörder schnell alle wertvollen Geräte und Gefäße aus der Kapelle zusammen. Den Mönch warfen sie in den Hesperbach; sie hofften, das Wasser werde ihn forttragen und die Spuren ihres schändlichen Tuns verwischen. Dann

wandten sie sich ab, um mit ihrer Beute weiterzuziehen. Als sie sich aber noch einmal umblickten, blieben sie schreckensstarr stehen: der Mönch erhob sich aus dem Bach und ging schwankend auf sie zu. Da schrien sie auf, warfen das Geraubte fort und flohen in das dichte Unterholz des Waldes. Dort verbargen sie sich und wagten nicht mehr, das Dickicht zu verlassen, so daß sie dort nach kurzer Zeit kläglich starben.
Brunricus aber gelang es, sich schwerverletzt zum Werdener Kloster zu schleppen, wo er von den Mönchen bald wieder gesund gepflegt wurde und noch viele Jahre im Dienste des Herrn verbringen konnte.

Liudgers Tod

Nachdem der heilige Liudger am 26. März des Jahres 809 in Billerbeck gestorben war, brachte man seine Gebeine nach Münster in Westfalen. Wie überall, so trauerten auch dort die Menschen um ihren geliebten Hirten. Als die Trauermesse vorüber war, bettete man den Verstorbenen in einen reichverzierten Sarg und begrub ihn in Münster nahe der von ihm erbauten Kirche.
Aber der Tote konnte und wollte hier keine Ruhe finden. An jedem Morgen sahen die Münsteraner mit Verwirrung und Schrecken, daß der Sarg wieder aus dem Grab hervorgekommen war, und eine Stimme rief: „Hier will ich nicht begraben sein!"
Da holte man zwei kräftige Ochsen herbei und spannte sie vor einen Wagen, auf den man den Sarg mit dem Leichnam Liudgers legte. Und siehe da! Ohne daß sie einen Führer benötigten, setzten sich die Tiere in Bewegung und zogen den Wagen fort, so zielstrebig, als ob sie wüßten, wohin sie bestellt worden seien. Ohne Unterlaß mühten sich die beiden Ochsen mit dem schweren Gefährt viele Tage lang durch unwirtliches Gelände. Ihnen folgte eine lange Prozession von Gläubigen, die das Wunder mit ansehen wollten.
Schließlich kam das Ochsengespann nach Werden. Hier hatten schon seit Tagen die Glocken geläutet, ohne daß sie jemand in Bewegung gesetzt hätte. Genau vor der Abteikirche blieben die Ochsen stehen. Da erkannte man, daß der Heilige hier, wo er das Kloster erbaut und als erster Abt gewirkt hatte, ruhen wollte und übergab an dem Ort, wo die Ochsen haltgemacht hatten, seine Gebeine der Erde.
Alle Felder, durch die der Leichenwagen gefahren war, wurden in diesem Jahr mit einer überaus reichen Ernte gesegnet. Über Liudgers Grab zeigte sich oft bei nächtlicher Stille eine helle Lichtsäule, die die ganze Gegend beleuchtete, und durch die feierlich erhellte Nacht ertönte wunderbar der Jubel der Turmglocken, ohne daß eine menschliche Hand sie berührt hätte.

Detail des Bronzeschreins von Prof. Gernot Rumpf, in dem seit 1984 die Gebeine des heiligen Liudger ruhen

So liegt der heilige Liudger noch heute in der Werdener Abteikirche begraben. Seit dem Jahre 1127 wird alljährlich am ersten Sonntag im September sein Sarg in einer feierlichen Prozession durch die Werdener Straßen getragen.

Das Wunder von Werden

Unsere Geschichte beginnt in der alten Stadt Soest. Vor langer Zeit versammelten sich hier viele vornehme Westfalen, um ein großes Festmahl zu feiern. Nachdem sie fleißig gezecht und getafelt hatten, opferten sie ihren Göttern und beteten zu ihnen.

Da trat der heilige Suederus zu ihnen und bat sie, von ihrem Götzendienst abzulassen. Er erzählte von der Macht Gottes und von den Wundern, die sein Sohn Christus getan hatte. Als die trunkenen Westfalen bemerkten, daß Suederus Christ war, erbosten sie sehr. Sie schlugen und peinigten ihn auf grausame Weise und rissen ihm schließlich die Zunge heraus, damit er seinen christlichen Glauben nicht weiter verkünden könne. Dann stießen sie ihn fort.

Voller Freude über ihre böse Tat begaben sie sich wieder an die Festtafel, um weiter zu schmausen. Wie erschraken sie aber, als sie sahen, daß alle Speisen zu Stein geworden waren. Und plötzlich konnten sie einander auch nicht mehr sehen; alle hatten ihr Augenlicht verloren. Blind und verzweifelt irrten sie im Raume umher, stießen einander mit den Köpfen und wußten nicht mehr ein noch aus.

Da begriffen sie, daß sie unrecht getan hatten gegen Christus und seinen Diener Suederus. Schmerzerfüllt ließen sie Suederus suchen, doch niemand wußte, wo er sich hinbegeben hatte. Schließlich fand man ihn betend auf einer Lichtung im Walde. Die Übeltäter eilten dorthin und baten ihr Opfer flehentlich um Vergebung. Großmütig verzieh ihnen der fromme Mann. Er versprach sogar, daß er ihnen ihr Augenlicht wiedergeben werde, wenn sie mit ihm zusammen eine Wallfahrt zum Grabe des heiligen Liudger in Werden unternehmen würden. Dazu waren alle mit Freuden bereit, und schon am nächsten Tage machte man sich auf den Weg.

Die Wanderung nach Werden war lang und beschwerlich. Nur mühsam kam der Zug voran, weil die Blinden geführt werden mußten und immer wieder auf dem steinigen Weg durch das Bergische Land stolperten und zu Fall kamen.

Doch schließlich gelangte man nach Werden. Sofort begaben sich alle zur ehrwürdigen Abteikirche. Am Grabe des heiligen Liudger fielen sie auf die Knie, und es dauerte nicht lange, bis sie auf die innige Fürbitte Suederus' hin wieder sehend wurden.
Aber auch der heilige Suederus empfing seine Zunge zurück. Als dieses Wunder bekannt wurde, traten viele Westfalen zum christlichen Glauben über und ließen sich taufen.

* * *

Vermutlich handelt es sich bei dem in der Sage genannten Suederus um den aus sächsischem Adel stammenden heiligen Suitger (Suitgerus, Sweder, Switger), Bischof von Münster, der bis zu seinem Tode im Jahre 1011 eine schwere Krankheit mit bewunderungswürdiger Gottergebenheit getragen haben soll.

Der Teufel und die Werdener Abteikirche

Auf alten Bildern und Kupferstichen sieht man gelegentlich, daß der Turm der Werdener Abteikirche schief steht. Wie ist dies zu erklären? Sollte sich der Maler oder Kupferstecher geirrt haben oder womöglich mit unsicherer Hand gearbeitet haben? Nun, eine alte Geschichte erzählt uns hierzu folgende Begebenheit:

* * *

Als die Werdener Abtei emporblühte und reichen Segen in der Umgebung verbreitete, verdroß dies den Teufel, und er beschloß, das Gotteshaus zu vernichten. In einer dunklen, stürmischen Nacht sollte es geschehen. Neben dem Brausen des Windes und dem Prasseln des Regens entstand ein Dröhnen und Krachen, ein Poltern und Lärmen, daß die Bewohner Werdens erschaudernd aus dem Schlafe auffuhren. Aber, oh Wunder! Das Unwetter hatte fast keinen Schaden angerichtet. Satan hatte seine Kraft vergeblich verschwendet; der heilige Liudger hatte sein Kloster und das Städtchen Werden wohl behütet. Nur der Turm der Kirche war schiefgebogen worden und blieb lange Zeit so stehen.

Das Schäfchen an der Abteikirche

An der Werdener Abteikirche, oberhalb der alten Krypta, kann man zu einem in Stein gemeißelten Schäfchen aufschauen, das von dort aus freundlich auf alle Besucher hinabblickt. Viele gehen achtlos vorbei, ohne das Tierchen überhaupt zu sehen. Die Werdener aber kennen die Geschichte, warum die alte Abteikirche mit einem Schäfchen geschmückt ist:

* * *

Vor langer Zeit hatte ein Dachdeckermeister den Auftrag erhalten, den Kirchturm mit neuen Schindeln zu versehen. Als er nun, in schwindelnder Höhe über den Dächern der Stadt, seiner Arbeit nachging, blieben viele Menschen auf der Straße stehen, hoben die Hände über die Augen, um sich vor dem strahlenden Sonnenlicht zu schützen, und schauten zu dem mutigen Handwerker auf, der einsam da oben den Turm verschönte. Manch einer hielt den Atem an, und viele gingen in die Abteikirche, wo sie am Grabe des heiligen Liudger Schutz für den Dachdeckermeister erbaten.

Währenddessen zog ein Schäfer mit seiner Herde durch die Hauptstraße von Werden. Dies geschah jeden Tag, und die Schafe kannten den Weg so gut, daß der Schäfer sie niemals anzutreiben brauchte; sie wußten selbst, wo sie entlangzugehen hatten. Wie erstaunt aber war der Schäfer, als die ganze Herde plötzlich an der Abteikirche stehenblieb. So viel der Schäferhund auch bellte und der Schäfer selbst sie anspornte, die Schafe rührten sich nicht mehr von der Stelle. Da plötzlich! – Ein Aufschrei aus der Menge. Der Meister war abgerutscht! Seine Hand griff ins Leere, er blieb ohne Halt und fiel vom hohen Kirchturm herab. Jedermann glaubte, daß der arme Mann nun mit zerschmetterten Knochen vor der Kirche liegen werde. Doch als die Leute an der Absturzstelle zusammenliefen, fanden sie den Dachdeckermeister bleich, aber unverletzt. Dort, wo man ihn abstürzen sah, lag nun ein totes Schaf, das dort stehengeblieben war, um den Sturz des Handwerkers abzufangen. Für sein Leben hatte es sich geopfert.

Schäfchenrelief an der Werdener Abteikirche

Die Menschen sahen in dieser Begebenheit ein Wunder des heiligen Liudger, der seinen Schutz nicht versagt hatte. Aus Dankbarkeit errichteten sie das steinerne Abbild des Schäfchens an der Kirchenfassade, wo es noch heute an das wunderbare Ereignis erinnert.

Die Schweden in Werden

Auch die Bevölkerung von Werden hatte während des Dreißigjährigen Krieges oft unter Überfällen oder Einquartierungen fremder Truppen zu leiden. Als wieder einmal der Ruf ertönte „Die Schweden kommen!" und vom Viehauser Berg bereits Pferdegetrappel und Waffengeklirr zu hören war, da packten die Werdener in aller Eile die nötigste Habe zusammen und flohen in den dichten Wald des Pastoratsberges. Auch die Mönche der Abtei mußten vor dem herannahenden Feind weichen. Schnell versteckten sie die wertvollsten Meßgeräte und die schönsten Schriften ihrer berühmten Bibliothek und entfernten sich ebenfalls aus der Stadt.
Als der wüste Haufen schwedischer Landser nun in Werden einzog, fanden sie niemanden, der ihnen Widerstand geleistet hätte. Verlassen lagen alle Häuser und Straßen. Keine Kirchglocke wagte, die Stunde auszurufen, kein Hundegebell war zu vernehmen; selbst das Zwitschern der Vögel war verstummt. Nur das stete Rauschen der nahen Ruhr hallte in den menschenleeren Gassen wider.
Wirklich menschenleer?
Nein, ein einziger Mönch war in der Stadt geblieben. Dieser hatte den Gedanken nicht ertragen können, daß die ehrwürdige Abtei der Willkür fremder Soldaten preisgegeben werden sollte. Mutig stellte er sich also den Schweden entgegen und forderte sie auf, die Stadt bald wieder zu verlassen. Er drohte ihnen das Strafgericht Gottes an, wenn sie auch nur einen Fuß über die Schwelle der Abteikirche setzen und das Grab des heiligen Liudger entehren würden.
Von dieser furchtlosen Ansprache waren die Söldner beeindruckt. Sie wagten es nicht, die heilige Stätte zu betreten. Dennoch wollten sie nicht ohne Beute abziehen. Sie drangen also auf den Mönch ein, um ihn gefangenzunehmen. Doch dieser sprang schnell in das nächste Haus und warf das Tor hinter sich zu. Lange konnte er der Übermacht nicht widerstehen. Die Schweden brachen mit ihren Lanzen das Tor auf und setzten den Mönch fest. Sie fesselten ihn und brachten ihn auf das

andere Ufer der Ruhr, wo sie sich und ihr Opfer in einer dunklen Felsenschlucht versteckten.
Dort eröffnete der schwedische Hauptmann dem Mönch, daß er nur dann freigelassen werde, wenn seine Klosterbrüder und die anderen Werdener Bürger ein hohes Lösegeld für ihn zahlten. Der Hauptmann forderte dann seinen Gefangenen auf, einen Brief zu schreiben, mit dem die Forderung den Werdenern überbracht werden sollte. In dem Brief sollte auch stehen, daß der Mönch des Todes sein würde, wenn das Lösegeld nicht bald gezahlt werde.
Da erschrak der Mönch fürchterlich. Aber schnell faßte er sich wieder, als er merkte, daß die Schweden weder lesen noch schreiben konnten. Zwar blickten sie grimmig und drohend auf ihren Gefangenen, als diesem ein Stück Papier und eine Feder gereicht wurden. Deutlich war ihnen aber anzumerken, daß ihnen der Sinn des geschriebenen Wortes unverständlich blieb. Hierin nun sah unser Mönch die Möglichkeit der Rettung: statt die Forderungen des schwedischen Hauptmanns zu Papier zu bringen, schilderte er in dem Brief seine mißliche Lage und beschrieb zudem genau den Ort, an dem er gefangengehalten wurde.
In der Nacht ritt einer der Soldaten nach Werden zurück und heftete den Brief an das Stadttor.
Als die Werdener dies von ihrem Versteck aus sahen, kehrten sie vorsichtig zur Stadt zurück und fanden die Nachricht des Mönches. Nun beschlossen sie, alles zu versuchen, um ihren Freund zu retten. Eilends ritt ein Bote zum Herrn von Blankenstein mit der Bitte um bewaffnete Hilfe, die auch unverzüglich gewährt wurde. Bald darauf schlichen auf geheimen Wegen die Werdener und ihre Hilfstruppen zu der Stelle, die ihnen in dem Brief beschrieben worden war. Dort fanden sie tatsächlich die räuberischen Schweden, die sich völlig sicher fühlten und keine Wachen aufgestellt hatten. Nach kurzem Kampf waren die Entführer überwältigt und wurden nun ihrerseits als Gefangene im Triumphzug nach Werden zurückgebracht.
Der befreite Mönch aber hatte durch seine mutige Tat die Stadt gerettet und vor Verwüstung bewahrt. Hochgeehrt lebte er noch viele Jahre.

Die Dodelle

Der Straßenname „Dodelle" in Fischlaken wird seit jeher als „Totenlager" gedeutet. Warum dies so ist, wird in einer alten Geschichte erzählt, in der tragische Liebesbeziehungen und blutrünstiges Mordgeschehen im Vordergrund stehen. Zeit der Handlung ist das Jahr 1627, als Werden wieder einmal von schwedischen Truppen besetzt war.

* * *

Damals hatten die Schweden ihr Hauptquartier in „Haus Heck" aufgeschlagen. Nun gab es in Werden einen Bürger, dessen Namen die Zeit verwischt hat, der im Schwedenlager ein und aus ging. Er war einer jener Menschen, die mit Gott und der Welt zerfallen waren und nur eine zeitweilige Befriedigung darin fühlten, daß sie zu begangenem Bösen noch mehr Böses hinzufügten. So hatte er sich den Schweden als Kollaborateur zur Verfügung gestellt; er verriet ihnen manches Geheimnis seiner Werdener Mitbürger, und dafür wanderten viele schwedische Goldtaler in seinen Geldbeutel.

Doch die Schweden waren mißtrauisch gegenüber dem Verräter und spionierten ihm ihrerseits nach. Und eines Tages entdeckten sie, daß er des öfteren nachts zu einer kleinen abgelegenen Hütte außerhalb von Werden schlich. Dort hielt er seine einzige Tochter, eine junge Frau von blühender Schönheit, versteckt, um sie vor Belästigungen durch die rohen Besatzungstruppen zu schützen; nur noch an seinem Kind hing er mit abgöttischer Liebe.

Die Schweden beschlossen nun, die Tochter zu entführen, hatten aber die perfide Idee, ihren Vater daran mitwirken zu lassen. So erklärten sie ihm, er müsse ihnen bei einer Entführung behilflich sein, dürfe aber nicht den Ort der Handlung kennen. Sie zogen ihm eine dunkle Kapuze über den Kopf, so daß er nichts mehr sehen und hören konnte. Dann führten sie ihn, ohne daß er es merkte, zu seiner eigenen Hütte, befahlen ihm, eine Leiter festzuhalten und bemächtigten sich seiner Tochter, die sie zu ihrem Obristen führten, wo sie die Nacht verbringen mußte.

Haus Heck

Am folgenden Morgen, als der Vater sich wieder im schwedischen Hauptquartier herumtrieb, sah er plötzlich sein Kind in Begleitung des Obristen. Da erkannte er in ohnmächtigem Zorn, daß er getäuscht worden war und selbst mitgeholfen hatte, seine Tochter zu entführen. Er fluchte und zeterte, was allerdings die Schweden nur zum Spott reizte. Schließlich weinte und flehte er so sehr, daß auch die rohen Soldatenherzen gerührt waren und man ihm seinc Tochter zurückgab, die er zur Hütte brachte. Von dem Geschehen der Nacht durfte sie ihm nichts berichten.

Nun sann der verratene Verräter auf Rache. Vor längerer Zeit hatte er im Fischlaker Wald einen Zigeuner kennengelernt, der stets bereit war, für eine entsprechende Geldsumme andere Menschen umzubringen. Dieser hatte eine Schwester von außergewöhnlicher Schönheit, die die Opfer umgarnte, anlockte und unter Küssen und Kosen dem Messer ihres Bruders auslieferte.

Von dem Zigeuner erkaufte sich nun der rachsüchtige Vater den Tod des schwedischen Obristen unter der Bedingung, daß ihm nach Mitternacht seine Leiche in einem Sack übergeben werde, damit er ihn selbst in die Ruhr werfen könne.

In der Nacht befahl er seiner Tochter, Männerkleidung anzulegen, und führte sie dann zu dem Haus des Zigeuners. In der Nähe angekommen, erklärte er ihr, die Stunde der Rache sei nahe, der Obrist sei bereit für das Messer des Mörders. Schon bald würden sie gemeinsam seine Leiche in der Ruhr versenken können.

Inzwischen tändelte der Obrist mit der schönen Zigeunerin, während nebenan ihr Bruder bereits das Messer bereithielt. Bald darauf schlief der Obrist trunken vom Wein ein. Doch als der Mörder ins Zimmer trat, hielt ihn seine Schwester von der Tat ab. Im Laufe des Abends war sie dem Charme des Obristen verfallen und wollte ihn schonen. Ihr Bruder weigerte sich zunächst, denn er hatte ja versprochen, um Mitternacht die Leiche abzuliefern. Da kam die Zigeunerin auf die Idee, er solle jemand anderen umbringen und in den Sack stecken. Der Mörder versprach es, wenn er noch vor Mitternacht ein anderes Opfer finden könne.

Unterdessen hatte sich draußen vor dem Haus der Zigeuner ein anderes Drama abgespielt. Die Tochter hatte sich nun, nachdem sie von dem Racheplan ihres Vaters erfahren hatte, erstmals offenbart. Sie erzählte, daß sie zwar gegen ihren Willen entführt, aber nicht mit Gewalt im schwedischen Lager festgehalten worden sei. Ganz im Gegenteil habe der Obrist sie freundlich empfangen, und in der Nacht habe sie begonnen, ihn zu lieben. Keinesfalls wolle sie an seinem Tode mitschuldig werden. Mit diesen Worten verließ sie ihren Vater und eilte in der Dunkelheit davon.
Anders als ihr Vater glaubte, lief sie jedoch nicht nach Hause, sondern huschte zum Zigeunerhaus, um das Leben ihres geliebten Obristen zu retten. Kaum aber hatte sie die Tür geöffnet, fiel sie in das Messer des Banditen und sank tot zu Boden. Schnell steckten Bruder und Schwester die Leiche in einen Sack und banden ihn fest zu. Um Mitternacht erschien verabredungsgemäß der Vater, nahm den Sack in Empfang und schwankte mit ihm zur Ruhr hinab. Dort warf er ihn triumphierend zu Boden; seiner Rache war Genüge getan. Aber damit nicht genug: noch einmal wollte er sich an dem verhaßten Antlitz des Obristen weiden. Er öffnete also den Sack, doch er konnte nichts erkennen. Da plötzlich zog ein Gewitter herauf, und im Lichte der grellen Blitze zuckte er mit einem Mal zurück: statt des toten Obristen sah er seine geliebte Tochter, hingemetzelt vom Messer des Mörders.
Zerschmettert sank er über der Leiche nieder. Doch dann packte ihn rasende Wut. Im Sturmschritt eilte er zum Zigeunerhaus, um Rechenschaft zu fordern. Doch er fand nur noch rauchende Reste. Ein Blitz hatte das Haus getroffen, in Brand gesetzt und alle Bewohner umkommen lassen.
Am nächsten Morgen suchten die Schweden lange nach ihrem Obristen. Als sie in der Nähe des niedergebrannten Hauses nachsuchten, fanden sie nicht nur die verbrannten Toten, sondern auch eine Menge verscharrter Leichen, allesamt Opfer des habgierigen Mörders und seiner Schwester.
Seit jener Zeit heißt dieser Ort „Dodelle" oder „Totenlager".

Hugo, der mutige Abt von Werden

Im Dreißigjährigen Krieg regierte in Werden Abt Hugo Preutäus (1614–1646). In der „Geschichte des Stifts Werden" von Franz Körholz lesen wir über den 58. Abt von Werden: „Abt Hugo Preutäus aus Essen war ein überaus tatkräftiger Mann, ein entschlossener Verfechter seines katholischen Glaubens und ein eifriger Anhänger des Kaisers, bei dem er großen Einfluß besaß. Fast dauernd war er mit dem Heere des Kaisers und der Liga im Felde. (. . .) 1631 zog er an der Spitze der kaiserlichen Truppen in das eroberte Magdeburg ein und hielt im Dome den ersten wieder katholischen Gottesdienst. So viel er auch abwesend war, so hat er doch die Rechte seines Stifts kraftvoll zu verteidigen gewußt . . ."

* * *

So kam es, daß Abt Hugo von seinen Feinden gehaßt und immer wieder verfolgt wurde. Nur zu gerne hätte man den berühmten Kämpfer Gottes gefangengenommen, aber immer wieder wußte sich der listige Abt dem Zugriff seiner Häscher zu entziehen.

In höchste Gefahr geriet Abt Hugo, als er einmal über die Bergeshöhen von Kettwig ritt. Es war schon Abend. Die Dämmerung senkte sich allmählich über das Tal der Ruhr. Ganz in der Ferne konnte man gerade noch den Turm der Werdener Abteikirche erkennen. Da hörte er plötzlich hinter sich schnellen Hufschlag. Wieder einmal hatten seine Feinde ihn aufgespürt und versuchten, ihn zu fangen. Abt Hugo aber gab seinem Pferd die Sporen, und aufwiehernd fiel das Tier in schnellsten Galopp. Die wilde Jagd ging bergauf und bergab, durch dichten Wald und dorniges Gebüsch.

Doch dann mußte Abt Hugo sein Pferd zurückreißen, das hochstieg und ihn um ein Haar abgeworfen hätte. Vor ihm gähnte ein tiefer Abgrund, zu dessen Füßen dunkel das Wasser der Ruhr schimmerte. Es ging nicht weiter. Was war zu tun? Der Rückweg war von den heranbrausenden Feinden abgeschnitten!

Da faßte Abt Hugo einen kühnen Entschluß. Er spornte sein Pferd von neuem an und . . . flog hinaus über den Abgrund. Mit Entsetzen sahen seine Verfolger, wie Roß und Reiter tiefer und tiefer fielen, bis sie in das hoch aufspritzende Wasser eintauchten und verschwunden schienen. Doch nach wenigen Sekunden tauchten sie wieder auf und flüchteten sich ans andere Ufer.
Diese mutige Tat wagte keiner der nachfolgenden Reiter zu wiederholen, und so war Abt Hugo einmal mehr gerettet. Völlig durchnäßt, aber hoch erhobenen Hauptes ritt er nach Werden zurück, wo ihm ein jubelnder Empfang bereitet wurde.

Der versetzte Grenzstein in Werden

Es ist schon lange her, da lebte in Werden ein Bauer, dessen Herz durch Neid und Habsucht schon lange Gott entfremdet war. Und eines Nachts schlich er sich auf die Felder und grub den Grenzstein aus, der seinen Acker von dem des Nachbarn trennte. Ein gutes Stück weiter auf dem fremden Acker grub er ihn wieder ein. So hatte er den Nachbarn um sein Ackerland gebracht und ihm einen Teil seines Erbes entzogen.
Bald darauf wurde die Sache entdeckt, und der Nachbar erhob Klage bei Gericht, um sein Eigentum wiederzubekommen. Doch der Übeltäter bestach Zeugen, die einen Meineid leisteten, indem sie vor Gericht behaupteten, der Grenzstein habe schon seit Jahr und Tag unverrückbar an derselben Stelle gestanden. So verlor der Nachbar den Prozeß, und der Bauer konnte nun unbehindert seine Sense über den fremden Acker führen und ernten, was ihm von Rechts wegen nicht zustand.
Doch das Strafgericht Gottes war nicht weit. Es dauerte nicht lange, da ergriff ihn plötzlich ein heftiges Fieber. Drei Tage lang phantasierte der Bauer immer wieder von dem versetzten Grenzstein, bis er, unerlöst von seiner Schuld, starb.
Seitdem ist er oft gesehen worden, wie er nachts über die Äcker irrte, auf dem Rücken den schweren Grenzstein herumschleppte und vergeblich nach der Ackerfurche suchte, in der der Stein einstmals eingegraben war.

Alte Essener Grenzsteine für Wälder (links) und für Kohlegruben

Der schwarze Hildebrand

An beiden Ufern der Ruhr im Werdener Gebiet erzählt man heute noch oft von der Schreckensgestalt des schwarzen Hildebrand, der hier einst Dienstherr eines Grafen war. Hildebrand hatte seine Seele dem Teufel verschrieben und dafür von diesem mancherlei besondere Gaben erhalten. In dieser Geschichte wird erzählt, wie er endlich seinen Meister fand.Nicht nur Frauen und Kinder, sondern selbst die mutigsten Männer zitterten, wenn sie den schwarzen Hildebrand sahen. Er war von riesenhafter Gestalt und hatte übermenschliche Kräfte. Seinen Namen hatte er von seinem rabenschwarzen Haar, das ihm in langen Strähnen bis auf die Schultern fiel, und vor seinem bösen Blick erstarrten alle, die in seine dunklen Augen sehen mußten. An Feiertagen pflegte der schwarze Hildebrand festlich gekleideten Mädchen den sorgsam behüteten Schmuck von Hals und Brust zu reißen; Knechten und Bauern gab er immerfort Püffe und Ohrfeigen zu kosten. Überhaupt beschimpfte und plagte er jeden, der ihm vor Augen trat, selbst wenn er noch so aufmerksam und gefügig war.
Einmal im Jahr, zur Erntezeit, zeigte sich der schwarze Hildebrand besonders grausam: dann nämlich mußten ihm alle kräftigen jungen Männer der Umgegend beim Mähen der Felder helfen. Und wehe, wer dann nicht willig war und seine letzten Kräfte für den schwarzen Unhold opferte! Wen der Unwille Hildebrands traf, der mußte mit diesem zu einem schrecklichen Mähwettkampf antreten, der auf den weiten Getreidefeldern des Ruhrtales ausgetragen wurde. Und Hildebrand blieb immer Sieger: mit der Sense in der Hand hetzte er sein Opfer über die Felder, und weil niemand mit seiner Kraft mithalten konnte, lachte er am Ende immer höhnisch über seine völlig erschöpft am Boden liegenden Opfer.
Alle im Werdener Land wußten von dieser grausamen Gefahr in der Erntezeit, und so erbaten sie jedesmal vor Beginn der schweren Arbeit seine Nachsicht und versuchten ihn milder zu stimmen, indem sie ihm von ihrem mühsam ersparten Gelde Geschenke kauften. So war es auch Brauch geworden, daß

man dem schwarzen Hildebrand in jedem Jahr ein Hemd aus feinstem Leinen kaufte, das ihm übergeben wurde, bevor man gemeinsam auf die Felder zog. Eines Tages aber wollte ein junger kräftiger Bursche, der erst seit kurzem als Knecht im Ruhrtal diente und zum ersten Mal den Schnittern sich anschließen mußte, nicht folgen, so sehr man ihn auch warnte. Allein von allen verweigerte er dem schwarzen Hildebrand die gewohnte Gabe. Er wußte, was nun folgen würde; doch er fürchtete den Wettkampf mit dem herrschsüchtigen Vormäher nicht. Und so hatte er auch schon am frühen Morgen seine Sense mit besonderem Fleiß geschärft und hoffte nun, daß er mit Gottes Hilfe den schwarzen Bösewicht besiegen könnte.
Und wie man es erwartet hatte, geschah es: als Hildebrand von der Weigerung des Knechtes hörte, wurde er zornig und forderte den Widerspenstigen zum Wettkampf heraus, nein, er forderte ihn nicht, er befahl es dem jungen Mann geradezu. Und dieser nahm den Kampf an! Rasch wurde ein Feld bezeichnet, und schon ging es los. Nebeneinander stürmten der Knecht und Hildebrand los und bahnten sich mit ihren Sensen einen Weg durch das Korn. Die Halme flogen unter ihren Hieben wie Federn; es war wie ein wildes Rauschen, und jedesmal, wenn die Sense auf einen Stein traf, sprühte ein Funkenregen.
Gleichzeitig erreichten beide das Ende des Feldes. Keiner hatte einen Vorsprung gewonnen. Das war dem schwarzen Hildebrand noch niemals widerfahren! Voller Wut blickte er auf seinen Gegner, der ruhig und gelassen abwartete, was nun geschehen würde. Und Hildebrand zeigte auf das nächste Feld, und wieder begann das fürchterliche Ringen. Wie der Blitz schoß der schwarze Unhold durch das Getreide; seine Muskeln glänzten im heißen Sonnenlicht, und mit der Regelmäßigkeit einer Maschine wütete er sich voran bis zum Ende des Feldes. Da wollte sich Hildebrand nach seinem geschlagenen Widersacher umschauen. Doch dies war nicht erforderlich. Wieder hatte der Knecht gleichzeitig den Feldesrand erreicht. Sein Körper dampfte vor Anstrengung, sein Atem ging in wilder Hast; dem schwarzen Hildebrand aber hatte er keinen Vorsprung gegönnt. Sollte ihm dieses Wunder noch einmal

gelingen? Oder würde er beim nächsten Gang erschöpft zu Boden fallen? Jetzt mußte die Entscheidung fallen!
Und noch einmal zogen die Gegner in ein neues Feld. Seite an Seite kämpften sie verbissen. Es war ein fürchterliches Ringen. Das Ruhrtal hallte wider vom Schlagen der Sensen und vom Keuchen der beiden Männer, von denen keiner nachgeben wollte. Doch da – was war das? Der gleichmäßige Takt der beiden Sensen wurde unregelmäßig! Kaum spürbar zunächst, doch von Minute zu Minute deutlicher schob sich der Knecht vor den schwarzen Hildebrand. Zuerst war es nur ein Sensenschlag, den er voraus hatte. Würde er diesen Vorsprung halten können? Doch schließlich sah man, daß Hildebrand seinen Gegner nicht mehr würde einholen können. Während dieser kraftvoll und gleichmäßig voranzog, blieb Hildebrand immer wieder stecken, sei es, daß er verwirrt war, nicht der Erste zu sein, sei es, daß seine Kräfte angesichts der drohenden Niederlage schneller schwanden. Verzweifelt warf sich Hildebrand noch einmal ins Zeug, und tatsächlich – sein rasender Zorn verlieh ihm teuflische Kräfte; mehr und mehr schob er sich wieder an den jungen Knecht heran, der die Gefahr kaum zu bemerken schien.
Dann plötzlich war der Kampf zu Ende. Jedermann hatte es gesehen: der schwarze Hildebrand hatte den Knecht nicht mehr erreichen können. Dieser war zuerst am Feldesrand angelangt, erschöpft zwar, aber immer noch fest auf seinen Beinen stehend. Da kannte die Wut des schwarzen Hildebrand keine Grenzen; heulend und fluchend stürzte er hinab zum Ruhrufer und trank – und trank – doch das Wasser konnte ihm keine Erfrischung mehr bringen. Plötzlich drang schäumendes Blut aus seinem Munde, und bald darauf war das Leben des einst so Starken zu Ende. Tot sank er am Ruhrufer nieder.

Die Schlacht zwischen Römern und Katten

In uralter Zeit wohnten in der Nähe von Kettwig die Katten, ein tapferes und kriegerisches Volk. Der große Kettelwald bot ihnen zur Zeit des Krieges reichlichen Schutz. Er war dicht und finster, und in seinem Inneren gab es tiefe Sümpfe und Moräste. Die Katten aber fühlten sich wohl und sicher in ihrem Wald, und gern lockten sie ihre Feinde in die Wildnis, die dem Verfolger Tod und Verderben bringen mußte.
Die schlimmsten Feinde der Katten waren die Römer. Diese hatten schon den Rhein überquert und in der Nähe von Duisburg feste Lager angelegt. Nun wollten sie auch das Land an der Ruhr erobern und durch das Ruhrtal weiter nach Osten vordringen. Um diesen Plan auszuführen, warteten sie auf eine günstige Gelegenheit, die bald kam.
Der harte Winter war vorbei. Schnee und Eis waren geschmolzen. In der Erde begann es zu keimen und zu schwellen, und ganz vorsichtig hoben die ersten Blumen ihre Köpfchen empor. Da rüsteten die Katten zum Frühlingsfest. Die Männer legten ihre Schilde und Waffen an. Um die Stirn hatten sie grünes Laub gewunden. Die Frauen schmückten ihr Haar mit Blumen. So schritten sie den Berg hinauf, der heute noch „Kanzel" heißt. Im Laufe der Zeit hat dieser Felsvorsprung, der zwischen dem Kattenturm und der Stadt Kettwig liegt, sein Aussehen gegen früher stark verändert. Als in grauer Vorzeit die Katten in blutigem Kampf mit den Römern rangen, war er ein aus dem Wald sich viel weiter in das Tal hinausschiebender Fels, oben weit vorspringend, so daß er Ähnlichkeit mit einem gewaltigen Kopf besaß. Aus diesem Grunde wurde er auch von den Urbewohnern für das versteinerte Haupt eines Riesen gehalten, der nach der Überlieferung in einer Schlacht gegen die Götter getötet worden war. Daher nannte man diese Stelle „Bilstein" (Bildstein).
Am Bilstein war ein heiliger Lindenwald. Im Dunkel der Baumzweige stand dort die Halle der Frühlingsgöttin Ostara. Auf dem Dach der Halle lag ein Rad, auf dem alljährlich ein Storchenpaar nistete und seine Jungen pflegte. Auch zahl-

reiche andere Tiere hielten sich im heiligen Wald auf. Fromme Priesterinnen wachten im Heiligtum. Lange weiße Gewänder umhüllten ihre Gestalten, und sie gingen barfuß, denn diese Stätte war ihnen heilig. Hier versammelten sich alle Katten der Gegend, entzündeten Frühlingsfeuer, brachten Opfer dar und erflehten Schutz gegen die Feinde und Segen für das Land.
An diesem Frühlingsfest gab es auch viele Brautpaare, die zu den Gottesdienerinnen traten. Diese breiteten weiße Tücher aus und warfen Buchenstäbchen, die mit geheimnisvollen Zeichen geritzt waren, darauf. Dann hoben sie die Stäbchen auf und lasen den Zukunftsspruch davon ab.
Zu den Paaren, die nun von den Priesterinnen getraut wurden, gehörte Arnulf, der starke und edle Sohn des Kattenhäuptlings Sigurd. Die schöne Thora, Tochter des Ripuarierhäuptlings Eckbert, wurde ihm als Gattin zugeführt. In großer Stille und Andacht vollzog sich die Feier, die bis zum Mittag andauerte. Dann zerstreute sich das Volk. Die Männer ließen sich am sonnigen Bergabhang nieder und begannen dort ein fröhliches Gelage. Die Frauen kehrten zum häuslichen Herd zurück und versorgten das Vieh. Die Kinder schliefen oder spielten im warmen Sonnenschein, und die eben erst vermählten Paare blieben noch einige Zeit an der heiligen Stätte.
Da plötzlich wurde das Schweigen gestört. Wüstes Geschrei erscholl, und aus dem nahen Waldesdickicht brachen die Römer hervor. Ein blutiger Kampf entstand. Die wehrlosen Jünglinge und Jungfrauen wurden niedergeworfen und in Fesseln gelegt. Dann stürmten die Römer ins Tal hinab. Dort lagerten die Katten noch sorglos bei Spiel und Trank. Als sie das wilde Kriegsgeschrei hörten, sprangen sie auf. Ihre Trinkhörner flogen zur Seite. Sogleich ergriffen sie ihre Waffen und standen kampfbereit. Wütend schwangen sie ihre wuchtigen Keulen.
Aber vor der feindlichen Übermacht mußten die Katten Schritt für Schritt in den Wald zurückweichen. Bald kamen sie zu jener Stätte, die wegen des blutigen Ringens und Mordens heute noch „Am Mörder" genannt wird. Dort war eine Anhöhe. Auf dieser stellten sich die Katten auf, und sie standen fest wie die sturmzerzausten Eichen ihres Heimatwaldes. Bei

bleichem Mondlicht wurde eine fürchterliche Schlacht geschlagen. Mancher Römer färbte das Land mit seinem Blut, aber auch die stärksten Stammeshelden der Katten blieben auf dem Schlachtfeld.
Gegen Morgen kam ein Bote. Er brachte die Nachricht, daß Frauen, Kinder und die Viehherden in den Schluchten des Waldes geborgen seien. Nun erst ließen die Katten vom Kampf ab und verschwanden im Wald. Die Römer hatten nicht den Mut, ihnen weiter zu folgen. Sie wollten erst den eroberten Platz durch Wälle und Gräben befestigen.
Die an der Opferstätte gefangengenommenen Paare wurden in das Römerlager gebracht. Auch Thora gehörte zu den Gefangenen. Sie war die schönste und edelste unter den Jungfrauen. Scaevola, der römische Anführer, hörte von ihr. Er wünschte sie zu sehen und befahl, sie in sein Zelt zu führen. Thora trat vor ihn hin mit der Hoheit und Würde einer Königin. Der Römer war überrascht und über die Maßen erstaunt. Er fand sie schöner und edler als jede Römerin. Von ihren Reizen bezaubert, bot er ihr Reichtum und Ehre und bat sie, seine Frau zu werden. Thora aber wandte sich mit Stolz von ihm ab und sprach: „Lieber will ich den Tod als die Knechtschaft und lieber Fesseln als selbst nur Deine Freundschaft ertragen." Der Römer aber hoffte, durch Güte ihren Trotz nach und nach zu beugen; deshalb übergab er sie dem Schutz und der Pflege treuer Dienerinnen.
Inzwischen sammelten sich die Katten wieder in der Nähe. Ihre Eilboten riefen die Nachbarstämme um Hilfe herbei. Es wurde Rat gehalten. Da erschienen plötzlich die von den Römern gefangenen Jünglinge in ihrer Mitte, die mit lautem Jubel begrüßt wurden. Arnulf hatte seine Fesseln zernagt, die Wachen niedergeschlagen und seine Kameraden befreit. Nur die Jungfrauen hatte er nicht erreichen können. Sie befanden sich noch in der Gewalt der Römer. Es war nun höchste Zeit, sie zu befreien, denn schon in den nächsten Tagen sollten sie zum Rhein gebracht werden.
Darum entschloß man sich zum eiligen Kampfe. „Siegen oder ehrenvoll untergehen!" Vor dem Abmarsch brachten die Priesterinnen Opfergaben dar. Der Häuptling Sigurd teilte die

Krieger in zwei Heere. Eins sollte beim Sonnenaufgang den Römern entgegenmarschieren und sie während der Schlacht in eine Waldesschlucht locken, wo das zweite Heer zum plötzlichen Überfall bereitstand.
Als das Kattenheer heranrückte, schritt Thora mit ihren Dienerinnen unter der Aufsicht einiger Wachen den Bilstein hinauf. Sie hatte nämlich ihr Volk kommen sehen. Vom Gipfel des Felsens konnte sie die ganze Ruhrgegend überschauen und alle Einzelheiten des Kampfes genau beobachten. Gespannt verfolgte sie in heißer Sehnsucht nach Freiheit jede Bewegung der immer stürmischer aufeinanderstoßenden Gegner. Die Katten kämpften mit wahrem Löwenmut. Die Schilde und Schwerter klirrten und klangen, und unter den wuchtigen Keulenschlägen der Katten sank mancher Römer zur Erde nieder. Aber horch! Was war das? Wich jetzt ihr Volk nicht mehr und mehr zurück? Schien es nicht bedrängt und umzingelt von den Feinden? Hörte sie nicht das wilde Siegesgeschrei der Römer?
Die arme Thora ahnte nichts von der List und den Plänen ihrer Freunde, die ja die verhaßten Friedensstörer nicht nur besiegen, sondern in einen Hinterhalt locken und gänzlich vernichten wollten. Ihr letzter Hoffnungsschimmer erlosch, und voll Verzweiflung sprang Thora von der Spitze des Bilsteins in die Tiefe, wobei sie ihre Seele der Göttermutter Freia empfahl. Die Göttin aber war ihr gnädig gesonnen. Sie sandte geflügelte Botinnen. Die trugen den schönen Leib auf unsichtbaren Händen sanft hinab, und er blieb ohne Verletzung. Doch die Seele war ihm entflohen. Die edle Jungfrau lag tot am Ufer des Flusses.
Auf dem Schlachtfeld hatte sich mittlerweile das Bild völlig geändert. Im selben Augenblick, als Thora heim zur Göttin ging, brach das zweite Kattenheer aus dem Waldesdickicht hervor, warf sich mit schrecklichem Schlachtruf auf die vermeintlichen Sieger und vernichtete das ganze Römerheer. Nur Thoras kleine Schutzwache, die an den Rhein geflohen war, konnte dem Blutbad entgehen.
In all den Kämpfen hatte sich Arnulf ganz besonders hervorgetan, galten sie doch der Befreiung Thoras, seiner noch in der

Gefangenschaft schmachtenden Frau, die er freilich nur als Leiche wiederfinden sollte! Und wie er hatte fast jeder Stammesgenosse einen teuren Angehörigen im blutigen Kampf verloren, so daß eine reine Siegesfreude nicht aufkommen wollte. Klagend und schluchzend trugen die Katten die ganze Kriegsbeute, sogar die wertvollen goldenen und silbernen Gefäße und Geräte der Römer zusammen und übergaben sie dem Feuer, um alles, wie sie es vor der Schlacht gelobt hatten, den Göttern zu opfern.
Damals dehnte sich die Ruhr noch durch das ganze Tal. In der Mitte des Stromes lag ein Hügel auf einer schönen Insel. Dort versenkten die Katten tief die vom Feuer nicht verzehrten kostbaren Stücke, errichteten darüber einen Scheiterhaufen und betteten darauf die gefallenen Stammeshelden. An ihre Seite wurde Thora gelegt, mit herrlichen Gewändern angetan und umgeben mit reichen Geschenken für die Götter. Und die Priesterinnen traten hinzu. Unter Gebeten zündeten sie den Holzstoß an, und die heilige Glut verzehrte die teuren Gebeine. Die Asche wurde in Urnen gesammelt und an der Stätte dort begraben.
Den Katten aber war der Ort von nun an heilig. Sie türmten einen ansehnlichen Hügel darüber und nannten ihn „Kattenhügel" oder „Katteninsel".

* * *

Ob die Sage von den Katten auch nur im Kern zutreffend ist, kann heute nicht mehr nachgeprüft werden. Die Katten (richtiger „Chatten") waren ein vornehmlich in Hessen angesiedelter germanischer Volksstamm, der sich um Christi Geburt mit den rheinischen Franken verbündete und allmählich deren Namen annahm. Nach Tacitus sollen die Katten in zahlreichen Kämpfen mit den Römern außerordentlichen Mut bewiesen haben.

Die Kaiserin und der Hirsch

Vor tausend Jahren regierte in Deutschland Kaiser Otto II. Seine Frau, die Kaiserin Theophano, soll auf dem alten Kattenhügel im Ketilwalde (Ketil = Kessel) ein herrliches Jagdschloß erbaut haben lassen. Dieses Schloß soll den Namen Nuttelau erhalten haben, aus dem später Luttelnau wurde.
Ob diese Nachrichten aus längst vergangenen Zeiten zutreffend sind, ist im Dunkel der Geschichte verlorengegangen. Die Geschichtsforscher wissen jedenfalls nichts darüber. Sie vermuten, daß Schloß Luttelnau zwischen 1230 und 1240 für einen Gefolgsmann der Grafen von Limburg erbaut wurde. Irgendwann um die Wende vom 13. zum 14. Jahrhundert muß es wieder abgebrannt sein.
Sei es, wie es sei. Was geblieben ist, ist eine einsame Turmruine am Ruhrufer in Kettwig. Dieser Turm wurde früher „stumpfer Turm" (stuppen Tuvan) genannt. Heute kennt man ihn nur noch unter dem Namen „Kattenturm". Sind die Mauerreste auch nur gering, so gibt es doch viele Sagen und Überlieferungen, die mit dem Kattenturm in Verbindung gebracht werden. Manchmal erzählen Großmütter oder Großväter ihren Enkelkindern, daß es im Kattenturm nicht geheuer sein soll. Von Zeit zu Zeit soll dort ein schreckliches Fauchen zu hören gewesen sein. Dies rühre von einem schwarzen Kater her, der im Keller auf einem mit Gold- und Silbermünzen gefüllten Topf sitze und diesen bewache. Da Katze im Plattdeutschen „Katte" heißt, so habe die Ruine den Namen „Kattenturm" erhalten. Auch werde nicht nur der Münzschatz von dem schwarzen Kater bewacht, sondern auch eine goldene Spindel, die dort seit Jahrhunderten darauf warte, wieder ans Tageslicht gebracht zu werden. Was wird wohl geschehen, wenn irgendwann einmal ein Glückspilz auf diese goldene Spindel stößt? Wird er sich stechen und sterben? Oder wird ihm ewiges Glück beschieden sein?
Übrigens wird auch erzählt, Schloß Luttelnau habe einstmals als Festung der Äbte von Werden gedient, die ihr Gebiet gegen kriegerische Überfälle haben sichern wollen. Die Werdener

Der Kattenturm

Äbte hätten das Schloß mit einigen Geschützen ausgestattet, die in der Soldatensprache „Katten" genannt worden seien. Daher soll der Name des Turmes stammen. Vielleicht aber ist dies alles nicht richtig? Wie, wenn die Ruine ihren Namen in Erinnerung an unsere Vorfahren, die Katten, erhalten hat, die hier einst so tapfer gegen die Römer gekämpft haben sollen? Vielleicht werden wir es niemals erfahren. Doch bleiben wird die Geschichte, die uns tausend Jahre zurückführt, in eine Zeit, als es Schloß Luttelnau schon gegeben haben soll:

* * *

Nachdem Kaiserin Theophano Schloß Luttelnau hatte erbauen lassen, wurde dieser stille Ort inmitten der herrlichen Wälder bald zu ihrem Lieblingsplatz. Hier verlebte sie ihre glücklichsten Tage. Bald wurden rauschende Feste gefeiert, wozu sich adelige Damen und Herren von nah und fern ein Stelldichein gaben. Bald veranstaltete man wilde Jagden durch die Wälder, die es der Kaiserin besonders angetan hatten. Dann aber war es viele Monate lang still auf Luttelnau, bis die Kaiserin dort eines Tages im Jahre 980 einem Sohn das Leben schenkte, der später unter dem Namen Otto III. wie sein Vater Kaiser werden sollte. Trotz dieses frohen Ereignisses kam aber keine rechte Freude im Schloß auf, denn die Kaiserin war nach der Geburt von einer schweren Krankheit befallen worden. Lange Zeit rang sie mit dem Tode, und erst nach Monaten ging es ihr allmählich wieder besser.
An einem sonnigen Tage trat sie zum ersten Mal vor das Schloß hinaus. Kraft und Mut erwachten in ihr, und es erfaßte sie eine große Sehnsucht nach dem Walde. Ihre Augen begannen bei dem Gedanken an eine Jagd zu strahlen, und sogleich ordnete sie an, daß am folgenden Tage ausgeritten werden solle. Darauf herrschte im Schlosse wieder Jubel und Freude. Die Hörner erklangen, die Waffen klirrten, die Hunde bellten, und alles rüstete sich zur Jagd.
Am anderen Morgen brach der glänzende Zug schon in aller Frühe auf. Die Kaiserin ruhte in einer Sänfte, die von Maultieren getragen wurde. Der Weg ging die Ruhr hinab. An einer Krümmung des Flusses wurde haltgemacht und dort auf einem

freien Platz das Lager aufgeschlagen, wo Theophano mit ihrem Gefolge verblieb. Die Jäger zerstreuten sich im Walde. Sie wollten einen prächtigen Hirsch umstellen und erjagen. Bald hatten sie ihn aufgespürt. Friedlich lag er, trotz aller Gefahr, die ihn umgab, unter einem Haselstrauch. Erst als das Hundegebell und das Jagdgeschrei näherkamen, sprang er auf, durchbrach mit seinem riesigen Geweih das dichte Gestrüpp und stand im nächsten Augenblick auf dem Lagerplatz, der Sänfte gegenüber.

Die Kaiserin sah es. Ihre Jagdlust regte sich. Beherzt ergriff sie ihren mit Bändern geschmückten Bogen. Ein Pfeil schwirrte durch die Luft und traf den Hirsch mitten in die Brust. Doch das Tier war nicht tödlich getroffen, nur verletzt. Wütend stürzte sich der gewaltige Hirsch auf die Sänfte der Kaiserin und senkte im Lauf sein mächtiges Geweih. Krachend stieß das Gehörn gegen die hölzerne Sänfte, deren Wand unter dem wuchtigen Schlag sogleich zersplitterte. Die Kaiserin schrie auf, fürchtete sie doch, daß ihre schwache Sänfte nicht lange den wilden Angriffen des Hirsches würde standhalten können. Dieser war ein Stück zurückgetreten. Die Wunde, die er durch den Pfeil erhalten hatte, blutete und erzürnte ihn immer mehr. Seinen Nüstern entströmte ein furchtbares Pfeifen. Wieder spannte er die Muskeln, senkte den Kopf und stürzte erneut auf die Sänfte los. Ein wuchtiger Stoß — und die Sänfte war gänzlich zerstört. Schutzlos war die Kaiserin dem Wüten des Tieres ausgesetzt. Nur noch Sekunden blieben ihr, bevor sie vom nächsten Stoß zermalmt werden würde. — Da sprang plötzlich einer ihrer Jäger herbei und zerschnitt mit schnellem Griff die Beinsehnen des Tieres, so daß es niederfiel.

Die Kaiserin war gerettet und unversehrt geblieben, lag jedoch in tiefer Ohnmacht. Sie wurde zum Schlosse zurückgebracht, und hier erholte sie sich bald. Ihr früherer Frohsinn aber war für immer dahin. Tagelang saß nun die Kaiserin an einem Fenster des Schlosses und blickte über das schöne Tal der Ruhr. Doch auch der Anblick ihrer herrlichen Wälder konnte ihren Sinn nicht mehr erfreuen. Ihre Gedanken kreisten immer wieder um die schreckliche Gefahr, in der sie geschwebt hatte. Mit der Zeit wurde sie immer trübsinniger, und nichts in ihrem

einstmals so geliebten Schloß konnte sie mehr erfreuen. Da erinnerte sich Theophano eines Tages an eine Prophezeiung, die ihr in der Jugend einmal eine alte Zigeunerin gemacht hatte. Diese hatte lange die Linien der kaiserlichen Hand betrachtet und dann mit trauriger Stimme gesagt: „Von dem Orte, an dem Du die erste Todesgefahr erlebst, eile schnell hinweg, auf daß Dich nicht ein zweites Unglück trifft!"
Nachdem der Kaiserin die Prophezeiung wieder in den Sinn gekommen war, da konnte sie ihre Unruhe nicht mehr beschwichtigen, und ihr graute vor dem schönen Schlosse, auf dem sie so gerne geweilt hatte. Schon am nächsten Tage reiste sie mit ihrem Gefolge ab. Außer ihrem Lebensretter, den sie aus Dankbarkeit zum Schloßverwalter ernannt hatte, blieben nur drei Jäger und der Koch in dem verwaisten Schloß zurück.

Der eingemauerte Schloßvogt

Kaiserin Theophano, die ihren Lebensretter als Vogt von Schloß Luttelnau eingesetzt hatte, hatte ihn für einen ehrenwerten Mann gehalten. Doch sie hatte sich getäuscht. In Wahrheit hatte er in seinem Leben viele Verbrechen begangen. Früher hatte er sogar zu einer Falschmünzerbande gehört, deren wertlose Münznachahmungen so manchen armen Bauern, der sich durch den falschen Glanz des Geldes hatte täuschen lassen, noch ärmer gemacht hatten.
Eines Tages nun klopfte ein Bettler an die Tore von Schloß Luttelnau. Als der Schloßvogt öffnete, erkannte er zu seiner Überraschung in ihm den Hauptmann seiner ehemaligen Falschmünzerbande. Dieser erklärte, daß sich alle alten Spießgesellen wieder zusammengefunden hätten und daß man auf Schloß Luttelnau eine neue prächtige Falschmünzerwerkstatt errichten wolle.
Der Vogt erschrak, denn er hatte inzwischen eine so gute Stellung gefunden, daß er das Risiko, bei unrechtem Tun ertappt zu werden, nicht mehr eingehen wollte. So lehnte er das Ansinnen des „Bettlers" schroff ab. Da nützten auch Bitten und Versprechungen nichts. Schließlich wandte sich der Hauptmann mit unheilvollem Blick ab, aber bevor er das Schloßtor verließ, schleuderte er dem Vogt das Wort „Verräter" entgegen.
Dieses hingeworfene Wort verstand der Vogt als schwere Drohung. Und so befestigte er das Schloß noch stärker, als es ohnehin schon war, ließ die Tore zu jeder Tages- und Nachtzeit schließen und die Zugbrücke hochziehen. Die Dienerschaft wurde angewiesen, nachts auf den Burgmauern zu patrouillieren und stets darauf zu achten, daß niemand über das Wasser des Burggrabens setzte.
Aber alle Vorsicht war vergebens. In einer dunklen und stürmischen Nacht gelang es seinen ehemaligen Spießgesellen, unbemerkt den Burggraben zu überqueren und die Mauern zu erklimmen. Sie erstachen die Wachen und stürmten das Schloß. Durch alle Räume liefen sie, und wenn sie ein menschliches Wesen entdeckten, dann schlugen sie es auf der Stelle tot.

Schließlich fanden sie als einzigen Überlebenden den Schloßvogt in der Vorhalle. Schon wollten sie auf ihn eindringen, schon waren die scharfen Messer gezückt, da warf sich der Hauptmann dazwischen: „Halt! So leichten Todes darf kein Verräter sterben!"
So brachten sie ihn in das tiefste Kellerverlies, banden ihn mit festen Stricken an einen Balken und mauerten schließlich den Eingang zu, so daß das Jammer- und Wehgeschrei des Unglücklichen nicht mehr zu hören war.
Dann eilten sie durch das Schloß, stießen die Leichen zur Seite, rafften aus Kisten und Kästen alles Wertvolle zusammen, zerschlugen in blinder Zerstörungswut das, was sie nicht mitnehmen konnten, und verließen sodann die Stätte ihrer Untat.
Bevor sie aber abzogen, legten sie noch Feuer. Als die Flammen den Himmel blutig rot färbten, war Schloß Luttelnau unrettbar verloren. Über dem eingemauerten Burgvogt im tiefen Verlies stürzte der Bau zusammen, und als der nächste Morgen graute, fand man im rauchenden Aschenhaufen nur noch die Ecken eines Turmes, der bis heute Kattenturm heißt.

Eberhard, der grausame Ritter von Schloß Oefte

Schloß „Oeft" wird urkundlich bereits im Jahre 820 erwähnt. Gegen Ende des 12. Jahrhunderts befand sich in dieser Gegend ein Oberhof mit zahlreichen Unterhöfen, der einem freien Dienstmann der Reichsabtei Werden verliehen wurde. Der neue Besitzer führte nun nach seinem Gut den Namen „von Oeft". Der „Held" der folgenden Sage, Eberhard von Oeft, ist eine historische Persönlichkeit. Zusammen mit seinem Bruder Heinrich gehörte er in der zweiten Hälfte des 14. Jahrhunderts zu den rauflustigsten Rittern unserer Gegend. Insbesondere mit den Erzbischöfen von Köln lagen sie dauernd im Streit, da die beiden Brüder es mit Vorliebe darauf abgesehen hatten, Kölner Kaufleute auszurauben, wenn diese die Ruhr heraufgezogen kamen. Da sie es zusehends schlimmer trieben, gelang es nur dadurch sie zu mäßigen, daß man ihnen die Zahlung einer hohen jährlichen Geldrente versprach, wenn sie ihre Überfälle einstellten. Zähneknirschend fand man sich sogar bereit, sie zu „Ehrenbürgern" der Stadt Köln zu ernennen. Eberhard von Oeft starb 1391.

* * *

Ritter Eberhard von Oeft war ein weit und breit gefürchteter Mann, der durch zahlreiche Raubzüge zu Wohlstand gekommen war. Seine Bediensteten behandelte er streng und manchmal auch ungerecht, so daß er nicht überall beliebt war. Mit seiner Frau, Kunigunde von Quade, führte er allerdings eine gute Ehe. Ihr und seinem kleinen Söhnchen war er ein treusorgender Familienvater.
Doch die glückliche Zeit dauerte nicht lange. Schon bald nahte das Unglück von der gegenüberliegenden Ruhrseite, wo damals noch Schloß Luttelnau stand:
Eines Abends saß Ritter Eberhard mit seiner Gemahlin am flackernden Kaminfeuer und erzählte von seinen letzten Raubzügen. Da erscholl auf einmal wüster Lärm vom jenseitigen Ruhrufer herüber, und bald brachte ein Knecht die

Schloß Oefte

schreckliche Botschaft, daß Schloß Luttelnau von Feinden erstürmt worden sei und in Flammen aufgehe. Alle Bewohner des Schlosses seien erbarmungslos niedergemacht worden. Da erschien auch schon ein zweiter Bote mit der Nachricht, daß Amina, die Tochter des Schloßherrn von Luttelnau, als einzige dem Gemetzel entkommen sei; sie stehe vor dem Tore und bitte um Einlaß. Trotz seiner rauhen Gesinnung eilte Ritter Eberhard, um Amina die Pforte zu öffnen. Gastfreundlich gewährte er ihr Aufnahme und erlaubte ihr, auf Schloß Oefte so lange Wohnung zu nehmen, bis ihre schlimmste Not ein Ende gefunden habe.

Amina aber war falsch und lohnte die ihr erwiesene Gastfreundschaft mit Undank. Hartnäckig stellte sie Ritter Eberhard nach, den sie nur allzu gern geheiratet hätte, um wieder Schloßherrin zu sein. Lange widerstand Eberhard der Versuchung, doch schließlich ließ er sich, von Aminas Schönheit bezaubert, in ihre Netze locken. Nachdem Amina den Ritter so betört hatte, hetzte sie ihn gegen seine Gemahlin auf, und nach langem Zureden gewann sie ihn endlich für den Mord an seiner Gattin.

In einer finsteren Nacht vollführten beide die furchtbare Tat. Als nun der Mord geschehen war, riefen sie mit lautem Geschrei die Dienerschaft herbei und erzählten unter Tränen, daß Frau Kunigunde plötzlich gestorben sei. Niemand ahnte etwas von der feigen Bluttat, die die beiden wohl zu verheimlichen gewußt hatten. Da gab es großes Wehgeschrei im Schloß Oefte. Jedermann trauerte um die edle Frau, die niemals irgend jemandem etwas Böses angetan hatte, und nach drei Tagen wurde sie beerdigt.

Das Söhnchen war nun ein Halbwaise. Da sich Amina nicht bereit fand, für das Kind zu sorgen, wurde eine Pflegerin bestellt, der für geringen Lohn die Obhut über das Kind übertragen wurde. Die Pflegerin aber war eine harte Frau, die es mit der Sorge für ihren Schützling nicht genau nahm und nur selten ihre Pflichten erfüllte.

Dem armen Kind, um das sich sonst niemand kümmerte, erging es also sehr schlecht. Das ließ der Mutter im Grabe keine Ruhe. In der Nacht erschien sie als Geist der Pflegerin, weckte sie auf, und mit hohler Stimme drohte sie ihr die schlimmsten Strafen an, wenn sie weiterhin das Kind vernachlässigen sollte. Die böse Frau erschrak über die gespenstische Erscheinung so sehr, daß sie schon am folgenden Morgen das Schloß verließ. Amina lachte über diese Geisterfurcht, und allem Spuk zum Trotz wachte sie in der nächsten Nacht selbst bei dem Kinde. Plötzlich um Mitternacht verspürte sie einen kalten Windhauch. Unruhig flackerte die letzte Kerze, und als Amina hochschreckte, erblickte sie im fahlen Mondlicht vor dem Fenster zur Ruhr die Gestalt der Kindesmutter, die ihrer Mörderin mit der Hand drohte. Im Glauben, es handele sich hier um einen schlechten Scherz, drang Amina auf die Erscheinung ein, griff nach ihrem Arm und — faßte ins Leere.

Als nach einer durchwachten Nacht für Amina der nächste Morgen anbrach, hatte sie sich verändert. Bleich und still war sie geworden. Die Ungeheuerlichkeit ihres Verbrechens war ihr zu Bewußtsein gekommen, und von tiefer Reue erfaßt sagte sie Ritter Eberhard noch am selben Tage Lebewohl, verließ das Schloß und begab sich in ein entferntes Kloster, um dort für den Rest ihres Lebens Buße zu tun.

Nachdem Amina fortgezogen war, ging auch Ritter Eberhard in sich und bereute seine Tat. Er übergab sein Söhnchen dem Pfarrer von Mintard mit der Bestimmung, das Kind zum Priesterdienst zu erziehen. Dann verspürte er, gedrückt von der Last seines Verbrechens, den Wunsch, sein bisheriges Leben nicht länger fortzuführen. Er verschenkte seine Güter an die Armen und behielt nur so viel für sich, daß er im Dickicht des Waldes eine Klause errichten konnte, wo er noch viele Jahre lang als strenger Büßer lebte.

Räuberbanden im Ruhrtal

„Im Wald, da sind die Räuber . . .", heißt es in einem alten Lied. Und wenn wir diese Verse manchmal noch zu hören bekommen, dann doch meistens in recht fröhlichem Zusammenhang; Räuber im Walde sind selten geworden.
Es ist aber noch gar nicht so lange her, daß das Räuberunwesen für unsere Vorfahren bittere Wirklichkeit war. In der Zeit nach der Französischen Revolution, gegen Ende des 18. und zu Beginn des 19. Jahrhunderts, war es im Rheinland besonders schlimm: nicht nur, daß man unter den überall aufflackernden Kriegen zu leiden hatte, nein, gerade hier hatten sich vielerorts Deserteure, Landstreicher und anderes Gesindel zu Banden zusammengefunden und brachten zusätzlich Not und Elend über die Menschen. Sei es, daß die Räuber im Schutze des Waldes einsame Reisende überfielen, sei es, daß sie zu nächtlicher Stunde in Dörfer oder Städte eindrangen, um reiche Bauern oder Bürger auszuplündern, stets hinterließen sie eine Spur von Blut und Tränen. Besonders zu leiden hatten die oft vereinzelt und einsam gelegenen Bauernhöfe außerhalb der Städte. Denn wenn diese von einem Räuberhaufen angegriffen wurden, konnten die Bewohner auf fremde Hilfe kaum rechnen; sie mußten sich selbst helfen. Meistens aber waren sie den Angreifern schutzlos ausgeliefert und mußten zusehen, wie man ihr Erspartes forttrug und obendrein noch das ganze Anwesen in Brand setzte. Viele konnten froh sein, wenn sie nach einem solchen Überfall mit dem Leben davongekommen waren.
Manche Banden beherrschten einen ganzen Landstrich. So gab es zum Beispiel die Krefelder, die Neußer, die Neuwieder und die Mersener Räuberbande. Besonders arg trieb es die Bande des Schinderhannes, die vornehmlich im Hunsrück und in der Eifel auf Beute aus war. Der „Schinderhannes" ist bis heute berühmt geblieben, insbesondere durch das eindrucksvolle Schauspiel von Carl Zuckmayer, in dem die Person dieses Bandenführers allerdings recht glorifizierend und poetisch verklärt dargestellt ist. In Wahrheit war der Schinderhannes

ein Gauner übelster Sorte: nachdem er als junger Mensch in die Dienste eines Scharfrichters getreten war, mußte er bald seine Stellung verlassen und fliehen, weil man ihn mehrmals des Diebstahls überführt hatte. Er trat einer Diebesbande bei, deren Anführer Fink, der Rotbart, war. Nach einigen Jahren machte sich der Schinderhannes dann zum Führer einer eigenen Bande, die bald überall im Rheinland wegen ihrer zahlreichen grausamen Überfälle Aufmerksamkeit erregte. Die Männer des Schinderhannes waren weit und breit gefürchtet, und wenn sie irgendwo auftauchten, dann flohen die Menschen und suchten sich zu verstecken, denn ein Menschenleben galt den Räubern damals wenig. Doch schließlich ereilte den Schinderhannes sein Schicksal. Er wurde gefangen, von einem „Specialgericht" in Mainz zum Tode verurteilt und am 21. Oktober 1803 öffentlich hingerichtet. Welch ungeheures Aufsehen dieser Vorgang damals erregte, mag man daran ermessen, daß der Hinrichtung 40.000 Zuschauer beiwohnten.
Aber auch nach dem Tode des Schinderhannes blühte das Räuberunwesen weiter. Immer neue Banden fanden sich zusammen, deren Mitglieder in einem zeitgenössischen Bericht wie folgt beschrieben werden:
„Ein Hauptzug ist ihre zügellose, sehr oft in Grausamkeit ausartende Wildheit. So wenig sie ihr eigenes Leben schonen, so wenig achten sie das Leben ihrer Mitmenschen. Sie sind gewohnt, Blut fließen zu sehen. Sie sind gewohnt, Thränen, Wehklagen und Jammergeheul zu hören; kalt und todt bleibt ihr Herz, wenn ihnen nur am Ziel ein schwerer Geldsack lacht. In gleichem Maße, wie sie den Weibern ergeben sind, lieben sie den Trunk. Auf unmäßige Art schütten sie den stärksten Brandewein in die Gurgel und berauschen sich, bis sie sinnlos zu Boden stürzen. Von Großmuth und edler Gesinnung ist ihr Herz gleich weit entfernt."
Die Bandenmitglieder waren untereinander einer strengen Ordnung unterworfen. Oberster Befehlshaber war der Anführer, der bei einem Raubüberfall zum Zeichen seiner Würde ein Brecheisen als Kommandostab in Händen hielt. Ihm folgten im Range die „Baldoverer", also diejenigen, die reiche Opfer aus-

spähten und die Überfälle vorbereiteten. Eine hervorgehobene Stellung hatten auch die sogenannten „Veteranen", der Stamm der Tüchtigsten und Kühnsten. Am Schluß der Rangfolge standen dann die „Jungens"; das waren diejenigen, die nur zu einzelnen Raubzügen angeworben und später wieder fortgeschickt wurden.
Die Handlung der folgenden Geschichte sowie sämtliche in ihr vorkommenden Personen sind historisch belegt.

* * *

Auch im Essener Raum hatte man in jener Zeit sehr unter dem Räuberunwesen zu leiden. Eine wirksame Polizeiorganisation gab es noch nicht; so waren im ganzen Werdener Ländchen nur zwei Polizisten tätig. Auch gelegentlich zusammengerufene Bürgerwehren konnten gegen die plötzlichen Überfälle nichts ausrichten.
Berühmt und berüchtigt war die „Essener Bande", die ihren Hauptstützpunkt in den Wäldern bei Oefte hatte. Ihr Anführer war lange Zeit ein besonders grausamer Mann namens Fetzer. Fetzer war von Neuwied nach Essen gekommen, nachdem man ihn dort wegen seiner Schreckenstaten schon überall kannte und suchte. Als er auf die Essener Räuber traf, erzählte man ihm, daß eine halbe Stunde ruhraufwärts von Steele ein reicher Schmied wohne, auf den man es schon lange abgesehen habe. Ebenso wie für seinen Reichtum war der Schmied aber auch wegen seines Mutes und seiner Bärenkräfte bekannt. Deshalb habe man es bisher nicht gewagt, bei ihm einzudringen. Fetzer erklärte sich bereit, als Anführer den Überfall zu wagen. Zusammen mit seinen Kumpanen zog er zunächst nach Essen, wo sich alle im Hause eines gewissen Christian Schnaab mit Pistolen und Patronen versahen. Noch in derselben Nacht brachen die Räuber unter Fetzers Kommando zum Haus des Steeler Schmieds auf. Während sie noch anrückten, wurden sie jedoch schon von Nachbarn bemerkt, die das Opfer warnten. So kam es, daß sie, als sie am Ziele eintrafen, alle Tore des Anwesens verrammelt vorfanden. Dahinter standen mehrere Leute, die ihnen wütend und mit drohenden Gebärden zuriefen, sich aus dem Staube zu machen. Aber da kannten sie

Fetzer schlecht. Dieser trieb seine Leute an, und mit einem dicken Holzpfahl, den sie als Rammbock benutzten, war bald das Haupttor aufgebrochen. Die Anwohner versuchten, mit Holzknüppeln die Räuber zu vertreiben, doch waren sie ihnen zahlenmäßig unterlegen. Außerdem besaßen sie keine Feuerwaffen, so daß sie vor den drohend vorgehaltenen Pistolen der Angreifer zurückweichen mußten. Bald hatten die Räuber ihre Opfer gefesselt und geknebelt und plünderten das ganze Anwesen. 500 Goldtaler, Uhren und Silbergeschirr waren ihre Beute. Einige Tage später überfiel die Fetzer'sche Bande einen Bauernhof im Norden Essens, wobei ein Knecht zu Tode kam. Dieser Raub erregte so gewaltiges Aufsehen, daß sich viele Bandenmitglieder für einige Zeit nach Elberfeld begaben, weil sie fürchteten, wiedererkannt und festgenommen zu werden. Aber es vergingen nur wenige Wochen, da planten die in Essen Verbliebenen schon wieder einen Überfall; diesmal sollte ein reicher münsterländischer Bankier ihr Opfer sein. Allerdings hatten die Essener ihren Anführer Fetzer nicht benachrichtigt, der sich noch immer mit einigen Getreuen im Oefter Wald verborgen hielt. Gleichwohl erfuhr Fetzer von dem Plan und eilte mit seinen Spießgesellen nach Essen, um sich dem Raubzug anzuschließen. Als sie in Essen ankamen, waren die anderen schon aufgebrochen. Nur ihre Frauen waren zurückgeblieben. Da wurden die Fetzer'schen Leute außerordentlich wütend und beschlossen, sich für die entgangene Beute zu rächen. Sie faßten den Plan, auf Essener Gebiet einige Diebstähle zu begehen, wobei sie damit rechneten, daß die ganze Nachbarschaft alarmiert würde und daß man die aus dem Münsterland zurückkehrenden Kumpanen als Täter ansehen und ergreifen würde.

Doch Fetzer hatte nicht mit der List der zurückgebliebenen Frauen gerechnet, die auf geheimnisvollen Wegen von der Falle für ihre Männer erfahren hatten. Die Frauen verabredeten, Gleiches mit Gleichem zu vergelten, und ließen den Essenern, die bestohlen werden sollten, eine Warnung zukommen. Fetzer und seine Genossen wußten hiervon nichts und zogen am Abend in Richtung einiger vor den Stadtmauern Essens liegender Bauernhöfe los, die sie ausplündern wollten.

Etwa nach einer Viertelstunde stießen sie auf vier mit Gewehren bewaffnete Bauern, die ihnen vom Wegesrande her Einhalt gebieten wollten. Ohne sich hiervon beeindrucken zu lassen, fielen Fetzers Leute über die vier Männer her, entwaffneten sie, trieben sie vor sich her in ein nahegelegenes Wäldchen und ließen sie dort unter Bewachung zurück. Nun schlichen Fetzer und sein Vertrauter, der „Picard" gerufen wurde, in die Nähe des Hauses, das sie zunächst berauben wollten, um nähere Einzelheiten auszukundschaften. Unweit des Hauses aber stand abermals ein Bauer mit einer Pistole in der Hand. Auch dieser wurde entwaffnet und zu den anderen in das Wäldchen gebracht. Jetzt begaben sich Fetzer und Picard nochmals zu dem Hause, legten sich in der Nähe auf den Boden und lauschten. Bald merkten sie, daß in der Scheune viele Leute versammelt waren und miteinander sprachen. Leise kehrten die beiden Späher in das Wäldchen zurück zu den gefangenen Bauern, hielten ihnen Pistolen auf die Brust und drohten mit Erschießen, wenn sie nicht sofort erklären würden, was die Versammlung in der Scheune zu bedeuten habe. Zunächst wollten die Gefangenen nichts sagen. Nachdem man sie aber aufgefordert hatte, niederzuknien und sich auf den Tod vorzubereiten, da gestand schließlich der zuletzt gefangene, daß sie alle Wache gestanden hätten, weil sie gewarnt worden seien, daß ein Diebstahl stattfinden solle.
Nun erst erkannten die Räuber, daß sie verraten worden waren und ihren Plan nicht durchführen konnten. Jedoch waren ihre Raubgier und Rachsucht so groß, daß sie beschlossen, noch zur selben Stunde einen Raubüberfall an einem anderen Orte zu begehen. Darauf zogen sie los und trieben die gefangenen Bauern vor sich her, die ihnen den schweren Rammbock tragen mußten. Um Mitternacht erreichten sie das Tor des Zolleinnehmers Bonzel in Altendorf. Nachdem sie das Tor eingerammt hatten, wurden alle Bewohner mißhandelt, die Kasse geplündert, und aus lauter Mutwillen schlugen die Übeltäter alle Weinfässer im Keller entzwei.
Es würde zu weit gehen, über alle Untaten Fetzers und der Essener Bande zu berichten. Zwar konnten diese ihr unseliges Treiben noch viele Monate lang fortsetzen, doch über kurz

oder lang wurde jeder von ihnen einmal gefaßt. Auch Fetzer fiel eines Tages bei einem weiteren Einbruch seinen Häschern in die Hände. Man sperrte ihn in ein besonders gesichertes Gefängnis, da man wußte, daß er infolge seiner Geschicklichkeit, Schlösser zu öffnen, schon oft entflohen war. Doch diesmal war Fetzer vom Glück verlassen. Am 28. Februar 1803 wurde er in Köln vor Gericht gestellt und wegen seiner zahlreichen Greueltaten zum Tode verurteilt. Bald darauf starb Fetzer unter dem Beil der Guillotine. Mit großer Anerkennung bemerkte die zuschauende Menge, daß er in seinen letzten Lebensminuten alle seine Untaten bereute und Gott sein Seele empfahl.

Der arme und der reiche Bauer

Im Ruhrtal bei Kettwig lebten einst zwei Brüder, die beide als Bauern ihr Brot verdienten. Ihre Höfe und Felder waren gleich groß, doch nur einer der Brüder war im Laufe der Zeit zu einem reichen Mann geworden. Seine Äcker waren stets wohl bestellt, und seine Viehzucht gedieh prächtig. Der andere Bauer war zwar immer ebenso fleißig gewesen wie sein Bruder, doch Mißernten und Krankheiten des Viehs hatten verhindert, daß er zu großem Wohlstand gekommen wäre. Oft hatte er arge Not, seine Familie zu ernähren. Während sein Bruder weit über hundert Schafe sein eigen nannte, besaß er nur ein einziges.
Weil das Schaf des armen Bauern bei diesem oft nicht genug zu fressen fand, trottete es gelegentlich hinüber auf die Weide des reicheren, um dort mit seinen vielen Artgenossen Futter von der Wiese zu rupfen. Obwohl das einzelne Schaf kaum so viel fraß, daß man es bemerken konnte, so war der reiche Bauer doch sehr erzürnt über den ungebetenen Gast auf seiner Weide. Und so verbot er seinem Bruder, das Schaf jemals wieder zu seiner Herde zu lassen. Der arme Bruder liebte sein einziges Schaf sehr; in der Folgezeit hielt er es eingesperrt, und oft machte er sich auf den Weg über Berg und Tal, um von weither ein wenig Futter für sein Tier herbeizuschaffen.
Doch eines Tages vergaß er, das Gatter zu schließen, und das Schaf nutzte die Gelegenheit und machte sich einmal mehr auf zu den saftigen Wiesen des reichen Bauern. Als dieser aber sah, daß das Schaf seines Bruders wieder auf seiner Weide Futter suchte, da geriet er aufs neue in fürchterlichen Zorn, so sehr, daß er hinging und das Schaf seines Bruders totschlug. Das tote Tier warf er vor die Haustür seines Herrn. Als der Arme sein geliebtes Tier so elend erschlagen fand, brach er in Tränen aus und klagte über das harte Herz seines Bruders. Dem toten Schaf zog er das Fell ab, das er zum Trocknen über den Zaun hängte.
Bald darauf mußte der Arme in den finsteren Wald zum Holzsammeln, denn er besaß nicht genug Geld, um sich Kohlen zu

kaufen, und so mußte er sein Heim mit Holzresten heizen. Kurz bevor er sich aufmachen wollte, begann es in Strömen zu regnen. Da fiel ihm das Schaffell ein, und er holte es vom Zaun und hüllte sich hinein. Nun hatte er Schutz vor Regen und Kälte. Das Fell fiel ihm auch über Kopf und Schultern. Wie er nun in den Wald kam, bemerkte er sehr bald, daß dort eine Räuberbande ihr Unwesen trieb. Plötzlich sah er sich von vielen Räubern umringt, die furchterregend dreinschauten, und sofort wollte sich unser armer Bauer zur Flucht wenden. Aber wie erstaunt war er, als er sah, daß alle Räuber laut aufschrien und sich eiligst in alle Himmelsrichtungen zerstreuten. So schnell wie sie gekommen waren, waren sie auch wieder verschwunden. Was war geschehen? Als die Räuber das sonderbare Ungetüm im Schafsfell erblickten, glaubten sie, den leibhaftigen Satan vor sich zu haben, und furchtsam hatten sie schleunigst das Weite gesucht. Da stand nun der arme Bauer wieder ganz allein im Walde, und als er dort hintrat, wo eben noch die Räuber gewesen waren, da fand er Gold- und Silbermünzen in Hülle und Fülle. Davon sammelte er ein, soviel er tragen konnte, und eilte schnell nach Hause. So hatte das tote Schaf dem Armen doch noch Glück gebracht: von einer Stunde zur anderen war er ein reicher Mann geworden.

Als der geizige reiche Bauer von der glücklichen Begebenheit erfuhr, da regte sich in ihm der Neid. Ohne viel zu überlegen, schlachtete er eins von seinen Schafen, hing sich das Fell um und eilte in den Wald, voller Hoffnung, daß auch er der wilden Räuberbande begegnen und sie in die Flucht schlagen könnte. Und tatsächlich: es dauerte gar nicht lange, bis er sah, daß die Räuber allmählich aus allen Richtungen wieder zusammenkamen. Diese aber hatten ihren Irrtum erkannt. Als sie nun wieder die vermummte Gestalt im Schafspelz auf sich zukommen sahen, da glaubten sie, daß es derselbe sei, vor dem sie so tölpelhaft geflohen waren. Voller Zorn stürzten sie nun allesamt auf den verkleideten Reichen los und schlugen ihn tot. So war er ein Opfer seiner eigenen Gier geworden.

Der ehemals arme Bauer aber erbte die Güter seines Bruders und lebte mit seiner Familie in Glück und Wohlstand bis an sein Lebensende.

Der unmenschliche Herr auf Burg Landsberg

Am linken Ruhrufer, auf einer Anhöhe zwischen Kettwig und Ratingen, liegt die alte Ritterburg Schloß Landsberg. 1291 wurde die Anlage erstmalig in Urkunden erwähnt. Ursprünglich war die Burg Sitz eines Dienstmannes der Grafen von Berg, der die Aufgabe hatte, den wichtigen Ruhrübergang einer alten Handelsstraße bei Kettwig und die Straße nach Ratingen zu schützen. Doch in der Zeit vom 13. bis zum 15. Jahrhundert entwickelten sich die Herren von Landsberg zu Raubrittern, zu „Schnapphähnen", wie man damals sagte, die bis nach Duisburg, manchmal sogar bis nach Köln als Wegelagerer und Plünderer tätig waren. Besonders gern hatten sie es auf die „Pfeffersäcke", durchziehende reiche Kaufleute, abgesehen. Im 16. und 17. Jahrhundert hatte Schloß Landsberg viel unter fremden Truppen zu leiden und wurde stark zerstört. Heute ragt von der alten Burganlage nur noch der 33 Meter hohe, quadratische Bergfried empor. Nach wechselvoller Geschichte wurde Schloß Landsberg 1903 von dem Großindustriellen August Thyssen erworben und im Spätrenaissancestil wieder aufgebaut. Als dieser 1924 starb, wurde er im alten Bergfried beigesetzt.
Der Sage nach reichen die Ursprünge von Schloß Landsberg aber noch viel weiter zurück. Der Hügel, auf dem es steht, soll schon von den Römern befestigt und als Beobachtungsposten genutzt worden sein. Anderen unbestätigten Berichten zufolge bestand hier auch zur Zeit der Kriege zwischen den Sachsen und Franken ein befestigtes Haus. In dieser Epoche spielt die folgende Überlieferung:

* * *

Der fränkische Herr auf Burg Landsberg war ein roher und wüster Geselle. Allen erdenklichen Lastern war er zugetan, und seine Untaten versetzten die ganze Gegend in Schrecken. Zum Ausbau der Burg hatte er Sklaven eingesetzt, die unter strenger Aufsicht grausamer Knechte vom frühen Morgen bis zum späten Abend schuften mußten. Ging es den Knechten

Schloß Landsberg

nicht schnell genug, dann trieben sie die armen Kreaturen mit Peitschen an, so daß sich ihr Schweiß mit ihrem Blut vermischte. Nahrung erhielten sie nur wenig. Ihre Körper waren schnell durch die schwere Arbeit, Hunger und Schläge ausgezehrt, und als die Burg noch lange nicht befestigt war, gab es schon zahlreiche Leichen unter ihnen. Dies störte den Burgherrn wenig; er ersetzte einfach die Toten durch Lebende. Wenn er nicht gerade die Bauarbeiten beaufsichtigte und seine Sklaven quälte, zog der Burgherr umher, raubte und plünderte, bis die Gewölbe der Burg von Schätzen überquollen. Bald war in der näheren Umgegend nichts mehr zu holen. Die Menschen versteckten sich und den Rest ihrer Habe. So erstreckten sich die Streifzüge des Quälgeistes immer weiter und weiter, bis er eines Tages mit all seinen Schätzen auf geheimnisvolle Weise verschwand. Niemals wieder hat man von ihm gehört, und man weiß bis heute nicht, ob ihm sein Reichtum Glück oder Unglück gebracht hat.

Der Fuhrmann am „Esel”

Unterhalb von Schloß Landsberg liegt das herrliche Wasserschloß Hugenpoeth, dessen Ursprünge ebenfalls in das 13. Jahrhundert zurückreichen. Seine heutige Gestalt hat es aber erst in der zweiten Hälfte des 17. Jahrhunderts erhalten. In unmittelbarer Nähe von Schloß Hugenpoeth zweigt die Straße entlang der Ruhr in Richtung Ratingen ab und windet sich in engen Kehren den Berg hinauf. Dieser heißt seit jeher im Volksmund „Esel”. Unten am Berge steht die alte Gaststätte „Am Esel”. Hier mußte bereits zu Beginn des 18. Jahrhunderts der Wirt stets einige Esel für den Fall bereithalten, daß die Herren von Hugenpoeth Lust verspürten, den steilen und damals noch unbefestigten Weg hinauf in den Wald zu reiten. Aber auch die Fuhrleute, die mit ihren Kohlekarren von Kettwig nach Ratingen wollten, hatten es schwer, den Weg hinaufzukommen. Sie mußten stets am Esel haltmachen. Und nachdem sie sich in der Wirtschaft mit einem frischen Trunk gestärkt hatten, wurden zusätzliche Pferde vorgespannt, mit deren Hilfe sie den Berg überwinden konnten.

* * *

Eines Tages saßen in der Wirtschaft „Am Esel” einige junge Burschen zusammen, die fleißig dem Bier zusprachen. Als sie schon alle fröhlich, ja übermütig geworden waren, prahlte einer von ihnen damit, daß er der schwarzen Magie mächtig sei; mit einem einzigen Zauberspruch könne er ein Fuhrwerk so festsetzen, daß seine Pferde keinen einzigen Schritt mehr vorwärts kämen.
Laut johlend verlangten die anderen den Beweis, den er ihnen nicht schuldig bleiben wollte. Und so traten alle vor die Türe, wo gerade ein Kohlefuhrwerk stand, das den Berg hinaufgezogen werden sollte. Schon setzten sich die Pferde in Bewegung, da murmelte der junge Bursche einen Spruch vor sich hin — und die Tiere blieben wie angewurzelt stehen. Kein Peitschenknallen, kein Zuruf konnte sie von der Stelle bewegen.

Alte Gaststätte „Am Esel"

Der Fuhrmann blickte mißtrauisch auf die fröhlich grinsenden Beobachter vor der Wirtshaustür. Dann schritt er um sein Fuhrwerk, als ob er etwas suche. Und tatsächlich zählte er an einem der Räder dreizehn Speichen, obwohl sie gewöhnlich nur zwölf Speichen hatten. Da reckte sich der Fuhrmann empor und verlangte mit lauter Stimme: „Wenn die Pferde nicht sofort frei sind, dann gibt es ein Unglück!"

Doch der Bursche, der den Bannspruch ausgestoßen hatte, tat, als ob ihn die Sache nichts anginge. Da nahm der Fuhrmann ein Beil und zertrümmerte mit kräftigem Schlag die überzählige Speiche. Im selben Augenblick geschah zweierlei: die Pferde traten an und zogen den Wagen den Berg hinauf — der junge Bursche aber stürzte zu Boden und hatte ein Bein gebrochen.

Die Entdeckung der Steinkohle

Das Ende dieses Buches bilden einige Bergbausagen, die an die Vergangenheit Essens als Bergbaustadt erinnern.
Wann genau auf Essener Gebiet zum ersten Mal Steinkohle gefunden und verfeuert wurde, wissen wir nicht genau. Die ältesten Nachrichten stammen aus dem Jahre 1317. Damals wurden in einfachen Grablöchern in den Hängen der Ruhr die offenliegenden Flözenden ausgebeutet. Der Kohleabbau in großem, industriellem Stil kam erst allmählich in der ersten Hälfte des 19. Jahrhunderts in Gang. 1958 wiesen 22 fördernde Zechen der Stadt Essen den Rang der größten Bergbaustadt Europas zu. Aber knapp dreißig Jahre später brachte das „Zechensterben" auch für Essen das Ende einer eindrucksvollen Epoche: 1986 wurde die letzte Essener Zeche, Zollverein, stillgelegt.
Heute erinnern nur noch einige Bergmannssiedlungen, einige dem Wildwuchs preisgegebene Industrieruinen, einige stehengebliebene Fördertürme an unsere Zechenvergangenheit. Vielleicht erzählen in einigen Generationen nur noch die Sagen davon, daß in Essen einst viele Jahrhunderte lang nach Kohle geschürft wurde.

* * *

Zu einer Zeit, als die Menschen nur wußten, daß man mit Holz Feuer und Wärme erzeugen könne, weidete an einem kühlen Herbsttage ein Hirtenjunge seine Schafe dort, wo die Berge an die Ufer der Ruhr stoßen. Als er hungrig wurde, fing er einige Fische und entzündete ein kleines Holzfeuerchen, um sie zu braten und um ein wenig Wärme für die Nacht zu haben. Am nächsten Morgen schien das Feuer erloschen. Als der Hirtenjunge in die Asche greifen wollte, zuckte er jedoch erschreckt zurück, denn er sah, daß die Steine, auf denen er am vergangenen Abend das Feuer entzündet hatte, heiß und rotglühend geworden waren. Der Junge hatte so etwas noch niemals gesehen und rannte verstört nach Hause zu seinen Eltern, denen er sein Abenteuer erzählte. Auch Vater und Mutter konnten sich

Aus der Frühzeit des Essener Bergbaus: „Stollen Voßhege" im Bereich der „geologischen Wand Kampmannbrücke" in Heisingen

den Spuk nicht erklären und glaubten, daß es sich um ein Werk des Teufels handeln müsse. Sie verboten ihrem Sohn, jemals von seinem Erlebnis zu sprechen. Fortan weidete dieser seine Schafe woanders, doch konnte er niemals die unheimliche Begebenheit vergessen.

Als unser Hirtenjunge zu einem stattlichen Mann herangewachsen war, wollte er sich eine Frau suchen, die ihr Leben mit ihm teilen sollte. Doch unter den Mädchen seiner Heimat fand sich keine, die ihm gefiel. Allerdings gab es in Essen auf dem Rott ein liebes und freundliches Mädchen, das er gern heimgeführt hätte. Dieses Mädchen hatte aber schon so manchen, der um ihre Hand angehalten hatte, abgewiesen, weil sie sich niemals entscheiden konnte. Da bestimmte eines Tages ihr Vater, daß sie denjenigen heiraten solle, der ihr den schönsten Edelstein als Hochzeitsgabe bringen könne. In der Folgezeit kamen zahlreiche junge Männer in das Haus des Mädchens und legten die auserlesensten Schmuckstücke vor sie hin, die sie überall in der Welt zusammengetragen hatten. Keinem aber gelang es, die Schönheit der Kostbarkeiten zu übertreffen, die das Mädchen bereits besaß.

Als der Hirtenjunge dies hörte, war er sehr traurig, denn er hatte nicht genug Geld, um jemals wertvolle Diamanten oder Geschmeide erwerben zu können. Doch da erinnerte er sich an die brennenden Steine, die er vor vielen Jahren einmal gesehen hatte und von denen zu sprechen ihm seine Eltern verboten hatten. Lange kämpfte er mit sich, ob er es wagen sollte, an den Ort seines Abenteuers zurückzukehren, und große Furcht beschlich ihn, wenn er daran dachte. Seine Sehnsucht nach dem jungen Mädchen war aber so groß, daß er es doch endlich wagte. Mit einer Spitzhacke und einem Holzkästchen begab er sich zum Ruhrufer, wo er einstmals das Feuer angezündet hatte, und löste einige der Steine, die er dort vorfand. Hierbei fiel ihm auf, daß diese Steine schwarz waren und glänzten.

Mit seinem gefüllten Holzkästchen ließ er sich sodann bei dem schönen Mädchen melden. Als er eintrat und seine schwarzen Steine vorzeigte, lachten und spotteten das Mädchen und sein Vater über ihn, weil sie nicht glauben konnten, daß die schwarzen Steine als Edelsteine oder Diamanten angesehen werden

könnten. Der Hirtenjunge aber ließ sich nicht beirren und bat darum, daß er seine Steine ins Holzfeuer legen dürfe. Der Wunsch wurde ihm gewährt, und schon bald flackerte das Feuer hoch auf, und die schwarzen Steine erglühten in prächtigem Rot so hell und klar, wie noch niemals ein Edelstein geleuchtet hatte.
Als das Mädchen dies sah, entflammte sein Herz für den Hirtenjungen. Die beiden jungen Menschen blickten sich glücklich in die Augen, und schon wenige Wochen später wurde eine prächtige Hochzeit gefeiert. Nach der Trauung kamen die Gäste zu einem großen Festmahl zusammen. Als sie nun hörten, auf welch wundersame Weise der Hirtenjunge die Liebe des schönen Mädchens errungen hatte, da baten sie ihn, den Ort zu zeigen, wo er die schwarzen Steine gefunden hatte. Nachdem das Geheimnis nun ein für allemal gelüftet worden war, sträubte sich der junge Ehemann nicht länger und führte alle Gäste zu den Ufern der Ruhr, wo er zum ersten Mal das Glühen der schwarzen Steine gesehen und ihre Wärme verspürt hatte.
Später kamen viele Menschen von weither an diese Stelle und wollten von den Steinen haben, weil sie erfahren hatten, daß man mit ihnen viel besser heizen konnte als mit Holz. Wie sie früher das ausgeglühte Holz „Holzkohle" genannt hatten, so tauften sie die schwarzen Steine „Steinkohle".

Die Legende vom Barbarazweig

Einst lebte ein Bergmann an der Ruhr mit Namen Gottlieb Bäumer. Gottlieb war ein fleißiger Mann, der eifrig seine Stollen trieb und Tag für Tag viele Säcke mit Kohle ans Tageslicht brachte. Er war mit seinem Leben zufrieden und sooft er in die Kirche ging, betete er zu seinem Herrgott, den er liebte und von dem er wußte, daß er ihm sein Wohlergehen verdankte. Dies alles sah der Teufel mit schrägem Blick. Gar zu gerne hätte er Gottlieb Bäumers Seele gehabt, doch es wollte ihm nicht glücken. Voll Mißmut und Ärger trabte der Teufel durchs Ruhrland.

Da eines Tages geschah es, daß Gottlieb Bäumer im Berge auf taubes Gestein stieß. So fleißig er auch arbeitete, er fand kein einziges Stückchen Kohle mehr. Als der Teufel dies sah, wetzte er heimlich seine Krallen. Gottliebs Mißgeschick wollte er dazu nutzen, an seine Seele heranzukommen. Und so kleidete er seine höllischen Glieder eines Tages in ein einfaches Bergmannsgewand und näherte sich Gottlieb Bäumer als ein biederer Arbeitskamerad. Dieser empfing den Fremdling ohne Argwohn und klagte ihm seine schweren Sorgen, litt er doch schon mit Frau und Kind heftige Not. Soviel er auch betete, er fand keine Kohle mehr – und keine Kohle, das bedeutete für ihn: kein Brot. Da flüsterte ihm der listige Teufel zu: „Wenn Du mir Deine Seele gibst, dann soll Deine Not ein Ende haben. Du brauchst sie mir nur für sieben Jahre zu verschreiben. Niemand wird etwas davon erfahren. Bald wirst Du dann der reichste Mann an der Ruhr sein und – Du brauchst Dich niemals mehr zu schinden und zu plagen!"

Zuerst war Gottlieb Bäumer sehr erschrocken, als er das seltsame Angebot des Satans hörte, doch der Teufel wußte so listenreich mit goldenen Worten von zukünftigem Reichtum zu erzählen, daß Gottliebs Widerstand bald schwächer wurde. Da zog auch schon der Teufel eine Feder aus seinem Hut, dann ritzte er dem Bergmann ein wenig den Arm, und mit den ersten Tropfen Blut wurde der Vertrag unterschrieben.

Der Teufel zögerte nicht, sein Versprechen einzulösen: schon am nächsten Tage griff er zur Hacke und räumte unverdrossen die Steine aus den Stollen fort. Das war ein Wühlen und Schürfen! In Windeseile flogen die Gesteinsbrocken zur Seite. Der Teufel brauchte nicht einmal ein Licht dazu. Seine glimmenden Augen erhellten das Dunkel im Berge. Und bald schon kam wieder die Kohle zum Vorschein. Tag und Nacht brach nun der Teufel das schwarze Gold aus dem Gestein, und Gottlieb Bäumer brachte fröhlich die von neuem gefüllten Säcke zutage. Ja, es gab so viel Kohle, daß Gottlieb allein nicht mehr mit der Arbeit fertig wurde; er mußte sich einen Knappen zu Hilfe nehmen. So wie die Kohle aus dem Berge strömte, so reich floß auch das Geld dem Gottlieb zu. In seinen Truhen und Schränken häuften sich Taler und Dukaten – aber es war Teufelsgeld! Trotz des vielen Geldes war es Gottlieb gar nicht wohl in seiner Haut, und so begann er, sein ungutes Gefühl mit Bier und Wein zu ertränken und lebte in Saus und Braus. Doch in seinem Überfluß vergaß er die Armen nicht. Niemand verließ sein Haus, der sich nicht vorher satt gegessen hätte. Jedem Bettler gab er Taler mit vollen Händen, und wer Not litt und Geld brauchte, der mußte sich nur an Gottlieb Bäumer wenden.

So gingen also die Jahre ins Land. Kaum noch dachte Gottlieb an den Teufel. Ja, manchmal vergaß er sogar, wem er seinen ganzen Reichtum verdankte! Bis eines Tages der Satan vor ihm stand. Den unterschriebenen Vertrag hielt er in der Hand und lachte triumphierend: „Nun sind die sieben Jahre um. Du mußt mit mir zur Hölle kommen!"

Doch Gottlieb Bäumer war gewitzt. „Noch ist die Frist nicht abgelaufen, die ich mit meinem Blute unterschrieben habe", entgegnete er. „Heute ist Barbaratag. Noch drei Wochen fehlen an der Zeit. Komm am Heiligen Abend wieder. Dann erst will ich mitkommen – so Gott es will."

Diese Worte erbosten den Teufel sehr, und so riß er von einem Kirschbaum einige Zweige ab und warf sie Gottlieb hin mit den Worten: „Nimm diese dürren Zweige hier. Wenn Gott Dir wirklich helfen will, dann läßt er sie, wenn ich wiederkomme, mitten im Winter blühen. Wenn dies geschieht, dann will ich ohne Deine Seele fortziehen."

Verzweifelt und traurig, mit schweren und müden Gliedern, schlich Gottlieb nun nach Hause. Die Zweige trug er in der Hand, ohne Hoffnung, daß sich das Wunder jemals erfüllen würde. Plötzlich wurde es hell um ihn. Vor ihm stand eine wunderschöne junge Frau in einem weißen Leinenkleid. Es war die heilige Barbara, die Schutzpatronin der Ruhrbergleute. Vom Licht umflossen stand sie da – das ganze Ruhrtal erstrahlte in goldenem Schimmer.

„Du hast Dich mit dem Bösen eingelassen", sprach nun die Heilige zu Gottlieb, „groß und schwer ist Deine Schuld. Mond und Sterne könnten deswegen verblassen. Aber verliere die Hoffnung nicht. Du hast Dein schlechtes Tun schon lange bereut. Und weil Du außerdem viel Gutes getan hast, will ich Dir mit einem Rat helfen: gehe heim und stelle die Zweige in einen mit Wasser gefüllten Krug. Bald werden sich Blüten und Blätter im Überfluß zeigen."

Nachdem sie dies gesagt hatte, verschwand die heilige Barbara aus Gottliebs Blicken. Dieser tat, was die Erscheinung ihm geraten hatte, und tatsächlich, nach einiger Zeit sprossen aus den Zweigen herrliche Blüten und Blätter, obwohl es noch strenger Winter war.

Als nun der Heilige Abend gekommen war, fand sich der Satan pünktlich am vereinbarten Treffpunkt ein. Bald kam auch Gottlieb, der die blühenden Zweige mitgenommen hatte, sie aber noch unter seinem Mantel versteckt hielt.

„Nun ist die Frist endgültig abgelaufen. Komm mit mir!" Mit diesen Worten zog der Satan das blutunterzeichnete Pergament aus seinem Gewand.

Da ließ Gottlieb mit frohlockendem Lachen den Teufel die blühenden Zweige sehen.

Dieser stampfte voll Wut mit dem Pferdefuß auf, daß feurige Funken aufstoben. Er besah sich die blühenden Zweige von allen Seiten. Geifer floß aus seinem höllischen Mund. Zornentbrannt wollte er nach seinem Opfer greifen und seine Niederlage nicht eingestehen. Gottlieb verlor schon fast den Mut. Schon spürte er die krallige Faust in seinem Nacken, und in seinen Adern gefror das Blut.

Die heilige Barbara und der Bergmann. Relief am Essener Ruhrkohlehaus

Doch was war das? Horch! Ganz leise erklang die feine Stimme eines Glöckchens, und nach und nach stimmten alle Glocken in das Tönen und Singen ein. Bald erschallte das Ruhrtal vom mächtigen Weihnachtsgeläut. Da versiegte die Kraft des Teufels, und er verschwand in stinkendem Rauch. Zurück blieb nur das Vertragspergament; es hing unversehrt an einem Strauch.

Und so lebte Gottlieb noch viele Jahre. Der Teufel ließ ihn in Frieden. Doch alljährlich am Barbaratage stellte Gottlieb Kirschbaumzweige in einen Krug, die immer am Weihnachtstage Blüten und Blätter trieben.

Noch heute üben manche Bergleute im Ruhrgebiet diesen schönen Brauch zu Ehren ihrer Patronin, der heiligen Barbara.

Das Grubenmännchen

Wenn die Bergleute heute in den Berg einfahren, um Kohle zu fördern, dann helfen ihnen dabei allerlei Maschinen. In großen Stahlkäfigen, den Förderkörben, die an armdicken Stahltrossen hängen, werden sie wie in einem Aufzug in die Tiefe hinab und nach getaner Arbeit wieder ans Tageslicht heraufgefahren. Unten in der Erde werden sie durch Stollen, die manchmal viele Kilometer lang sind, auf kleinen Eisenbahnen zu ihren Arbeitsplätzen gefahren. Wenn sie „vor Ort", also dort, wo die Kohle abgebaut wird, angelangt sind, dann stehen ihnen gewaltige Maschinen zur Verfügung, die ihnen helfen, die Kohle aus dem harten Gestein herauszureißen; riesige Bohrer, Hobel und Schrämmen fressen sich in den Berg und reißen die Kohle los, die polternd niederstürzt und anschließend auf langen Förderbändern abtransportiert wird. Die Arbeit der Bergleute an diesen Maschinen in Hitze, Staub und Dunkelheit ist auch heute noch sehr anstrengend und sehr gefährlich, denn durch herabstürzendes Gestein, durch hereinbrechendes Grundwasser oder durch Explosionen von gefährlichen Gasen ist ihr Leben ständig bedroht. Vor noch gar nicht langer Zeit aber hatten es die Bergleute noch viel schwerer. Statt mit dem Förderkorb niederzufahren, mußten sie auf zahllosen Leitern in die Tiefe steigen und nach getaner Arbeit, wenn die Glieder vor Müdigkeit schmerzten, auch wieder aufsteigen. Unten in der Grube gab es dann keine Stollen, durch die sie aufrecht gehen konnten. Nein, meistens krochen sie auf dem Bauche liegend durch enge Gänge; über ihnen in der Finsternis lastete das schwarze Gestein und drohte, jederzeit auf sie niederzustürzen. Nur wenn sie im Berge natürliche Gewölbe fanden, dann konnten sie auch aufrecht gehen und stehen. „Vor Ort" mußte die Kohle aus dem Berg gerissen werden. Hierfür konnten die Bergleute früher aber keine Maschinen einsetzen, dies mußten sie mit Menschenkraft schaffen, und so schwangen sie ihre Hämmer, wühlten mit ihren Bohrern und huben Stunde um Stunde mit ihren Spitzhacken auf das Gestein ein, immer in der Hoffnung, genügend Kohle zu finden, um sich und ihre

Familie ernähren zu können. Die gewonnene Kohle mußten sie wiederum durch die engen Gänge transportieren. Oft blieb ihnen nichts anderes übrig, als sich einen Strick um die Schultern zu legen und kriechend die Kohlekisten vorwärtszuziehen. Nur wenn die Stollen höher waren, konnten sie den Kohletransport den Grubenpferden überlassen, die ihr ganzes Leben in der Finsternis des Berges zugebracht hatten und dabei blind geworden waren.

* * *

Zu jener Zeit also, als die Bergleute noch mit der Kraft ihres Körpers die Kohle aus dem Gestein hauen mußten, da gab es in Essen einen Hauer, der zwar immer fleißig seiner Arbeit nachging, aber dennoch vom Unglück verfolgt war. Wenn er durch die engen Stollen kroch, mußte er beständig an seine Frau denken, die zu Hause krank daniederlag und sich nicht um die drei Kinder der Familie kümmern konnte. Ihm fiel auch ein, daß nun niemand da war, der ihren kleinen Garten pflegen konnte, und daß alles Obst und Gemüse verkommen würde. Bei solchen Gedanken wurde unserem Hauer die Arbeit noch schwerer. Abends, wenn er müde von der Arbeit heimkam, dann konnte er sich immer noch nicht ausruhen; zuerst mußte er noch kochen, waschen, putzen und all die schwere Arbeit verrichten, die sonst seine Frau getan hatte, die immer kränker wurde, so daß er kaum noch an Rettung glauben mochte.
Als unser Hauer nun wieder einmal vor Ort seine Spitzhacke schwang und das widerspenstige Gestein nicht herabfallen mochte, da packte ihn die Wut, und er rief in die Dunkelheit: „Wenn es jetzt nicht besser geht, so mag mir der Teufel helfen!" Gerade hatte er dies ausgesprochen, so erschien ein kleines Männchen, kaum so groß, als daß es an seinen Gürtel reichte, und sprach zu ihm: „Mein Freund, warum willst Du den Teufel versuchen?" Obwohl der Hauer nicht wußte, wo das Männchen, das ganz in Rot gekleidet war, hergekommen war, so faßte er doch bald Vertrauen und erzählte ihm vom Leid und Elend seiner Familie. Das Männchen, das zu den gutmütigen Berggeistern gehörte, die unter Tage ihr Wesen treiben, hörte dem armen Hauer gut zu und sprach sodann: „Nun, Dein

Schicksal tut mir leid. Weil ich nicht will, daß Du den Teufel zu Hilfe rufst, der noch keinem Bergmann Glück gebracht hat, so will ich Dir selbst helfen. Gerne will ich für Dich Deine Arbeit tun, wenn Du mir an jedem Lohntag einen Heller abgibst. Nur eine Bedingung muß ich noch stellen: niemals darfst Du zu einer Menschenseele von unserer Vereinbarung sprechen."

Nur zu gern nahm der Hauer den Vorschlag des Grubenmännchens an, und schon am nächsten Tag begann sich sein Schicksal zum Besseren zu wenden: von früh bis spät war das Grubenmännchen an der Arbeit und schaffte so viel Kohle aus dem Berg, daß der Hauer an jedem Zahltag reichlichen Lohn erhielt und gerne seinen Heller abgab. Allmählich kam er so zu bescheidenem Wohlstand. Da auch seine Frau wieder gesund wurde, war bald in seiner Familie alles zum besten gestellt, und unser Hauer hätte sich kein angenehmeres Leben vorstellen können.

Eines Tages aber begab er sich, wie er es nun des öfteren zu tun pflegte, in eine Wirtschaft und trank mehr Bier, als er eigentlich vertragen konnte. Auch seine Zechkumpane hatten schon reichlich Bier getrunken, als sie auf die Berggeister zu sprechen kamen. Und jeder glaubte nun, auch eine Geschichte beisteuern zu müssen. So war bald von allen guten und bösen Geistern, von Elfen, Hexen, Feen und auch von Zwergen die Rede, und je mehr Bier sie tranken, um so geheimnisvoller und abenteuerlicher wurden die Geschichten, die da am Wirtshaustisch erzählt wurden. Nur einer hatte noch nichts gesagt, sondern die ganze Zeit nur trübe vor sich hingestiert; das war unser Hauer, den es verdroß, daß das Grubenmännchen ihm verboten hatte, von ihrer Vereinbarung zu sprechen. Lange überlegte er, ob er seinen Trinkbrüdern von seinem Erlebnis im Berge erzählen und ihnen den Grund seines Glückes offenbaren sollte, doch immer wieder hielten ihn seine Zweifel zurück. Was würde geschehen, wenn das Grubenmännchen merken würde, daß er den Pakt gebrochen hatte? Doch schließlich hatte er so viel Bier getrunken, daß er jede Vorsicht außer acht ließ. Nachdem er mit vom Alkohol geröteten Wangen ein Prosit auf das Grubenmännchen ausgebracht hatte, erzählte er seinen Zechkumpanen die ganze Geschichte, wie er das Gruben-

männchen getroffen habe, wie er mit ihm gesprochen habe und wie gut es ihm seither gehe. Als er seine Erlebnisse zu Ende berichtet hatte, war es zunächst ganz still im Wirtshaus; trotz ihrer benebelten Köpfe hatten alle begriffen, daß hier eine ganz außergewöhnliche und wundersame Geschichte erzählt worden war. Doch schon bald verwirrten sich ihre Gedanken wieder, und sie verlachten den Hauer, hießen ihn einen Aufschneider und glaubten, daß dieser die ganze Geschichte nur erfunden habe.
Betrübt und enttäuscht begab sich unser Bergmann nach Hause. Schon auf dem Heimweg kamen ihm bange Gedanken. Sollte ihn der Trunk zu einer riesengroßen Dummheit verführt haben? Während der ganzen Nacht konnte er nicht schlafen und wälzte sich unruhig in seinem Bett herum. Am nächsten Morgen eilte er schon zu früher Stunde ins Bergwerk an seine Arbeitsstätte. Doch er konnte das Grubenmännchen nicht finden. Unberührt lagen Hammer und Spitzhacke. Sein Rufen verhallte ungehört in den Gängen, bis er plötzlich im Lichte seiner Grubenlampe entdeckte, was das Männchen ihm mit weißer Schrift auf das Kohlegestein geschrieben hatte: „Du törichter Mensch hast den Pakt gebrochen und durch eigene Schuld Dein Glück zerstört. Nun schlage die Kohle wieder allein!" Und unter dieser Schrift fand der Ungetreue fein aufgereiht alle Heller wieder, die er im Laufe der Zeit dem Grubenmännchen gegeben hatte. Wie sehr er auch klagte und rief, das Grubenmännchen blieb verschwunden und hat ihm nie mehr geholfen.

Der alte Mann aus dem Berge

Mancher Bergmann erinnert sich, daß schon sein Vater oder gar sein Großvater vom alten Mann aus dem Berge sprachen, den sie manchmal auch den Grubenalten oder den Bergalten genannt hatten. Aber auch heute noch kann es passieren, daß ein Kumpel dem Grubenalten begegnet, tief unten in den Stollen, die sich endlos durch das Kohlegestein ziehen. Meistens ist dann derjenige, der ihn sah, viele Tage lang schweigsam und verschlossen. Nicht selten mag er mit niemandem über sein seltsames Abenteuer reden.

Der alte Mann aus dem Berge war früher selbst einmal Bergmann gewesen, der immer fleißig gearbeitet hatte und stets gut zu seinen Arbeitskameraden gewesen war. Als nun der Tag seines Todes gekommen war, hatte ihm Gott erlaubt, bis in alle Ewigkeit durch die Schächte und Stollen der Bergwerke an der Ruhr wandern zu dürfen. Seit dieser Zeit zieht der Grubenalte durch die Berge. Und wo er auch hintritt, öffnet sich das Gestein und gibt ihm den Weg frei. Immer und überall kann er auftauchen und nach dem Rechten sehen. Seine Gestalt ist groß und hager, und gekleidet ist er in einen langen braunen Mantel, der bis auf den Boden reicht. Unter seiner alten Bergmannskappe quillt schlohweißes Haar hervor, das im Licht seiner silbernen Grubenlampe ebenso hell schimmert wie sein langer weißer Bart. Gewöhnlich blicken seine Augen freundlich und mild, doch wenn er sieht, daß Unrechtes geschieht, dann funkeln und blitzen sie, und jeder Übeltäter muß sein Gesicht vor Scham abwenden.

Manchmal, wenn sie tief unten im Gestein ihre mühsame Arbeit verrichten, sehen die Bergleute den Alten, wie er lautlos vorüberzieht. Dann versinken sie in ehrfürchtiges Schweigen, denn oft schon hat ihnen der Bergalte durch deutliche Zeichen zu verstehen gegeben, daß Gefahr drohe; so wußte man schon frühzeitig von Erdbeben, Wassereinbrüchen oder Bränden. So manches Mal, wenn das Licht der Kumpel verloschen war und sie sich in den langen dunklen Schächten verloren hatten, dann trat der Bergalte hinzu und setzte ihre Lampen wieder in

Gang, damit sie unverletzt ans Tageslicht zurückkehren konnten. Ja, der Grubenalte kennt die Sorgen der Bergleute besonders gut, weil er selbst einmal einer von ihnen gewesen war. Es soll auch schon vorgekommen sein, daß ein junger Knappe durch einstürzendes Gestein im Berge eingeschlossen war; ihm soll der Grubenalte so lange Hilfe geleistet haben, bis seine Arbeitskameraden einen neuen Stollen gebaut hatten und ihn befreien konnten. Ganz selten, zum Beispiel wenn über der Erde ein Kind geboren wird, während sein Vater im ewigen Dunkel der Kohle seiner Arbeit nachgehen muß, dann öffnet der Bergalte für kurze Augenblicke das Gestein, und wer hineinsieht, der wird geblendet von langen Gängen aus Gold und Silber, die übersät sind mit funkelnden Diamanten. Haben sich die leuchtenden Spalten aber wieder geschlossen, dann raunt es noch lange durch die Berge: „Sagt es niemandem! Sagt es niemandem!" Denjenigen, der trotz dieses Gebots nicht schweigen will oder gar selber nach den geheimen Schätzen sucht, den trifft der Zorn des Bergalten. Und wer sich durch diese Widerspenstigkeit seinem Zorn aussetzt, den verläßt bald das Bergmannsglück, und er muß seine Arbeit woanders suchen.
Einmal, es ist schon lange her, da gab es eine Grube, in der stand eine hohe Gestalt aus reinem Silber. Dies war der Bergalte selbst, der den Arbeitern unter Tage gern nahe sein wollte. Seitdem er dort stand, war Segen über das Bergwerk gekommen, die Ausbeute war reich, und kein Unglücksfall war vorgekommen. Alle wußten jedoch, daß sie die silberne Gestalt nicht berühren durften. Ein junger Knappe aber, der noch nicht ahnte, wie sehr der Bergmann bei seiner gefährlichen Arbeit des Glücks bedarf, schlug alle Warnungen in den Wind und beschloß, sich von dem Silber der Gestalt zu nehmen. Weil man ihn eindringlich gewarnt hatte, wartete er an einem Tage, bis alle vor ihm schon aufgefahren waren und er als letzter im Berg zurückgeblieben war. Dann begab er sich zu der Stelle, wo die silberne Figur stand, doch zögerte er lange, denn das majestätische Schimmern der Silbergestalt hielt ihn zurück, und er zweifete, ob er die Freveltat begehen sollte. Doch schließlich übermannte ihn seine Habgier, und mit einem schnellen Schlag

brach er die linke Hand der Statue ab. Was aber dann geschah, das hätte der junge Knappe in seinen schlimmsten Träumen nicht befürchtet: aus dem Arm der abgeschlagenen Hand strömte ein dicker Strahl eiskalten Wassers; der Junge sah mit Entsetzen, wie sich die Stollen schnell füllten. Für ihn gab es kein Entkommen, er mußte elend sterben. Mit ihm ertrank das ganze Bergwerk, und niemals mehr konnte dort Kohle gefördert werden.

Der Teufel und der Lehrhauer

An einem Sonntagmorgen zum Ende der siebziger Jahre des vorigen Jahrhunderts saß der Grubenverwalter einer Essener Zeche in seinem Büro. Er überprüfte gerade die Wochenleistung der Belegschaft, als es plötzlich an seine Tür klopfte und ein kräftiger, feingekleideter Herr eintrat. Auf die Frage nach seinem Begehr gab der Herr an, er suche Arbeit als Bergmann – gleich welcher Art. Der Grubenverwalter sträubte sich zunächst, diesem vornehmen Herrn Arbeit anzubieten. Aber auf wiederholtes Bitten fragte er ihn, ob er denn die schwere Arbeit als Gesteinshauer übernehmen möchte.
Der Herr nahm die Arbeit an, und der Akkordlohn wurde festgesetzt. Nur stellte der neue Gesteinshauer die Bedingung, daß der Lohn auf Heller und Pfennig mit dem Lehrhauer, bei dem er angelernt werden sollte, geteilt werde. Der Grubenverwalter war damit einverstanden, doch glaubte er nicht, daß dieser Herr jemals einfahren oder gar arbeiten würde. Doch am Montagmorgen stellte er sich tatsächlich zur Seilfahrt ein. Er erhielt als „Kumpel" einen tüchtigen Lehrhauer. Dieser freute sich, daß der Lohn auf Heller und Pfennig geteilt werden sollte, und er übernahm leichten Herzens die Bedingung, sich bei der Arbeit nie umzuschauen, da ihn sonst der Teufel hole.
Im zittrigen Flackerlicht der Öllampen erreichten beide die Arbeitsstelle im Querschlag.
Nun begann die Arbeit. Der Lehrhauer konnte nicht eilig genug die leeren Wagen herbeischaffen und volladen. Immer neue Berge von Gesteinsbrocken lagen auf der Strecke. Der Schweiß rann in Strömen über seinen mit Staub bedeckten Körper. Das war ein Wuchten und Schaffen, wie es der Lehrhauer noch nie erlebt hatte. Dabei wunderte er sich, daß der Gesteinshauer ohne das ohrenbetäubende Sprengen mit Pulver die Strecke so schnell vorantrieb. Nur ab und zu vernahm er ein Hohnlachen oder ein unheimliches Zähneknirschen.
Gleichwohl errechnete er in Gedanken bereits den Lohn, der ihm demnächst ausbezahlt werden würde.
Tagelang hielt der Lehrhauer sein Versprechen und schaute

sich bei der Arbeit, das heißt beim Beladen der Wagen, nie um. Indessen reizte ihn die Neugier mehr und mehr. Als er nun eines Tages einen schweren Stein in den Wagen heben wollte, schaute er in gebückter Stellung durch seine Beine.
Was er da sah, hätte ihn bald um den Verstand gebracht: der fremde Gesteinshauer stand in einem Flammenmeer und brach das Gestein mit glühenden Zangen ohne Geräusch und ohne Mühe los. Er wußte nun, wer dieser Fremde war.
Voller Furcht wandte sich unser Lehrhauer ab. Offensichtlich hatte der Fremde nicht bemerkt, daß er sich umgeschaut hatte. Dennoch kam ihm die Abmachung in den Sinn, daß der Lohn genau geteilt werden müsse. Sollte seine Seele verloren sein, wenn dies einmal nicht geschehe? Mit schlotternden Knien schleppte er den vollen Wagen fort und hockte erst einige Zeit neben einem Stempel, um seine Fassung wiederzugewinnen.
Schließlich kam der Zahltag. Der ausgemachte Lohn wurde den beiden Arbeitern ausbezahlt. Dabei ergab sich jedoch die Schwierigkeit, daß die restlichen neun Pfennige nicht genau zu teilen waren.
Der Lehrhauer weigerte sich nun ganz entschieden, den neunten Pfennig anzunehmen, weil er den unheimlichen Gesteinshauer, die Feuergestalt im Bergwerk, fürchtete, und er bestand darauf, daß dieser Pfennig mit einem Meißel geteilt würde, was dann auch geschah.
Der Fremde verließ darauf sofort die Zechenanlage und wurde nicht mehr gesehen.

Seilscheibe der 1972 stillgelegten Zeche Pörtingsiepen am linken Ufer des Baldeneysees

Warum der Teufel einen Pferdefuß hat

Der Teufel zog einst durch die langen, dunklen Stollen eines Bergwerks im Ruhrgebiet; er war auf der Suche nach einer Seele, die er in sein höllisches Reich mitnehmen konnte. Lange schon war ihm niemand begegnet, doch plötzlich hörte er von ferne ein Hämmern und Rattern, das ihn neugierig machte.
Als er näherkam, sah er den Bergmann Wilm bei der Arbeit; dieser war gerade damit beschäftigt, frische Bohrlöcher mit Sprengstoff zu füllen. Als er sich umschaute, bemerkte er den Fremdling an seinem Arbeitsplatz, und er erkannte sofort, daß er es mit dem Teufel zu tun hatte. Ganz verdattert fragte er ihn, was er denn hier unten im Pütt zu suchen habe.
„Ich will Dich holen, Deine Zeit ist um", bekam er zur Antwort. Doch Wilm mochte sich noch gar nicht bereitfinden, von dieser Welt zu scheiden – und schon gar nicht zusammen mit dem Teufel. Deshalb überlegte er schnell, was zu tun sei. Listig fragte er dann den Teufel:
„Genügt Dir denn meine Seele? Oder willst Du nicht noch eine weitere bekommen?" Dabei wies Wilm auf eines seiner Bohrlöcher.
„Dort in dieses Loch ist sie hineingekrochen."
Der Teufel ist ja, wie wir wissen, ein Nimmersatt, und so wuchs auch diesmal seine Gier, als er die Möglichkeit sah, ohne Schwierigkeiten gleich zwei Seelen auf einmal zu bekommen.
„Na denn", sagte Wilm zum Teufel, „setz' Du mal den Fuß auf das Loch, damit die Seele nicht daraus entfliehen kann. Inzwischen will ich rasch den Kratzer suchen, mit dem wir sie herausholen können."
Mit diesen Worten ging Wilm einige Schritte zur Seite. In seiner Habgier merkte der Teufel nichts und setzte seinen Fuß auf das Loch, während Wilm so tat, als suche er dort hinten in einer Ecke das notwendige Werkzeug. In diesem Augenblick zündete Wilm den Sprengstoff im Bohrloch, der Schuß löste sich – und des Teufels Bein war hin.
Seit dieser Zeit hat der Teufel als Ersatz eine Pferdefuß und holt sich keinen Bergmann mehr.

Das Vaterunser
in der Sprache unserer Vorfahren

Oser Vader, dä Du dobowe bes,
Din Name wolle we hochholde.
Du soss öwwer os glänze.
Du häs dat Sägge
öwwer Heemmel on Erd.
Gövv, dat we jede Dag satt wörde,
on vagäw os osere Schold
so, wi wir ok kinnem wat nohdrage wolle,
on führ os ni opper Leim,
lott os liewer wi Engelkes wörde;
denn Du stehs öwwer allet on kass allet
för emmer on eweg.
Amen

Literatur- und Quellenverzeichnis (Auswahl)

Angerhausen, Julius, Wunderbares sagt man von dir! Marienlegenden
Sankt Augustin 1978

Bahlmann, Paul, Ruhrtal-Sagen von der rheinisch-westfälischen Grenze
Münster 1913

Bockemühl, Erich, Das goldene Spinnrad. Niederrheinische Märchen und Legenden
2. Auflage, Duisburg 1967

Börsting, H.—*Borger,* H.—*Ellern,* V. H., Sankt Liudger. Gedenkschrift zum 1150. Todestag des Heiligen.
Essen-Werden 1959

Dicke, H.—*Lenz,* W., Essen in Geschichte und Sage
Essen 1930

Essen in der Poesie. Gedichte und Lieder auf Essen
Essen o. J. (1907)
(Gedichte und Lieder, hervorgegangen aus einem Preisausschreiben der Essener Volkszeitung)

Flügge, Wilhelm, Chronik der Stadt Werden
Düsseldorf 1886

Gutenberger, Ingo, Herrenhäuser in Essen
Essen 1978

Kleinmann, Otto—*Rahms,* Heinz, Aus vergangenen Tagen. Heimatgeschichtliches Lesebuch für Essen und Umgegend
Frankfurt/M. 1926

Körholz, Franz, Geschichte des Stifts Werden
in: Essener Heimatbuch, herausgegeben von Heinrich Wefelscheid und Otto Lüstner
Frankfurt/M. 1925, S. 71 ff.

Krannhals-Russell, Inga, Die Burg. Novellen aus Essens Frühzeit
Essen 1941

Lehnhäuser, Anton, Klöster, Burgen und feste Häuser an der Ruhr
Essen 1924

Petras, Harri, Sagen und Dichtungen, erlebt bei Wanderungen im Hattinger Raum
Hattingen 1981

Potthoff, Ludwig, Rellinghausen im Wandel der Zeit
Essen 1953

Rieth, Hugo, Der Ursprung von Rüttenscheid — Sommerburg und Romanisches Haus
in: 1000 Jahre Rüttenscheid
Essen o. J. (1970), S. 27 ff.

Rieth, Hugo, Burgen, Schlösser, feste Häuser. Adelssitze im Essener Raum
in: Die Heimatstadt Essen, Jahrbuch 1978, S. 79 ff.

Rölleke, Heinz, Märchen & Sagen im Ruhrgebiet
Bielefeld 1984

Rölleke, Heinz, Westfälische Sagen
Düsseldorf/Köln 1981

Rother, Thomas, Zauberworte. Sagen · Märchen · Legenden aus dem Ruhrgebiet
Essen 1988

Schell, Otto, Bergische Sagen
Elberfeld 1905

Schell, Otto, Neue bergische Sagen
Elberfeld 1905

Schulze, Wolfgang, Die schönsten Bergbausagen aus dem Ruhrgebiet
Essen 1981

Voth, Wilhelm, Aus dem alten Essen
4. Aufl., Essen o. J.

Wassener, Albert (Übersetzer), Das Leben des heiligen Liudger von Altfried
Essen 1957

Weinand, Maria, Essener Sagenbuch
5. Aufl., Dortmund 1950

Zaunert, Paul, Rheinlandsagen
Düsseldorf/Köln 1969

Inhalt